新时代中国社会建设问题研究

饶 壮 著

中央文献出版社

目 录

第一章 把教育摆在优先发展的战略地位 / 001
 第一节 教育事业改革发展成效显著 / 001
  一、教育事业全面发展 / 002
  二、教育改革不断推进 / 004
  三、人才培养质量不断提高 / 007
  四、教育公平切实落到实处 / 009
 第二节 充分认识发展教育事业的重要性 / 011
  一、教育在国家发展中具有全局性和导向性作用 / 012
  二、教育为解放和发展生产力提供充分的人才和智力支持 / 014
  三、教育应促进社会主义政治文明建设 / 017
 第三节 推动教育事业发展的有效措施 / 019
  一、坚持优先发展教育的方针 / 019
  二、全面落实立德树人的根本任务 / 022
  三、加快改革创新驱动教育发展 / 025
  四、着力加强教师队伍建设 / 029

第二章 提高就业质量和人民收入水平 / 035
 第一节 努力实现更高质量和更充分的就业 / 035
  一、深入实施就业优先发展战略 / 036

二、积极推进创业带动就业 / 038
三、着重抓好重点群体就业创业 / 042
四、加强就业创业服务和职业培训 / 045

第二节 构建和谐劳动关系 / 048
一、依法保护劳动者基本权益 / 049
二、建立健全劳动关系协调机制 / 052
三、健全劳动关系矛盾调处机制 / 056
四、营造构建和谐劳动关系的良好社会环境 / 060

第三节 着力打造合理有序的收入分配格局 / 064
一、不断完善收入初次分配体制机制 / 065
二、逐步健全国民收入再分配调节机制 / 068
三、建立健全促进农民增收的长效机制 / 072
四、推动形成公开透明和公正合理的收入
　　分配秩序 / 076

第三章　加强社会保障体系建设 / 081

第一节 全面实施社会参保制度 / 081
一、完善城镇职工和居民基本养老保险制度 / 082
二、完善医疗保险制度 / 085
三、完善工伤和失业保险制度 / 088

第二节 统筹城乡社会救助体系建设 / 095
一、以法规为统领确立社会救助制度体系 / 095
二、补齐短板以建立健全单项救助制度 / 100
三、坚持和完善社会救助体系 / 105

第三节 加快完善住房制度改革 / 109
一、完善租购并举的住房制度 / 110
二、促进房地产市场健康发展 / 113

三、提高住房保障水平 / 117

第四章　实施健康中国战略 / 122

第一节　实施健康中国战略的必要性 / 122

一、实施健康中国战略是以人民为中心理念的具体体现 / 123

二、实施健康中国战略是全面建成小康社会的必然要求 / 127

三、实施健康中国战略是医疗卫生事业改革发展的迫切需要 / 131

第二节　实施健康中国战略的主要任务 / 134

一、全方位干预健康影响因素 / 135

二、维护全生命周期健康 / 139

三、有效防控重大疾病 / 143

第三节　实施健康中国战略的重要举措 / 148

一、深化医药卫生体制改革 / 148

二、健全全民医疗保障和服务体系 / 154

三、促进中医药传承与发展 / 157

四、其他方面的措施 / 162

第五章　打造共建共治共享的社会治理格局 / 167

第一节　加强和完善社会治理制度建设 / 167

一、加强和完善社会治理制度建设的必要性 / 168

二、完善社会治理制度的基本内容 / 171

三、不断提高社会治理质量和水平 / 176

第二节　加强预防和化解社会矛盾机制建设 / 181

一、加强预防和化解社会矛盾机制建设的必要性 / 181

二、完善预防和化解社会矛盾机制建设的
基本经验 / 185

三、完善预防和化解社会矛盾机制建设的
有效措施 / 189

第三节 加强公共安全体系建设 / 194
一、全面提高安全生产水平 / 194
二、提升防灾减灾救灾能力和水平 / 198
三、加强社会治安立体防控体系建设 / 202
四、强化社会应急体系建设 / 206

第四节 加强社会心理服务体系建设 / 210
一、建立健全心理健康服务体系 / 211
二、加强心理疏导与危机干预 / 215
三、加强心理健康人才队伍建设 / 219

第五节 加强基层治理体系建设 / 223
一、建立和完善城乡社区治理体系 / 223
二、不断提升城乡社区治理水平 / 227
三、着力补齐城乡社区治理短板 / 232

第六章 有效维护国家安全 / 237

第一节 完善国家安全战略和政策 / 237
一、国家安全是国家生存发展的前提条件 / 238
二、全面理解和把握总体国家安全观 / 242
三、有效推进总体国家安全观 / 246

第二节 健全国家安全体系 / 251
一、要健全集中统一和高效权威的国家
安全领导体制 / 251
二、要健全国家安全法律制度体系 / 255

三、建立健全国家安全风险研判和
　　协同防控机制 / 260

第三节　严厉打击各种破坏国家安全的活动 / 264

一、有效打击各种敌对势力对我国的渗透
　　颠覆破坏行为 / 265

二、坚决打击一切形式的恐怖主义 / 269

三、高度关注民族和宗教问题 / 274

四、加强全民国家安全教育 / 278

参考文献 / 283

第一章 把教育摆在优先发展的战略地位

教育是关系到国家发展的百年大计,是民族振兴和社会进步的基础性工程,对于提高整个中华民族的思想道德素质和科学文化素质,以及实现中华民族伟大复兴的中国梦等,具有决定性的意义。有鉴于此,习近平总书记指出:"建设教育强国是中华民族伟大复兴的基础工程,必须把教育事业放在优先位置,深化教育改革,加快教育现代化,办好人民满意的教育。"[①]

第一节 教育事业改革发展成效显著

世界教育发展的实践经验证明,教育不仅关系到个人的发展,而且关系到国家的强盛和民族的兴衰。有鉴于此,中共十八大以来,以习近平同志为核心的党中央始终坚持优先发展教育事业的战略地位不动摇,从而推动了教育事业全面发展,中西部和农村教育明显加强。为诸如社会主义核心价值观教育深入推进,立德树人根本任务有效落实,学生思想道德素质持续向好,教育现代化取得新进展,促进经济发展、社会和谐和文化繁荣等作出重要贡献。其主要表现是:

---

① 《十九大以来重要文献选编》(上),中央文献出版社2019年版,第32页。

一、教育事业全面发展

教育传承过去、造就现在和开创未来，不仅决定着人类的今天，也决定着世界的未来，因而是推动人类文明进步的重要力量。鉴于不断加大对教育事业的投入是支撑一个国家长远发展的基础性和战略性投资，并且日益成为评价某一国家和地区教育事业是否处于优先发展战略地位的一项重要指标。因而中共十八大以来，我们党和国家高度重视教育事业在经济社会发展中的基础性作用，持续增加教育经费的投入。诸如从2012年度计算起，我国财政性教育经费支出占当年国内生产总值的比重第一次超过4%，达到2万多亿元，并且其后每年连续保持在4%以上，截至2019年底国家财政性教育经费超过3.42万亿元。国务院印发的《国家教育事业发展"十三五"规划》明确规定，各级人民政府要坚持把教育作为财政支出重点领域给予优先保障，保证国家财政性教育经费支出占国内生产总值的比例一般不低于4%，并且应更加注重通过加强政策设计、制度设计和标准设计带动投入，健全保证财政教育投入持续稳定增长的长效机制，确保财政一般公共预算教育支出逐年只增不减，确保按在校学生人数平均的一般公共预算教育支出逐年只增不减。

中央和地方的各级政府对教育事业给予的大量经费支持，受到全国人民的普遍赞扬。根据国际教育发展经验证明，财政性教育经费占国民生产总值比例达到4%左右时，其财政收入占国民生产总值比例一般在30%—40%，而我国是在财政收入占国民生产总值比例不到30%的情况下达到了4%。这一数据有力地说明，党和政府对教育事业的重视程度与世界其他国家相比是空前的。

正是由于中央以及各级党委和政府对教育事业的高度重视，我国教育事业才能够发生深刻的变革，取得了历史性成就，并且使中国教育总体发展水平进入世界中上行列。据国家教育行政部门不完全统计，截至 2019 年底，我国各年龄段的人口受教育的机会不断增加，小学学龄儿童净入学率、初中阶段毛入学率超过或相当于高收入国家平均水平，高中阶段毛入学率甚至还高于中高收入国家的平均水平。我国学前教育毛入园率为 79.6%，比 2012 年提高 15.1 个百分点；15 岁及以上人口平均受教育年限达到 9.6 年，劳动年龄人口平均受教育年限达到 10.5 年。高等教育向普及化阶段快速迈进，高等教育 2019 年毛入学率超过 45.7%，高于中高收入国家平均水平。

教育事业发展得好坏与否，一方面要看城市，另一方面更要看乡村，因而我们党和政府十分关心乡村学生的健康成长问题。诸如中央财政从 2011 年以来累计安排资金 1591 亿多元，并在全国 29 个省份的 1631 个县实施农村学生营养改善计划，覆盖了国家所有需要扶贫开发的重点县，直接受益学生达 3700 多万人。党和政府还加快推进教育信息化建设，顺利实现教学点数字教育资源全覆盖，使全国中小学互联网接入率从 25% 上升到 94% 左右，多媒体教室比例从不到 40% 增加到 87%。各级党委和政府在以习近平同志为核心的党中央的坚强领导下，切实做到经济社会发展规划优先安排教育发展，财政资金优先保障教育投入，公共资源优先满足教育和人力资源开发需要，并以教育的优先发展支撑经济社会又好又快发展。

鉴于教师是立教之本和兴教之源，并且承担着让每个孩子健康成长、办好人民满意教育的重大责任。因而中央财政从 2012 年以来累计投入经费超过 95 亿元，支持实施国家教育培训计划，共培训中小学幼儿园教师、校长和职业院校教师等1000万人次以上。国务院还颁布了一系列全面深化新时代教师队伍建设改革和建设的方针政策，大力提高乡村教师生活待遇，着力统一城乡教职工编制标准，全面推开中小学教师职称制度改革等，要求培养造就党和人民满意的高素质专业化创新型教师队伍。一支师德高尚、业务精湛、结构合理、充满活力的教师队伍正在形成，人民群众对美好老师的期盼正在逐步实现。

二、教育改革不断推进

中共十八大以来，以习近平同志为核心的党中央顺应人民对满意教育的新需要和建设教育强国的宏伟目标，着力加强务实精准的顶层设计，制定了一系列深化教育改革的重要文件，直指改革的重点和难点。诸如《乡村教师支持计划（2015—2020年）》《关于深化教育体制机制改革的意见》《统筹推进世界一流大学和一流学科建设总体方案》《关于统筹推进城乡义务教育一体化改革发展的若干意见》《关于全面深化新时代教师队伍建设改革的意见》《关于规范校外培训机构发展的意见》《关于学前教育深化改革规范发展的若干意见》《教育法》《高等教育法》《民办教育促进法》等。这些行之有效的文件和政策，用实际行动有力倡导和垂范了优先发展教育的思想，使优先发展教育的理念和战略切实落到实处，从而产生了广泛而深远的影响。各级党委和政府积极贯彻落实党的教育方针政策，积极推动教育改革发展，建设优先投入、人才优先引进、困难优先解决和典型优先宣传的体制机制，切实把教育放在优先发展的战略地位，从而进一步提升了教育在全社会的地位，增强了与教育有关的部门的协调力度，有力地推动了教育事业的改革和深入发展。

党和政府要求各级党政机构及教育行政部门，抓住教育改革的主要矛盾和重点任务，切实把优先发展教育事业落到实处。诸如教育战线必须全面贯彻执行党的教育方针、落实立德树人的根本任务和发展素质教育，坚持以人民为中心、持续推进教育公平和补齐民生短板，并且以新发展理念统筹各级各类教育事业发展、深化教育领域综合改革和加快建设学习型社会等。特别值得一提的是，党和政府还花大力气构建适应新时代要求的教育治理体系，以及着力提升教育治理能力现代化等，并以此解决目前教育发展不充分带来的总量问题和教育发展不平衡带来的结构问题等。

鉴于高等教育是科技第一生产力和人才第一资源的主要产生基地，党中央和国务院作出了加快建设世界一流大学和一流学科的重大决策，立足中国实际办大学，努力提高高等教育水平，以增强国家核心竞争力。高等教育已发展成为国家科技创新体系的重要组成部分，并在载人航天和超级计算机等领域产出了一批服务国家战略、具有国际影响力的标志性成果。我国普通高校在世界多项大学排名中位次整体大幅度前移，目前内地有多所高校进入前100位，部分学科已经达到或接近世界一流水平。我国在国际教育合作与交流方面也取得了显著成绩，目前已与世界上180多个国家和地区建立了合作关系，全国中外合作办学机构和项目超过2360个。这一系列成就的取得，促进了我国从教育大国向教育强国的迈进，使我国教育的国际竞争力和影响力显著增强。

党和政府坚持把立德树人作为培养社会主义建设者和接班人的根本任务和中心环节，把思想政治工作贯穿到教育教学的全过程，不断开创我国教育事业发展的新局面。各级各类学校认真贯彻党的教育方针，以文化人和以德育人，把德育教育落实到各学科的教学之中、渗透在校园生活的各个环节、延伸到学生发展的方方面面，从而使广大青年学子的思想觉悟、政治水平、道德品质和文化素养等不断提高，极大地激发了他们为实现中华民族伟大复兴的中国梦而不懈奋斗的正能量。各级各类学校不断地完善德育体系，使社会主义核心价值观有机地渗透到各门学科之中。诸如大中小学逐步完善德育体系，形成层层抓落实的有序工作格局，系统推进课程教材建设，深入开展全国文明校园创建活动，多方面丰富育人载体等。

特别值得一提的是，习近平总书记于2016年12月在全国高校思想政治工作会议上发表的重要讲话，成为新时代指导高校思想政治工作的纲领性文件，推动高校思想政治工作迈上了新台阶。诸如高校思想政治工作质量有了大幅度提升，网络育人工程得到创新，创新创业教育与思想政治教育相互贯通更加紧密，思政课教师队伍不断壮大，涌现出了一大批马克思主义学科带头人，必将继续推动中国特色哲学社会科学发展和提高大学生思想政治素质贡献智慧和力量。党的十八大以来，全国高等学校不断加强和改善党对高校的领导，认真贯彻落实高校党委思想政治工作主体责任制，强化党委书记第一责任，把思想政治工作纳入学校整体发展规划，把加强党的建设充分体现在学校章程和教育综合改革方案中。党的十九大对高校思想政治工作提出了新要求，就是要以中央关心、学校关注、师生关切的重点问题为突破口，在体制机制、育人理念、教育方式、队伍建设和条件保障等方面系统构建全员全过程全方位育人的长效机制。

新时代的思想政治工作，就是要全面贯彻党的教育方针，坚持社会主义办学方向，加强师资队伍建设，加强和改进立德树人工作，努力提高学生的思想道德素质和科学文化素质，使他们成为德才兼备和全面发展的人才。

三、人才培养质量不断提高

中共十八大以来，我们党紧紧围绕为谁培养人、培养什么样的人、怎样培养人这个根本性问题，牢牢把握社会主义办学方向，切实加强对各级各类教育工作的领导，把党的教育方针切实落到实处，全面提高教育质量。各级教育行政部门全面贯彻党的教育方针，进一步树立科学的人才培养观，坚持正确的舆论导向，强化思想引领和价值塑造，突出教育教学，提高教师能力素质，树立以促进人的全面发展、适应社会需要为根本标准的教育质量观，健全以提高教育质量为导向的管理制度和工作机制，内涵式的发展不断深入。

以习近平同志为核心的党中央高度重视培养中国特色社会主义事业建设者和接班人，将立德树人作为教育发展的根本任务，要求青年学子树立远大的志向。我国教育不仅普遍解决了学生有学上的问题，而且正加速向上好学校的方向转变，已进入以提高质量和效益为中心的内涵式的发展新阶段，所取得的成就已得到国际社会的认可。

鉴于培养适应民族复兴和大国崛起的一代又一代新人，需要教育强基固本，因而各级各类学校加强党的领导，坚持社会主义办学方向，扎根中国大地办学的观念进一步增强，深入培育和践行社会主义核心价值观，加强理想信念教育、爱国主义教育、中华优秀传统文化教育和革命传统教育，使之进教材、进课堂、进头脑，并且既重视显性教育也重视潜移默化的隐形教育，一批批又红又专的优秀人才队伍茁壮成长。

各级各类教育行政系统深入推进人才培养模式改革，协同育人机制更加趋于完善。诸如职业教育产教融合和校企合作育人模式等基本形成，高等教育科教协同育人机制逐步建立，人才培养与社会需求、实务部门、科研院所和相关行业部门等的全流程协同育人体制机制有序推进。

鉴于教师是培养高质量人才的关键支撑，因而党和政府高度重视教师队伍建设，初步建立起师德师风建设的长效机制，教师队伍整体素质能力有所提升，教师学历结构不断改善。特别是国家把加强乡村教师队伍建设上升为国家发展战略，着力实施乡村教师支持计划，努力造就一支素质优良、甘于奉献、扎根乡村的教师队伍。截至2019年底，全国超过22个实施省份中，有680多个县已实施了乡村教师生活补助政策，惠及8.1万所学校的近130多万名乡村教师，并且乡村教师"下得去、留得住、教得好"的局面正逐步形成。

要有效地保证教育质量，建立科学规范的标准和监测体系至关重要。中共十八大以来，我国教育质量标准和监测评价体系初步建立并不断完善，已发布了中国学生发展核心素养。诸如以培养全面发展的人为核心，确立人文底蕴、科学精神、学会学习、健康生活、责任担当、实践创新六大学生核心素养，还研究制定了各学科课程标准和学业质量标准。目前党和政府及教育行政部门已制定了各类国家标准、行业标准和国家层面的规范、指标、指南等近800项，让教育发展标准和监测评价体系有章可循。

正是由于党和政府及各级各类教育行政部门高度重视教育教学质量，使得教育服务经济社会发展的能力明显增强。诸如中共十八大以来，我国各级各类高等学校累计向社会输送了3700多名高素质专门人才，各类职业技术学校和中等专业技术学校先后培养了4500多名技术技能人才，为我国的经济建设和社会发展提供了强大的人才支撑。连续多年以来，高等学校承担了国家科技计划中的60%以上的基础性研究任务，建成的国家重点实验室也占60%以上，获得了60%以上的科技三大奖，并且在高温超导体研究、基因组研究、古生物研究、东亚大气环流研究、载人航天与探月工程、空间科学实验系列卫星、海洋生态研究、新药创制和地域空间开发研究等领域取得了一批具有国际领先水平的重大标志性成果。以上研究成果说明，我国教育服务国家战略、促进经济社会发展的能力和水平正在不断提高。

四、教育公平切实落到实处

注重教育公平是发展教育的重要价值取向，也是让人民群众共享改革发展成果的重要内容。有鉴于此，党和政府努力补齐贫困地区教育的短板，不让贫困家庭的孩子输在起跑线上。诸如中央财政从2011年1月至2020年12月累计拨付资金超过1590亿元，对全国最贫困和最偏远的地区实施营养改善计划，已经实现国家扶贫开发县的全覆盖，使受益学生达3700多万人。另据国家疾病预防控制中心的跟踪监测数据显示，被资助地区学生的营养健康状况逐步改善，身体素质明显提高。《全面改善贫困地区义务教育薄弱学校基本办学条件》工程自2013年12月启动实施以来，全国规划新建和改扩建校舍约2.2亿平方米，购置教学仪器设备约1066亿元，惠及全国2600多个县的近22万所义务教育学校。党和政府建设资金投入量之大、项目涵盖范围之广、受益学生覆盖面之多，在中国教育史上都是空前的。

面向每一个学生、办好每一所学校，并且让每一个孩子都能享受公平而有质量的教育，这是解决教育不均衡发展的基本要求，也是全国亿万人民群众的心声。国家因此制定了向贫困地区定向招生专项计划，并保证每年的招生名额都有所增加，截至2023年12月已累计录取学生超过37万人，特别是形成了保障农村和贫困地区学生上重点高校的长效机制。各级党委和政府为了解决城乡之间学校的差异问题，还制订了城乡统一的学校建设标准，诸如落实城乡统一的教师编制标准，实现城乡统一的每个学生平均公用经费基准定额标准以及完善城乡统一的学校基本装备配置标准等。截至2019年底，全国共有2379个县通过了义务教育基本均衡发展督导评估认定，占县级行政单位总数的比例接近82%。北京、上海和广州等大城市为了解决学生择校择班问题，还规范了义务教育免试就近入学的政策措施。截至2019年底，全国大中城市小学免试就近入学比例一直稳定在97%以上，初中免试就近入学比例稳定在95%以上，家长学生舍近求远的现象大为减少。

教育公平是教育的起点，而提高教学质量、让每个孩子都能得到全面而有个性的发展就是教育的生命线。有鉴于此，中共十八大以来，我国加快推进教育信息化建设，已经顺利实施了教学点数字教育资源全覆盖项目，教育卫星宽带传输网直接为近1亿名农村中小学师生服务，全国超过6.4万个教学点实现数字教育资源全覆盖，宽带网络、班班通和资源平台等都已经基本配备齐全，从而有效解决了边远地区教学点缺硬件、少资金、网络差、课开不齐和开不好等严重制约着教育信息化发展的问题。

我国目前正处在由教育大国向教育强国发展的关键时期，

党和政府正致力于抬高底部、缩小差距和提升质量等，努力让亿万孩子普遍共享优质教育和通过知识改变命运，这既是国家的责任，也是人民群众的心声。中华大地上目前从农村到城市、从西部到东部，都在努力办好每一所学校，让每一个孩子都能够接受公平而有质量的教育梦想，正在逐步地变为现实。我们深信教育一定能够给人民群众带来更多获得感、幸福感和安全感。

虽然我国的教育事业取得了举世瞩目的巨大成就，但我们应该清醒地认识到，我国的教育事业仍然处在不平衡和不充分的发展过程之中，还不能够完全适应国家经济社会发展的需要和人民群众对办好满意教育的新期待。诸如科学的教育理念还未牢固树立；切实有效的教育体制机制有待完善；公共基本教育服务体系需要进一步提升；城乡和区域之间的教育差别依然存在，特别是农村义务教育、学前教育和职业教育等仍然需要加强；全面终身学习型社会体系机制尚不健全；人才培养的方式方法需要继续创新；教育引领创新国家发展新理念和服务对外开放事业的推动力急需增强；教师队伍的建设仍然任重道远；教育治理体系和治理能力的现代化水平尤其要提高等。有鉴于此，办好人民满意的教育、实现由教育大国向教育强国的转变，仍然需要全党和全国人民长期不懈努力。

第二节　充分认识发展教育事业的重要性

习近平总书记指出："教育是提高人民综合素质、促进人的全面发展的重要途径，是民族振兴、社会进步的重要基石，是对中华民族伟大复兴具有决定性意义的事业。"① 有鉴于此，我们必须从社会主义初级阶段的基本国情出发，站在决胜全面建成小康社会、实现社会主义现代化强国的战略目标的高度，充分认识发展教育事业的必要性和重要性，并把它作为发展新时代中国特色社会主义总体事业中的一项重要内容。

一、教育在国家发展中具有全局性和导向性作用

中共十九大报告明确提出我国未来的奋斗目标是：从 2017 年 10 月起到 2020 年 12 月，是全面建成小康社会的决胜期；从 2020 年到 2035 年，在全面建成小康社会的基础上，再奋斗 15 年，基本实现社会主义现代化；从 2035 年到本世纪中叶，在基本实现现代化的基础上，再奋斗 15 年，把我国建成富强民主文明和谐美丽的社会主义现代化强国。这一宏伟目标的成功实现，我国的物质文明、政治文明、精神文明、社会文明和生态文明将全面提升，国家治理体系和治理能力实现现代化，综合国力和国际影响力显著增强，全体人民共同富裕基本实现。以上目标的实现离不开科学技术的发展和创新，科学技术的发展离不开高素质的人才，而高素质的人才培养又有赖于国民教育的普及程度、教育的水平质量和教育发展的公平公正等方面，因此发展教育特别是建立健全现代国民教育体系就显得尤其重要，教育事业的发展在实现社会主义现代化强国的过程中具有先导性和全局性的作用。正如中共十六大的报告就已明确指出："教育是发展科学技术和培养人才的基础，在现代化建设中具有先

---

① 习近平：《做党和人民满意的好老师——同北京师范大学师生代表座谈时的讲话》，《人民日报》2014 年 9 月 10 日。

导性全局性作用，必须摆在优先发展的战略地位。"①

纵观当今世界，科学技术的发展突飞猛进、一日千里，世界各国都力图抢占科技领域的制高点，从而导致以科技为创新驱动力的国际竞争力日趋激烈。我们现在比历史上任何时期都要更加清醒地认识到教育与人才的特殊重要地位和作用，更深刻地注重发展教育与人才培养是建设社会主义现代化强国的必由之路。在当前以及今后我国的经济社会发展历史过程中，党和政府高度重视和大力发展教育事业，努力把人口大国转变为人力资源强国优势、全面提高全体国民的综合素质，是关系到决胜全面建成小康社会、实现社会主义现代化强国目标的关键所在。

历史唯物主义认为，在生产力构成的诸要素之中，人是最能动和最积极的因素。根据世界发达国家和我国的历史发展经验来看，高素质人才是解放发展生产力、促进经济社会发展的决定性因素，而培养高素质人才的基础就在于教育。教育在培养广大知识分子群体和核心竞争人才、培养数以千万计的高级专门人才以及培养数以亿计的高素质劳动者过程中确实具有不可替代的作用，是开拓和创造先进生产力的基本动力，因而教育是解放和发展生产力的决定性因素。

推进中国特色社会主义先进文化建设，是我们党加强思想建设的一项重要内容。发展社会主义先进文化，既要注重继承中华民族的优秀文化传统，又要根据新的时代要求和实践进行文化创新，还要学习借鉴人类创造的一切优秀文明成果，而教育是文化传承的主要工具，是文化创新的重要推动力量，是国际文化交流与合作的有效途径，因而教育是建设社会主义先进

---

① 《十六大以来重要文献选编》（上），中央文献出版社2005年版，第30-31页。

文化的重要手段。

发展社会主义民主政治、建设高度的社会主义政治文明，是全面建成小康社会、实现社会主义现代化强国的重要目标。提高广大人民群众的民主意识和不断完善民主政治制度，是建设社会主义政治文明的两个相互关联的重要方面，而教育在其中都发挥着至关重要的作用。我们只有不断发展和提高全民教育体系，培养一代又一代的有理想、有道德、有文化、有纪律的新型公民，培养出大批具有社会主义民主和法治意识的高素质人才，又有集中又有民主、又有纪律又有自由、又有统一意志又有个人心情舒畅和生动活泼的政治局面，才能获得充分的人才支撑和广泛的社会基础，社会主义政治文明建设才能得到不断巩固和完善，因而教育是社会主义政治文明建设的重要推动力量。

人的全面发展是马克思主义的应有之义，也是其未来社会主义新社会建设的本质要求，更是我们党全面建成小康社会、实现中华民族伟大复兴中国梦的重要内容。新时代我国的教育体系将以促进人的全面发展为指导，着力提高人民群众的思想道德素质和科学文化素质，倡导文明、健康和积极的社会生活方式，充分发挥每个人的聪明才智并鼓励创新，努力创造人人可以成才、人人可以干事业、人人可以干成事业的社会环境，为促进人的全面发展和社会全面进步作出重要保障，因而教育是促进人的全面发展的根本途径。

二、教育为解放和发展生产力提供充分的人才和智力支持

中国共产党作为马克思主义执政党，一贯重视解放和发展生产力，特别是在中共十一届三中全会以后始终抓住发展这个党执政兴国的第一要务,紧紧扭住经济建设这个中心不动摇。而大力实施科教兴国战略和人才强国战略,促进科技创新,充分开发人力资源,是解放和发展生产力的必然要求和根本保障。

人类历史的发展进程表明,科学技术在世界经济发展过程中起着巨大的推动作用,综合国力的竞争越来越成为科学技术、知识信息和人才等的竞争,并且社会财富日益向拥有科技、知识和人力资源优势的国家转移。谁占有世界高科技的制高点,谁就会在未来的国际竞争中立于不败之地。马克思主义认为,科学技术是生产力,而邓小平在这一基础上进一步指出,科学技术是第一生产力。中共十一届三中全会以来,我们党的几代中央领导集体高度重视科学技术在推动经济社会发展过程中的作用,坚定不移地推进教育优先发展,强调了教育的先导性和全局性作用,全面实施科教兴国战略和人才强国战略,从而解放和发展了社会生产力,不仅为我国经济社会发展提供了有力的人才支撑,而且为全面建成小康社会、实现社会主义现代化强国的目标奠定了重要基础。

从中共十九大确立的宏伟目标来看,我国的科技和教育还存在诸多不相适应的地方。诸如国民科学文化素质有待提高,劳动力总体知识结构需要优化,人才整体状况不适应国际竞争和产业结构调整的需求,核心技术和装备受制于人的现象没有得到根本的改观,高新技术人才、高级经营管理人才和熟练技术人才等都不能够满足社会需求。以上状况,已经成为制约我国经济社会发展和国际竞争能力增强的一个重要因素。我们能否在未来不太长的时间里努力造就数以亿计的高素质劳动者、数以千万计的高级专门人才和具有世界一流领先水平的拔尖创新人才,直接关系到全面建成小康社会并进而实现社会主义现代化强国的奋斗目标。因而在实现中共十九大确立的宏伟目标的过程中，教育必须担负起全面提高国民的思想道德素质、科学文化素质和创新能力的重任，必须为进一步解放和发展生产力提供丰富的人才资源和智力支持，必须大幅度提高教育更好地服务于经济社会发展的能力。

科学技术是人们对客观世界规律的认识并运用这种认识改造客观世界的智慧和能力的结晶，而教育是实现科学技术与人有机结合的根本途径。世界历史的发展进程表明，科学技术的每一次重大发明和被广泛应用，都会推动社会生产力的发展和飞跃，促进人类文明和进步。在当今世界信息化和数字化的条件下，科技创新是生产力发展的决定性因素，并且与经济社会发展的有机结合更加紧密，从而推动经济和社会更迅速发展。虽然科学技术是生产力中最活跃和最革命的因素，但它只有同其他生产要素特别是为专业人才所掌握并且直接在生产过程中运用时，才能转化为推动经济社会发展的现实生产力。而教育是科学技术转化为现实生产力的根本途径，因为它能使劳动者用科学理论武装头脑，不断提高他们的科学技术水平和增强劳动技能，并进而促进科学技术迅速而有效地转化为现实生产力。更为重要的是，教育通过与企业经济实体和生产部门建立多方面的联系和合作，使科技成果在生产中广泛加以运用，从而迅速取得经济和社会效益。

中共十九大以来，以习近平同志为核心的党中央继续强调把教育摆在优先发展的战略地位，加大科教兴国和人才强国的力度，正是对历史发展经验进行科学总结，有效应对全面建成小康社会、实现社会主义现代化强国的实际需要作出的重大战略决策。我们要按照发展要有新思路，改革要有新突破，开放要有新局面，各项工作要有新举措的要求，加快教育事业发展，完善国民教育体系体制机制建设，进一步加强教育科技同经济社会发展的有机结合，加速科技创新和科技成果向现实生产力的转化，推动经济社会持续快速健康发展。

三、教育应促进社会主义政治文明建设

发展社会主义民主政治、建设社会主义政治文明，是全面建成小康社会、实现社会主义现代化强国的根本目标之一。教育要站在国家发展全局的高度，为我国政治文明建设提供充分的人力资源和智力支持。

人类社会的发展是一个系统工程，包括物质文明、精神文明、政治文明和生态文明等内容，并且它们是有机的统一整体。人们在征服和改造自然界过程中所取得的物质成果称为物质文明，其主要表现为物质资料的丰富和经济生活的进步；在文化领域中所创造的成果称为精神文明，其主要表现为精神产品的丰富和精神生活的进步；在政治领域中所创造的成果称为政治文明，其主要表现为政治制度的完善和政治生活的进步。而生态文明是人类遵循人、自然、社会和谐发展这一客观规律而取得的物质与精神成果的总和。人类社会要发展和进步，离不开各种文明相互联系、作用和协调，而这一过程存在着不以人的意志为转移的客观规律，而教育在探索、发现和掌握这一规律促进社会有序发展过程中发挥着重要作用。

中国特色社会主义政治发展道路，最根本的是要把坚持党的领导、人民当家作主和依法治国有机统一起来，发展社会主义民主政治。党的领导是人民当家作主和依法治国的根本保证，人民当家作主是社会主义民主政治的本质要求，依法治国是党领导人民治理国家的基本方略。中国共产党所选择的政治

发展道路，立足于我国的基本国情，顺应历史发展潮流，符合最广大人民的根本利益。因而教育在引导全体人民对中国共产党所选择的政治发展道路增强信心、进一步投身于中国特色社会主义政治建设具有重大作用。

人民当家作主的基本要义，是人民通过各级人民代表大会行使国家权力，国家建立法律制度保障人民依法管理经济、文化和社会事务的权力，一切国家机关工作人员必须倾听人民的呼声和接受人民的监督，国家各方面的工作必须坚持以人民为中心的发展思想，不断满足人民日益增长的对美好生活的需要，促进人的全面发展。要有效实现人民当家作主的目标，教育在培养全体人民的民主意识和民主参与能力方面，也承担着重要使命。

依法治国、建设社会主义法治国家，就是依照法律来治理国家，是中国共产党领导人民治理国家的基本方略，是发展社会主义市场经济的客观需要，是社会文明进步的显著标志，也是国家长治久安的必要保障，还是人民当家作主的根本保证。教育在培养人们的法制和平等意识、为依法治国基本方略的实施提供重要的思想基础和社会心理方面，同样发挥着不可替代的作用。

发展社会主义民主、建设社会主义政治文明，就是要在坚持四项基本原则的前提下，继续积极稳妥地推进政治体制改革，扩大社会主义民主，健全社会主义法制，巩固和发展民主团结、生动活泼、安定团结的政治局面。具体而言，就是要把坚持党的领导、人民当家作主和依法治国有机统一起来。政治体制改革必须有利于增强党和国家的活力，发挥社会主义制度的特点和优势，充分调动人民群众的积极性创造性，维护国家统一、民族团结和社会稳定，促进经济发展和社会全面进步。

要坚持从我国国情出发，总结自己的实践经验，走中国特色的政治发展之路，同时借鉴人类政治文明的有益成果，绝不照搬西方政治制度的模式，要着重加强制度建设，实现社会主义民主政治的制度化、规范化和程序化。教育要为政治文明建设提供强有力的人力资源和智力支持，各级教育行政部门和教育工作者要主动参与国家政治制度建设，并积极建言献策，充分贡献自己的聪明才智。

第三节　推动教育事业发展的有效措施

历史发展进程表明，任何国家、任何社会，其维护政治统治和社会稳定的基本途径无一不是通过教育。有鉴于此，习近平总书记指出："我国是中国共产党领导的社会主义国家，这就决定了我们的教育必须把培养社会主义建设者和接班人作为根本任务，培养一代又一代拥护中国共产党领导和我国社会主义制度、立志为中国特色社会主义奋斗终身的有用人才。"[①] 其主要表现是：

一、坚持优先发展教育的方针

全面建成小康社会、建设社会主义现代化强国，并进而努力实现中华民族伟大复兴的中国梦，需要强大的人才支撑和智力支持，因而各级党委政府及教育行政部门必须始终把教育摆在优先发展的战略地位不动摇，强化主体责任意识，及时研

---

① 《十九大以来重要文献选编》（上），中央文献出版社2019年版，第647页。

究解决教育事业改革发展的重大问题和人民群众普遍关心的热点难点问题，更要深入分析教育进一步发展所面临的机遇和挑战，为加快推进教育现代化、建设教育强国作出超前布局、总体谋划和战略安排，并使之作为推动党和国家各项事业顺利发展的重要动力，不断使教育同党和国家进一步发展的要求相适应，同广大人民群众对美好生活的新期待相吻合，同我国综合国力和国际地位的继续提升相适应。

党和政府应该继续加大对教育的投入，这既是贯彻落实教育优先发展战略地位的关键所在，也是全面建成小康社会、建设社会主义现代化强国始终必须坚持的具有全局性和基础性的基本政策和工作方针。因为只有加大教育的投入、不断改善和增强教育发展的物质基础，才能为人民群众提供更多更好的受教育的条件，才能保证公民更为公平地享受受教育的权利，才能不断满足人民群众日益增长的教育和文化方面的需求。

中共十八大以来，以习近平同志为核心的党中央高度重视教育事业的发展，始终把增加教育投入、促进教育事业改革发展作为推进社会主义现代化建设全局的重大问题之一。例如中共中央和国务院坚持在制定经济与社会发展规划时保证教育优先适度超前发展，坚持在安排各级财政预算时实现教育经费的稳步增长，坚持提高教育支出在财政支出中的比例等，并督促各级党委和政府采取切实有效的措施，进一步完善教育经费筹措机制，竭尽全力地不断增加教育投入，使我国的教育投入保持了较快的增长速度，教育经费总量一直呈上涨趋势，目前占国内生产总值的比例已达到4%，既为我国教育事业的进一步改革发展提供了有力的条件保障，又为实施科教兴国战略奠定了坚实的物质基础。

但我们应该清醒地认识到，我国仍处于并将长期处于社会主义初级阶段，仍然是世界上最大的发展中国家，虽然我国的教育经费的投入总量有了较大程度的增长，但与世界发达国家相比，人均教育经费投入的比例还有较大差距。鉴于邓小平曾经指出的，一个忽视教育的领导者，是一个缺乏远见的、不成熟的领导者，就领导不了社会主义现代化建设。因而中共中央和国务院以及各级党委和政府要进一步统一认识，充分认识教育在经济、文化和社会发展中的先导性和全局性作用，将教育作为战略发展重点纳入全面建成小康社会、实现富强民主文明和谐美丽的社会主义现代化强国的整体布局之中，切实把教育摆在优先发展的战略地位，少讲空话、多干实事，再穷也不能穷教育，再苦也不能苦孩子，宁可在其他方面忍耐一些甚至牺牲一点速度，也要把教育问题解决好。我们有了这样的认识，就为保障教育经费的投入奠定了坚实的思想基础。

发展教育事业是政府的重要公共服务职能之一，因而增加教育经费投入要强化政府行为，调整财政的支出结构，依法保证教育经费投入的比例持续增长。各级政府要严格按照《中华人民共和国教育法》的有关规定办事，进一步明确其在教育经费投入上的主体责任，切实做到教育财政拨款的增长应当高于财政经常性收入的增长，在校学生人数平均的教育费用逐步增长，教师工资和学生人均公用经费逐步增长。各级政府要认真贯彻落实《国务院关于基础教育改革与发展的决定》和《国务院办公厅关于完善农村义务教育管理体制的通知》的有关规定，进一步明确对农村义务教育经费投入的主体责任，采取切实有效的措施加大对农村义务教育的支持，建立和完善农村义务教育经费投入的保障机制，要确保农村义务教育经费投入的不断增长。中央财政要进一步加大资金转移支付力度，重点扶持中西部地区特别是深度贫困地区农村义务教育的发展，确保中小学教职工工资按时足额发放，继续实施中小学危房改造工程和国家贫困地区义务教育工程，同时推动学校信息化建设，改善边疆地区办学条件。

各级党委和政府要积极开拓多种筹措教育经费的渠道，继续鼓励和正确引导社会力量办学，建立鼓励企业、社会团体和公民个人举办教育的激励机制，努力增加社会对教育的投入，支持民办教育的健康发展；要通过调整学校布局、优化教育结构、合理配置教育资源和加强学校内部管理体制改革等措施，促进学校开源节流、艰苦奋斗和勤俭办学，进一步提高各级各类学校特别是高等学校的办学效益；加强和改进教育经费的管理和监督审计工作，完善对学校国有资产的管理体制，加快制定各级各类学校的教育成本标准、规模标准和人员配备标准等，逐步建立起科学和规范的学校经费管理、核算和使用效益评价制度；要改革和完善高等教育经费的拨款体制机制，积极引入竞争机制，提高教育经费的使用效益。

二、全面落实立德树人的根本任务

各级各类学校要把思想政治工作贯穿教育教学全过程，以社会主义核心价值观为引领，实现全员育人、全过程育人和全方位育人的有机统一，全面提升学生思想道德水平。充分发挥品德教育和思想政治理论课程的主渠道作用，系统推进课程改革和教材修订，推动中国特色社会主义理论体系教育进教材、进课堂、进头脑，切实把大中小学德育和思想政治教育落到实处。广泛运用情感教学、现场教学和社会实践教学等方式，加深学生情感体验程度，引导和组织学生通过各种社会实践活动践行社会主义核心价值观，开展自我教育。加强网络阵地建设、强化网络环境下的德育和思想政治工作，采取多种行之有效的方式引导学生全面理解、正确对待党和国家的重大理论以及社会热点问题，增强学生辨别是非能力。应充分发挥教师在言传身教和对学生的行为引导等方面的作用，经常邀请党政领导干部、优秀企业家及各行各业先进典型人物到学校作形势和专题报告，甚至担任思想政治理论教育兼职教师等，强化示范引领效应，使社会主义核心价值观内化于心、外化于行。

各级各类学校教育要坚持爱国、爱党和爱社会主义相统一，大力加强爱国主义教育，创新形式并丰富内涵，切实做到把爱国主义教育有机融合到教育教学各个环节，贯穿国民教育体系的全过程。加强爱国主义教育基地建设，不断开辟爱国主义教育的社会课堂，推动各级各类学校积极创造条件，开设以爱国主义为主体内容的选修课和专题讲座，充分发挥主题党日和团日等载体作用，并结合重要纪念日和传统节日开展爱国主义教育，加大国情教育、革命传统教育的力度，特别是要加强党史、国史和军史教育，大力推进对国旗、国歌和国徽的礼仪教育。应广泛开展民族团结进步教育，努力促进各民族学生交往交流交融，筑牢各民族师生中华民族共同体意识的思想基础，引导青年学子树立和坚持正确的国家观、民族观、宗教观、历史观和文化观等，不断增强中华民族归属感、认同感、尊严感和荣誉感。要不断加强大中小学校学子社会公德、职业道德和家庭美德教育，努力培养学生高尚品德和责任担当精神。正确引导学生以民族振兴、国家富强和人民幸福为己任，努力增强学生社会责任感，使他们牢固树立自觉投身于中国特色社会主义伟大实践的宏伟志向。要积极开展法治教育，把法治教育纳入国民教育体系之中，应把法治知识课程设立在中小学阶段，同时加强法治教育实践基地建设，着重加强宪法教育以及多种形式的普及法律知识教育和法治实践教育等，培养和提高学生的法治意识和素养。

各级各类学校应从中小学抓起，着力培养学生的学习兴趣、科学兴趣和创新思维等，并进行科学方法训练，不断提高学生的逻辑思维和辩证思维能力，以培养学生创新创业精神与能力。应践行知行合一的理念，把实践教学作为深化教学改革的重要环节之一，不断丰富实践育人的有效手段，诸如广泛开展社会调查、生产劳动、志愿服务、公益活动、科技发明和勤工助学等社会实践活动，加深学生对课堂上所学书本知识的理解。切合实际制定大中小学生综合实践活动指导意见，构建和创新学生志愿服务工作体系，并把志愿服务作为社会实践活动课程之一，鼓励学生把开展志愿服务活动和其他社会实践主题活动作为自觉行动，建立学生志愿服务和社会实践活动记录档案并纳入学生综合素质评价的重要内容。支持高校广泛开展实践活动，正确引导大学生走出校门和深入社会，深入宣传党的路线方针政策和中国特色社会主义理论，促进学生了解社会、认识国情、增长才干。

以全面增强学生体质和意志品质以及塑造学生强健体魄为目标，全面加强和改进学校体育工作，并将学生体质改善情况作为教育质量监测和教育评价体系的重要内容，深入开展健康学校创建工作，改革和完善青少年体质健康测评体系，建立健全大中小学校学生健康体检制度。全面加强幼儿园、中小学和高等学校的卫生与健康工作，进一步加大健康知识宣传力度，培养和提高学生自觉防病意识，并且还应注重各级各类学校心理教师队伍建设，不断完善学生心理健康服务体系，对学生普遍进行心理健康教育，提高学生心理健康知识和心理保健能力，培养身心健康、体魄强健和意志坚强的一代新人。坚持以美育人、以文化人，提高学生文化修养。要围绕提高学生艺术素养、陶冶高尚情操、培育深厚民族情感和激发创新意识为导向，建构科学的美育课程体系，改进学校美育教学，统筹整合学校与社会美育资源，并健全美育评价机制，将艺术实践活动纳入课程管理。充分利用图书馆、博物馆和文化馆等多种形式的文化资源，广泛开展中华优秀传统文化、革命文化和社会主义先进文化教育，培育青少年学生的文化认同和文化自信，加强多元国际文化教育，提升跨文化沟通能力。加强生态文明知识教育，将生态文明理念贯穿教育全过程，鼓励学校创造条件开设生态文明相关课程，加强学生对国内和国际资源环境方面的教育，普及生态文明法律法规和科学知识，增强学生生态文明素养。引导学生树立尊崇自然、顺应自然和保护自然的生态文明意识，强化其可持续发展理念、知识和能力的提高，努力使其切实践行勤俭节约、绿色低碳和文明健康的生活方式，促进崇尚社会绿色风尚。要将国防教育融入国民教育体系，充分发挥国防教育的综合育人功能，不断丰富学校国家安全教育和国防教育内容，努力创新教育形式，提高学生综合国防素质。探索开展中小学国防教育综合社会实践活动，加强高等学校军事理论教学，应使高等学校和高中阶段学校学生军事技能训练常态化，充分发挥学生军训综合育人功能，提升青少年国防意识和军事素养。

三、加快改革创新驱动教育发展

国家教育行政部门要根据促进学生发展的核心素质要求，着力推进幼儿、小学和中学基础教育课程和教学改革，加强对课程教材体系建设的顶层设计，及时修订国家基础教育课程方案和课程标准，不断完善教材审查审定和使用监测制度，全力打造具有时代性、科学性和民族性的基础教育课程教材体系，并全面开展课程实施监测和管理。坚持面向市场、服务发展和促进就业的办学方向，促进产教相互融合的职业教育培养模式，科学制定各层次各类型职业教育培养目标和标准，创新多种形式的技术技能人才培养模式，并切实以增强学生核心素养、技术技能水平和可持续发展能力为着力点，全盘规划课程和教材体系建设，优化专业课程结构和更新教学内容，使之与社会最新行业、职业标准和岗位规范等相适应。

高等学校应促进人文社会科学和自然科学不断交融，实行产学研用协同育人，积极探索诸如专业教育和通识教育相结合等多种行之有效的人才培养方式，深化本科教育教学改革。高等学校应根据不同类型和不同层次的人才培养特点，加快改进和完善专业培养方案，努力构建科学的课程体系和学习支撑体系，激励教师面向经济社会新需求，强化课程研究、教材编写和教学成果推广，力争将最新科研成果和企业先进技术等及时转化为教学内容。改进和完善教师教学评价机制和学生学习考核机制，探索推行以学生为中心的启发式、合作式、参与式和研讨式等学习方式，不断探索教学应用新技术新方法新形态，加强学生的个性化培养，全面提升高等学校教学水平。

积极推动研究生培养体制机制改革，诸如逐步扩大高校和学术机构招收研究生的自主权，适度提高应届优秀本科毕业生、应届硕士研究生直接攻读博士学位的比例，强化研究生课程的系统性和前沿性，提升研究生课程教学质量，特别是要加强重大基础研究、重大科研攻关方向、重大工程领域和重大社会问题研究的博士研究生培养，紧密结合国家和区域重大科研任务，激发和强化博士研究生的原始创新能力，加快培养科技创新前沿的高层次复合型领军人才，更好地服务于国家经济和社会发展的需要。

国家教育行政部门要加大高校招生考试制度改革的力度，积极稳妥地推进普通高校招生考试制度综合改革试点工作，出台并逐步在全国推广实施高考综合改革方案，努力探索统一高考、高中学业水平考试成绩和参考综合素质评价等多种录取机制。完善高中学生学业水平考试、规范高中学生综合素质评价体系和深化考试内容改革等，着重考查学生独立思考和运用所学知识观察问题、分析问题和解决问题的能力。推进高职高专等院校分类考试，把文化素质和职业技能等作为重要评价方式，建立健全技术技能人才系统培养的招生制度。完善中小学入学制度，根据实地情况合理设置学校或学区，切实保障入学需求，进一步完善义务教育免试就近入学制度、进城务工人员随迁子女就学和在流入地升学考试的政策措施。

努力推动现代大学制度和各类学校管理制度建设，加强对新设立学校以及升格、更名、合并和分立等的高等学校的章程核准工作，建立和完善各级各类学校依章依规办学的管理制度和监督办法，推动学校依法依章治校。建立健全国家行政部门统筹推进落实学校办学自主权的体制机制，统筹推进各级各类学校综合改革，进一步扩大各级各类学校在招生、专业设置和调整、教师评聘、人事管理、资源配置、收入分配和校企合作等方面的办学自主权。

以中国特色和世界一流为核心，以支撑创新驱动发展战略、服务经济社会发展为导向，坚持建设与改革并重，以学科为基础、以绩效为杠杆，统筹推进世界一流大学和一流学科建设，鼓励和支持不同类型的高水平大学和学科差别化发展，诸如全面建设进入世界一流大学行列或前列、通过学科建设带动学校进入世界同类大学前列和通过建设进入该学科的世界一流行列或前列等。鼓励和支持省级政府根据国家建设布局，结合经济和社会发展需求以及基础条件等，自主推动区域内高等学校建设高水平大学和优势学科，积极探索不同类型、不同层次高等学校的一流建设之路。

高校应充分发挥学科和人才的优势，全面参与国家创新体系建设，在优化布局和分类整合的基础上全面提升国家整体科技创新能力，诸如参加国家科技计划和国家级科技创新基地建设，承接国家重大科研项目，聚焦重大科学问题和战略技术问题开展基础技术、前沿技术和颠覆性技术研究，提出并牵头组织和深度参与国际大科学计划和大科学工程，努力以基础性的突破带动全局性的创新，更好地服务于国家经济和社会发展。深化高校科研管理体制改革，进一步完善中央部署高校基本科研业务经费制度，鼓励有条件的地区设立地方高校基本科研业务经费，形成中央和地方科研经费长效支持机制，努力探索能够充分体现人才创新价值和特点的科学高效的经费使用管理办法。大力支持高校深入探索开展跨学校、跨学科、跨领域和跨国界的全方位协同创新，同时建立健全产学研协同创新体制机制，鼓励高校与行业企业、科研院所联合组建创新中心和平台以及产业技术创新战略联盟等，面向社会和企业全面开放科研基础设施和创新资源，联合开展产业基础技术、关键性技术、核心基础零部件、基础软件、先进基础工艺和关键基础材料等的开发攻关，以增强我国产业行业的核心竞争力。坚持以马克思主义为指导，努力实施以育人育才为中心、体现中国特点的高校哲学社会科学体系建设，要把中国特色社会主义理论体系贯穿于教学和研究的全过程，构建学生、学术和学科一体化的综合发展体系，建立健全科学权威和公开透明的哲学社会科学成果评价体制机制，加快形成中国特色、中国风格、中国气派的学科体系、学术体系、话语体系，直接服务于国家重大理论问题、重大现实问题和重大实践经验等方面的总结研究，特别是加强对党中央治国理政新理念新思想新战略的研究阐释。

建立和完善高校科研成果、知识产权的归属和利益分配机制，赋予高校科技成果使用、处置和收益管理自主权，调动高校、科研机构和行业企业共同参与应用研究和成果转化的积极性，建立健全技术有序转移的应用体制机制。根据经济和社会发展需要，聚合社会力量参与教育发展，加快制定非营利性和营利性民办学校分类管理政策体系，加强分类指导和规范管理，推动各级各类民办学校明确法人属性和明晰产权归属，深化教育教学改革，提高办学质量，规范评价标准。积极发展互联网+教育，探索制定在线教育和数字教育资源质量标准，推动建立数字教育资源的准入和监管机制，完善数字教育资源知识产权保护体制机制，鼓励企业和其他社会力量合力开发数字教育资源，形成公平有序的市场环境，培育社会化的数字教育资源服务市场，全力推动信息技术与教育教学深度融合，推进优质教育资源共建共享。

四、着力加强教师队伍建设

坚持教书和育人相统一、言传和身教相统一、潜心问道和关注社会相统一、学术自由和学术规范相统一，不断加强广大教师的师德师风建设，督促和引导广大教师以德立身、以德立学、以德施教，全面落实大中小学师德师风建设长效机制，努力建设一支有理想信念、有道德情操、有扎实学识、有仁爱之心的教师队伍。加强教师的思想政治工作，引导广大教师带头践行社会主义核心价值观，增进对中国特色社会主义的思想认同、政治认同、理论认同和情感认同，不断创新工作手段和方法，努力开辟思想教育新阵地，着力抓好骨干教师和学科带头人培训，使广大教师开展多种形式的社会实践活动常态化，促进他们深入了解国情、社情和民情等。建立和完善科学规范的师德师风考评监督体系，把师德师风建设作为学校整体工作考核和教育质量督导评估的重要内容之一，将师德师风作为考评教师的第一位内容，建立健全个人自评、学生测评、同事互评和单位考评等多种形式相结合的考核体制机制，努力构建学校、教师、学生、家长和社会等多方参与的师德师风监督评价体系，将师德表现作为评奖评优的首要条件。

努力推进教师教育综合改革，切实加强师资队伍建设，办好若干个师范院校和师范专业，进一步完善教师培养课程、模式和体制机制建设，建立健全教师教育质量监测评估制度，不断完善高等学校、地方政府和中小学协同育人机制，加强师范生教育实践，全面推动教师教育改革创新，着力提高教师培养质量。完善教师校长培训体系，落实中小学教师校长全员定期培训制度，建立健全教师校长培训测评体制机制，加强新入职教师岗前培训，建立健全高校教师继续教育与培训制度，重点提高教育教学能力。加强教师教学科研队伍建设，建立健全各级各类学校教研机构和制度，充分发挥教学名师和优秀教师的示范引领作用，全面开展依法治教和教育信息化领导能力培训，提高校长和教育行政管理人员现代教育治理的意识和能力素质。国家和省两级应着力培养造就大批教学名师，大力倡导和支持教学名师在不同范围内进行交流讲学，努力在全国和省域地区带动造就一大批高水平的教学人才，同时号召优秀教师到中西部和贫困农村地区任教，鼓励他们在实践中大胆探索和创新特色鲜明的教育模式及教育方法，培养造就大批教育家。

　　加强师范类院校招生录取和培养工作，广泛吸引优秀毕业生读师范当老师，完善免费师范生体制机制建设，鼓励重点高校为非师范专业学生提供教师教育课程服务，拓宽非师范专业毕业生从教渠道，广泛吸引优秀毕业生到中小学、中等职业学校特别是农村和老少边穷地区学校任教。支持高校和职业技术学校设立一定数量的流动岗位，大力吸引具有创新实践经验的优秀企业家、高科技人才和各类高级专业技术人才兼职任教，鼓励或引进应用型高校和各级各类职业技术学校聘请具有实践经验的专业技术人员、高技能人才和民族民间文化传承人等担任兼职教师或专业带头人，力争应用型高校和职业技术学校在不太长的时间里培养大批行业企业认可的领军人才和拔尖人才。切实落实好"万人计划""千人计划""长江学者奖励计划"等重大人才工程，努力破除阻碍人才成长的障碍因素，加快推进人才发展的体制机制改革，进一步优化人才发展的社会环境，充分激发各类人才的创新创业活力，着力建设庞大的高校一流人才队伍。推进人才培养和引进相结合的体制机制，大力培养和引进学科领军人才、高层次科技创新人才和青年拔尖人才等，采取更积极、更开放和更有效的人才引进政策，对关系到国家经济和社会发展急需的紧缺特殊人才，应开辟专门渠道、实行特殊政策、完善配套措施，特别是要加大对中西部地区、老少边穷地区、人文社科领域和青年人才等支持力度。坚持党管干部的原则、德才兼备和以德为先的用人标准，选拔任用讲政治、懂教育、善管理、敢担当和作风正的优秀人才担任学校领导班子成员，培养造就一支高素质的学校领导人员队伍。出台和完善高等学校领导人员管理政策，明确任职资格条件，建立健全选拔任用体制机制，拓展选人用人视野，同时加强领导人员培养教育和后备人才队伍建设，尽快造就一批国内外知名的大学校长和教育家。出台和完善中小学校领导人员管理政策，严格任职资格条件，规范选拔任用程序，健全科学的考核评价机制，大力支持学校领导人员依法依规履行职责，鼓励他们在实践中大胆探索创新，努力造就一批优秀中小学校长和教育家。

国家教育行政部门要加快研究制定各类教师队伍建设标准，不断改进和优化教师考核评价体系。诸如建立和完善符合大中小学教师岗位特点的评价体制机制，高校教师考核评价要坚持德才兼备，评价人才应注重凭能力、实绩和贡献，努力克服唯学历、唯职称和唯论文等盲目倾向，鼓励和引导高校教师潜心教书育人，着重围绕国家经济和社会建设战略需求开展科学研究。

建立健全幼儿园、中小学和高等学校教师专业标准，明确师德、心理健康和学术水平等要求，严格教师资格准入制度。诸如依法实施中小学教师资格考试制度，幼儿园新入职教师须取得幼儿园教师资格证，将新入职教师岗前培训和教学实习等作为取得高等学校教师资格的必备条件。不断完善教师职务和职称评审制度，诸如根据教师职称评审与岗位聘用相结合的办法，全面推开中小学教师、中等职业技术学校职务和职称制度改革，探索民办学校教师申报参加职务和职称评审的方法。

各级政府要加强乡村教师队伍建设，探索建立统筹规划和统一选拔乡村教师的体制机制，鼓励地方政府和师范院校采取多种方式培养乡村教师，鼓励和支持新聘教师到农村或老少边穷地区学校任教，并把在乡村学校或存在薄弱环节的学校任教经历和业绩作为城镇中小学教师评奖、评优和晋升高级教师等的重要条件，特别是对长期在乡村学校或老少边穷地区任教的优秀教师按照国家有关规定进行大力表彰和授予荣誉称号。根据幼儿园教职工配备标准、农村和城镇中小学教师编制情况以及高校面向人才培养结构调整需要等，采取多种方式加快补充幼儿园和中小学紧缺教师的力度，优化高等学校教师结构，鼓励高等学校加大聘用具有其他高等学校学习工作和企业工作经历并取得优异成绩教师的力度。

教育公平是社会公平的重要基础，因而党和政府必须始终坚持以人民为中心的发展思想，应该多谋民生之利、多解民生之忧，持续推进教育公平，在发展中补齐民生短板、促进社会公平正义。党和政府已作出了保基本、补短板和促公平的庄严承诺，其中的重中之重是推动城乡义务教育一体化发展，高度重视农村特别是老少边穷地区义务教育的普及。这既是缩小城乡义务教育差距的标本兼治之举，也是促进城镇和农村基本公共服务的关键环节，应重点从县域做起，逐步向有条件的市域方向扩展，必将充分彰显人民群众受教育的权利和机会均等。鉴于教育是人民群众最关心最直接最现实的利益问题之一，因而党和政府要不断满足人民过上美好生活的需要，就要努力办好学前教育，深入挖掘普惠性的学前教育资源，基本普及学前三年教育，也要提高保育教育的质量。我国还存在为数不少的家庭经济困难和盲聋哑等残疾学生，特别是老少边穷地区，更为明显，因而我们还应该办好特殊教育，为他们提供免费高中阶段教育，尤其是要保障残疾人群受教育的基本权利。要加强普及高中阶段教育的力度，巩固和提高中等职业教育发展水平，促进普通高中多样化发展方向等，不断提高新增劳动力受教育的年限，以更好地适应经济和社会的发展。党和政府应加大教育领域的财政经费投入，特别是向困难地区和弱势群体倾斜，还要广泛动员社会力量捐资办学，形成强大的社会办学合力，并建立健全学生资助制度，实现家庭困难学生和残疾学生的全覆盖，努力使每个孩子都能够接受公平而有质量的教育，为他们成长为国家的有用之才创造更好的社会环境。

第二章　提高就业质量和人民收入水平

充分扩大就业和稳步提高人民的收入水平，是民生之本和安邦之策，其解决的质量如何，直接关系到国家的和谐和稳定以及全面建成小康社会的战略目标能否顺利实现。有鉴于此，习近平总书记在中共十九大报告中明确指出，要"提高就业质量和人民收入水平"[①]，大力实施就业优先发展战略和改革完善促进人民收入水平不断提高的体制机制，将其作为进一步推动经济和社会发展的重要内容。

第一节　努力实现更高质量和更充分的就业

中共十八大以来，党和政府为提高人民群众的就业质量和水平做了大量卓有成效的工作，诸如在就业规模、结构、就业带动创业和就业服务体系等方面取得了显著进展。但随着我国经济发展进入新常态，就业总量压力依然存在，特别是就业结构性矛盾更显突出。有鉴于此，习近平总书记指出："就业是最大的民生。要坚持就业优先战略和积极就业政策，实现更高质量和更充分就业。"[②]

[①][②] 《十九大以来重要文献选编》(上)，中央文献出版社2019年版，第32—33页。

一、深入实施就业优先发展战略

党和政府应采取切实有效的政策,既要推动经济不断增长,又要稳步扩大就业,使两者相互促进、相得益彰。促进经济增长的主要目标之一就是要保障充分的就业,因而应继续保持经济中高速增长,进一步增强带动就业的能力,同时要创新宏观调控体制机制,把稳定和扩大就业作为区域间宏观政策,并使之具有连续性和稳定性。如果城镇出现失业率上升和新增就业下滑的趋势,就要加大财政和货币政策的调控力度,推动经济持续发展,确保居民就业稳定。政府在制定财政、金融、税收、贸易、产业和投资等重大政策时,须综合评估其对就业岗位和环境以及失业风险等可能带来的不利影响,切实加强经济政策与就业政策的一致性,努力促进经济增长与扩大就业联动、结构优化与就业转型协同。

政府要努力改善经济发展环境,深入推进与社会资本合作,着力发展研究设计、电子商务、文化创意、全域旅游、养老健康和人力资源服务等现代服务业。加快产业结构调整,既要注重发展知识、技术和资本等密集型的战略性新兴产业和先进制造业,又应帮助和支持劳动密集型产业发展,努力降低实体经济成本,推动传统产业更新换代,以便创造更多的就业机会。统筹推进区域发展战略,鼓励和支持东部地区产业向中西部地区和东北老工业基地有序转移,落实和优化中西部地区外商投资环境,充分支持中西部地区有效利用外资,号召各层次的劳动者到重点地区、重大工程、重大项目和重要领域等就业创业。

应充分发挥小微企业在经济社会发展中的重要作用,指导银行等金融机构根据小微企业的经营特点和融资需求，落实其降税减负等一系列扶持政策，并对其研究开发和市场行为等进行有效的监管。鼓励小微企业利用其优势引入竞争机制，支持小微企业开展创业创新示范基地和搭建公共服务示范平台建设，大力推进其创新发展。高等院校和科研机构等的大型科研仪器设备和科研基础设施等，应加大向小微企业开放的力度，切实支持小微企业的产品研发和试制。政府应鼓励高等院校、科研院所和国有企业等及时向小微企业转移科技成果，甚至与其合作研发、共享基础性专利和技术资源等，大力支持小微企业协同创新，并指导其改善用工管理，给予其就业创业支持，不断提高小微企业带动就业的能力。

调整和完善企业失业保险费率政策，逐步减轻企业和个人负担，不断稳定就业岗位。将兼并重组企业、化解产能过剩企业和淘汰落后产能企业等三类失业保险基金支持企业稳岗政策的实施范围，逐步扩大到一切符合条件的企业。加大生产经营效益差的企业与职工进行集体协商的力度，可采取轮班工作、弹性工时、在岗培训和协商薪酬等多种行之有效的措施争取不裁员甚至少裁员。同时对确实需要裁员的，应科学合理地制定人员安置方案，采取专门的就业帮扶行动，妥善处理劳动关系和社会保险的连续性，特别是要促进失业人员尽快再就业。地处偏远、资源枯竭和不适宜居住的企业，应根据实际有组织地开展跨地区搬迁、资源重组和劳务对接；去产能任务重、待岗职工多和失业风险大的困难地区，应实施就业援助行动，政府给予被淘汰和兼并重组的企业的奖励资金和土地补偿费用等要优先用于职工安置。进一步完善失业监测预警体制机制，抓紧建立应对失业风险的就业应急预案，有效调控失业风险。

面对新兴业态突飞猛进的发展，应对其加强最新信息、网络技术、技术集成和商业模式等的支撑，努力推动平台经济、众包经济和分享经济等的创新发展。改进和完善新兴业态准入的管理体制机制，新兴业态企业的创业创新发展应给予优惠政策，并且符合条件的新兴业态企业都可享受相关财政、税收和信贷等方面的优惠政策，政府部门相应地要带头采购新兴业态企业的产品和服务等。

劳动者应努力提高自身素质，积极加入新兴业态企业的就业行列，努力实现社会就业形式的多元化。新兴业态企业与从业者已签订劳动合同的，企业应依法为他们参与职工社会保险体系，如有符合条件的企业还可按政策规定享受企业吸收就业扶持政策。积极探索社会其他从业者灵活就业的方式方法，政府可根据灵活就业人员身份制定参加养老、医疗和工伤保险以及缴纳住房公积金等保障措施，符合条件者可享受灵活就业和自主创业扶持政策。要加快网上社保基金体系建设和全国住房公积金缴纳平台建设，努力为各种形式的从业者参加保险和缴纳住房公积金以及异地转移接续等提供更便利的条件和服务。

二、积极推进创业带动就业

党和政府要持续推进和鼓励大众创业和万众创新，进一步营造宽松有序的创业环境。深入贯彻落实创业扶持政策，全面推进简政放权，着力实施放权和管理相结合，不断升级和优化创业创新服务体系。深化商事制度改革，进一步落实注册资本登记制度改革，全面实施工商营业执照、组织机构代码证和税务登记证等多证的统一，并在实践中不断加以完善。加快制定

第二章 提高就业质量和人民收入水平

和完善与商事制度有关的法律、法规和政策性文件，全面清理制约经济发展和束缚企业活力的非行政许可审批事项。认真清理中央设定和地方实施的行政审批事项，进一步减少投资项的审批事项，不断规范和改进审批程序，诸如实施明确标准、缩短流程、限时办结和网上并联等审批方式。各级政府应结合实际整合市场监管部门和加强执法力度，进一步推动市场监管领域综合行政执法改革，努力解决重复检查和多头执法等问题。

顺应信息革命、新技术革命和产业变革等的发展趋势，抓住机遇和迎接挑战，着力推动创业创新主体大众化和多元化，大力发展信息技术、应用技术、成果转化、科技金融、认证认可和检验检测等科技服务体系，总结推广创客空间和创新工场等新型发展模式，加快推进市场化、专业化、集成化和网络化等众创空间建设，切实实现创新和创业、线上和线下以及孵化和投资等相结合，努力为创业者培育成本低、更便利、要素全和开放式的创业创新综合服务平台及发展空间。贯彻落实科技企业孵化器、众创空间和大学科技园等的税收优惠政策，有条件的地方可根据实际对众创空间的房租、宽带网络和公共软件等给予适当奖补，或通过对商业用房、仓储设施、闲置楼宇和闲置厂房等资源提供较低成本的场所。亦可在符合城乡土地使用总体规划的前提下，或利用原有经过批准的各类园区、工业用地和商业地产等，建立创业创新基地，充分替创业者提供服务，着力打造一批创业示范基地。鼓励和支持企业由原来的管控型组织转化为新型创业平台，并为创业者提供政策扶持和指导服务，切实让员工成为平台上的创业者，努力形成市场主导、风投参与和企业孵化等新的创业创新生态系统。

综合运用财政和税收政策，大力支持创业投资、风险投资和天使投资等发展。充分运用市场化的导向机制，鼓励个人资金、社会资金和金融资本等支持创业行为，不断拓宽创业投资融资渠道和壮大创业投资规模，灵活高效满足创业融资需求。根据政府指导、市场运作和专业管理等原则，加快建立国家一般中小企业发展基金和国家新兴产业创业投资基金，调动社会资本加大对中小企业和新兴产业创业创新的投入，鼓励地方及区域设立创业投资引导等基金，共同促进中小企业和新兴产业的创新发展。加快创业创新资本市场改革，充分发挥多种形式资本市场的作用，加强全国中小企业和新兴产业股份转让系统融资和交易等功能，同时也应规范发展服务小微企业的区域性股权市场。逐步建立个人和社会股权融资试点，形成多渠道的股权融资方式，积极探索和规范发展互联网金融，建立健全新型融资和服务机构，进一步促进大众创业。

对于那些确有创业需求并且具备一定创业条件但创业资金不足的就业重点群体和困难人员等，根据实际情况可设立支持创业的一定限度的小额担保贷款，并明确支持对象、标准和条件等，既为其提供金融服务，又促进提高其贷款使用效率。银行等金融机构依据其时贷款基准利率，考虑风险分担状况，科学合理地确定贷款利率高低，特别是对发放给个人的创业担保贷款，可在贷款基础利率基础上视情况由财政给予一定的利息补贴。金融机构应采取切实有效的措施，建立健全贷款评估发放和考察办法以及有效管理财政贴息的体制机制，提高贷款和还款效率，还要制定有效控制呆坏账的管理办法。针对就业创业者实施更加积极的税收优惠政策，诸如高校毕业生、特困居民和登记失业人员等重点群体若开办个体经营网点和创办个人独资企业的，可依法享受一定程度的税收减免政策。逐步推广国家自主创新示范区税收试点政策，全面清理和规范涉及企业的行政事业性收费和行业协会商会收费等，有效管制具有强制

第二章　提高就业质量和人民收入水平

垄断性的经营服务性收费，加大查处对就业创业者违纪违规收费的力度。

高等学校、科研机构和国有大中型企业等是科研人员比较集中的地方，长期以来为国家和经济社会发展作出了巨大贡献。要进一步发挥国有企事业单位专业技术人员的特长，探索和完善他们根据个人特长在职创业和离岗创业有关政策。有关机关和机构对于在岗创业的科研人员，应为其提供充足的科研经费、先进设备、研究资源和配套服务等，让他们快出成果、多出成果和出高质量的成果。若科研人员需要离岗创业，经原单位同意可在一定年限内保留人事关系，其参加评优评奖、职称评聘、岗位等级晋升以及社会保险等方面的权利，与原所在单位其他在岗人员一样同等享有。离岗创业科研人员原单位亦可根据他们创业的实际情况，与其签订或变更聘用合同，进一步明确权利义务。鼓励高等学校、科研机构、职业院校和国有大中型企业等依照国家科技发明的有关规定，加快实施相互投资、合作研制、技术转让、成果共享等措施，共同促进科技创新和繁荣，更好地服务国家经济和社会发展。

农民工近年来回乡创业热潮有增无减，县乡级基层政府应鼓励他们返乡创业，落实有关定向减税和普遍性降费等优惠政策，支持其个体发展、组建农民合作社和兴办家庭农场等新型农业经营主体。基层政府要依托当地现有资源，并将农民创业与区域经济结合起来，强化财政扶持和金融服务，着力发展特色农业、农产品加工、乡村旅游和农村服务业等劳动密集型产业项目，不断促进农村一二三产业相互融合，着力整合和创建一批农民工返乡创业示范基地。各类研究机构、企业和社会团体等应提供资金或技术等，大力支持农业创业创新示范基地和见习基地，培训大批农民创业创新技术人才，并且还应充分发展"互联网+"和电子商务，支持农民网上创业，把推进农村富民政策和行动落到实处。

三、着重抓好重点群体就业创业

所谓重点群体人员的就业创业，时下主要是指往届和新毕业的高校学生、农民工中失业回乡人员、困难行业的下岗职工和就业确有困难的人群等。把高校毕业生就业摆在就业工作的重要地位，切实制定和实施促进高校毕业生就业创业的政策和措施，建立健全涵盖高校毕业生就业创业全过程的服务体系，特别是要建立供需对接和精准帮扶的体制机制。要教育和引导高校毕业生树立正确的就业观念，根据所学的知识和技能并结合社会的需要实行多渠道就业，特别是支持他们敢于和善于通过创业实现就业。鼓励高校毕业生到乡镇基层和中小微企业就业，支持他们到中西部农村特别是老少边穷地区就业，并给予政策倾斜和财政补贴等措施，同时建立健全高校毕业生到基层和偏远地区工作的长效保障机制。鼓励高校毕业生到社会组织和科研机构等部门就业，吸收了毕业生就业的这些组织和部门，符合条件的可同等享受政府给予的优惠政策，诸如企业吸收就业扶持政策和各种社会保险等。事业单位若录用或聘用高校毕业生到基层工作或参与社会服务时，应在符合质量的基础上合理安排招募时间和简化录用、聘用程序，不断为高校毕业生求职就业提供更为便利的条件。鼓励高校毕业生从事灵活就业创业，应把他们按规定纳入各项社会保险，同时各级各类公共就业人才服务机构或部门须提供人事和劳动保障等代理服务。各类中等职业技术学校、技师学院和特殊教育院校职业教育类毕业生等，亦可根据实际参照高校毕业生享受相关就业优惠政策。加大实施有效的人才引进和扶持政策，应为政府主管部门或高尖端科研机构认定的国内拔尖人才和海外留学人才等，提供更周到和有效的服务措施，吸引更多的国内外优秀人才投身于各行各业的创业创新。

我国多年来不断加大对部分耗能高、产出低和产生深度污染的诸如钢铁煤炭煤电等行业的关停并转工作的力度，因而社会上增加了不少下岗职工和待业人员，若处理得不稳妥，就有可能引起严重的社会问题。政府对这部分人员应进行分门别类的多渠道安置，诸如支持对不裁员或少裁员的企业尽一切可能充分挖掘其内部安置潜力、用相应提高在岗人员补贴的办法安置一批，对接受其他企业分流或转岗人员的单位给予一定的吸收就业扶持优惠政策，应优先安排主张自主创业的分流或转岗人员进入有关创业基地并落实创业扶持政策，对于新增和腾出的公益性岗位要优先安置确实难以安置的就业困难人员，对于其他符合条件的下岗人员要纳入现行就业创业政策扶持范围、并积极稳妥和依法依规处理劳动关系。应合理确定社会其他就业困难人员范围和规范认定程序等，切实加强实名制动态管理和进行分类帮扶，特别是要坚持以市场为导向，鼓励和支持他们根据自身特点到其他行业就业、自主创业和灵活就业等。要对多方接受企业下岗或转岗人员、其他就业困难人员和残疾人等群体的经济实体或平台，既酌情给予政策上的支持，又在财政税收等方面加以优惠。多年的社会实践证明，就业不是小事，而是关系到社会和谐稳定的重大问题。因而各级政府要以高度的责任感对待社会就业工作，特别是对就业困难人员较集中的农村和老少边穷地区，应强化帮助和扶持责任制，把领导社会就业作为干部考核的重要内容，加大产业、项目、资金和人才等支持力度，切实做到人人各得其所和安居乐业。

各级政府应切合实际制定城乡劳动者平等就业的政策，建立健全促进城乡劳动者相互补充和相得益彰的保障机制。城市公共就业服务机关要为农村转移劳动者或来城市务工者提供普惠性的就业政策和均等化的公共就业服务体系，诸如对在城市或城镇常住且处于无业状态者可进行失业登记等，并逐步使来城镇务工者与该地户籍人口享有同等的就业扶持政策。如果在农村常住且属于无业状态者，基层就业服务机构可为其进行失业登记，并提供行之有效的政策扶持和就业服务。发展潜力大和吸收就业人口多的县城或乡镇应实施用地倾斜政策，并大力为就业者或回乡创业者创造有利条件发展区域经济、特色小镇、乡村旅游、家庭农场、专业大户、农民合作社等经济主体以及农村服务业等。根据新生代农民就业特点，职业培训服务机构应加大对他们教育培训的力度，创新学习内容和方式，促进他们多渠道和宽领域的就业，同时还要引导新生代农民工到以"互联网+"为代表的新产业和新业态高科技部门就业创业。各级政府应加大对农村贫困群体、老少边穷地区待业者和易地扶贫搬迁贫困人口转移就业的支持力度，充分保障他们搬得出、稳得住和能致富等。

各级政府应全面落实各项就业扶持政策，促进产业结构调整和转型升级中的失业人员再就业，并完善就业援助的长效机制。待业或就业困难人员的范围应合理确定，并加大力度对他们进行分门别类的帮扶和实名制动态管理，就业稳定并且收入切实大幅度提高者应逐步从帮扶对象名单中划出，特别是要确保每个家庭都有人就业或者有劳动能力的低保家庭至少有一人能稳定就业。加强和完善社会保障体系建设，并使之与社会就业问题有机联系起来，还要及时查明已经实现了就业的低保对象情况，以便在核算其家庭收入时可酌情扣减必要的就业成本，尊重他们的就业愿望和确保其就业稳定性。

复员退伍军人的就业创业问题，也是各级政府和就业服务机构需要关注的重要内容。应稳妥有序地做好军队转业干部安置工作，加大扶持自主择业或灵活就业军队转业干部就业创业的力度，并根据他们的知识、技能和特点等积极开展热心服务、就业指导、职业培训和创业支持等帮助行动，还要按军转干部的有关规定落实相关扶持政策，调整完善促进军转干部及随军家属就业税收政策等。

大力支持自主择业和自主就业退役士兵的就业创业工作，贯彻和落实他们应该享受的各项优惠政策，要组织他们接受教育培训，加强对其就业指导和服务，广泛为他们搭建就业创业服务平台。各级政府对符合政府安排工作条件的退役士兵和义务兵等群体，要采取刚性措施确保岗位落实，还要进一步完善公务员招录和事业单位招聘条件下同等条件优先录用或聘用，以及国有、国有控股和国有资本占主导地位企业按比例预留岗位择优招录的政策和措施等，提高其就业创业成功率。

四、加强就业创业服务和职业培训

着力健全覆盖城乡的公共就业创业服务体系，提高公共就业创业服务均等化、标准化和专业化质量。根据不同群体和企业的特点，完善就业创业服务功能，创新服务理念和方式，积极发挥公共就业服务机构、中小企业服务部门和高校毕业生就业指导平台等的作用，加强公共就业创业服务人员定期培训和持证上岗等职业化建设，切实为创业者提供项目开发、创业指导、金融税务和跟踪扶持等服务。政府应加强公共就业创业服务能力建设，充分运用就业创业服务财政补贴政策，支持和购买社会力量服务成果，鼓励社会公共就业创业服务机构和高校开展多种形式的就业创业服务，努力为就业创业者提供就业指导、创业支持和信息咨询等专业化服务。加大社会公共就业创业服务信息化建设力度，并在充分运用现有有效指导平台基础之上，按照统一建设、省级集中、业务协同和资源共享的原则，建立"互联网+"公共就业创业服务系统，实现各类就业信息资源统一发布和共享开放，同时拓宽服务对象自助服务范围和方式，诸如实行和推广网上受理、网上办理和网上反馈等，充分实现就业创业服务的全程信息化管理，形成多元参与和公平竞争的就业创业格局，以提高政府和社会协同服务质量和效率。

加快人力资源市场法治化建设的步伐，逐步形成统一规范和灵活多样的市场管理法规体系，着力推进人力资源市场整合改革，努力消除城乡、地区、行业、身份、性别、残疾和院校等影响平等就业的歧视性障碍和因素，形成有利于公平就业的统一规范和竞争有序的人力资源市场体系和制度环境。建立和经济社会发展需求相适应的人力资源供求预测和信息发布体制机制以及市场监管体系，深入推进人力资源市场诚信体系和标准化建设，规范企业招聘行为和职业中介活动，及时阻止和纠正招聘过程中所发生的歧视、限制和欺诈等违纪违法违规行为，营造公平有序的市场环境。进一步完善国有企事业单位公开招聘制度，切实做到招聘信息、过程和结果的公开透明，加快人事代理、人才推荐、人员培训和劳务派遣等人力资源服务信息化体系建设并提升服务供给能力和水平，推进党政机关、企事业单位和社会各方面人才的有序录用和流动的制度保障建设。

全国各级政府的主要负责人应是本管辖区内就业工作的第一责任人，应建立和完善就业工作目标责任制，要加强政策宣传和狠抓政策落实，强化督查问责和政策落实情况评估，切实履行促进就业创业的责任和担当,并将其纳入党政领导班子工作实绩考核的重要内容。应建立健全奖励激励机制,加大政策和资金倾斜力度,对于落实就业创业政策有成效的要予以奖励,而对就业创业政策不落实或者落实不到位的,则依纪依规严肃问责。扩大就业创业数据库建设,充分利用大数据技术开展就业统计监测,并不断完善就业创业统计监测体制机制,以便为加强形势研判、落实完善政策和实施精准就业创业服务等提供有力支撑。应增强失业风险意识和底线思维,基于就业失业主要指标、人力资源市场供求状况和宏观经济运行等变化,及时发现问题和潜在风险,并按照分级预警、分层响应和分类施策等原则,制定应对规模性失业风险的预案,以有效防范和化解失业风险。中央和地方政府应根据财政支出有关政策和原则,视情况合理安排就业资金拨付,加强对就业创业机构的资金使用管理和监督,切实提高资金使用效率。

顺应产业结构迈向中高端发展水平趋势,坚持面向市场、服务经济发展和促进就业的人力资源开发导向,强化职业技能培训和创业培训,努力提高教育培训质量,着力缓解多年来存在的就业结构性矛盾。高等学校要深入推进创业创新改革,调整优化学科专业结构,建立健全专业动态调整机制,全面深化课程设置、教材体系、教学内容和教学方法等改革创新。更好更快地发展现代职业教育和职业培训,加大创业创新培训力度,着力提高学生的就业能力和创新能力,同时大力推进职业教育和职业培训精准对接产业结构调整需求、推进社会发展需求和契合受教育者需求等。充分利用各种类型的创业培训资源,制定和实施针对不同创业群体、创业实践和不同阶段特点的创业培训项目,把创新创业课程纳入国民教育体系,着力实施现代职业教育质量提升计划、产学研融合发展工程、高技能人才振兴计划和大国工匠培训支持计划等。努力推进普通高中、中等职业技术教育学校和各级各类技能学校协调发展，逐步提高中等职业技术教育招生比例，大力发展技工教育和广泛开展职业培训，不断加强岗位实践、技术技能竞赛和师徒帮教互动等活动，促进大批具有专业技术技能的高素质劳动者和技术技能人才脱颖而出。建立健全专业技术技能人才评价体制机制，不断完善职业技能人才等级认定政策，建立职业资格和职业技能等级与相应职称对比认定制度，用人单位聘用的高级工、技师和高级技师等可比照相应职称人员享受同等待遇。应尊重劳动者的培训意愿和兴趣，充分引导他们自主选择培训项目、培训内容、培训方式和培训机构等，其实施重点是提高农民工职业技能和加强失业人员转业转岗培训，增强他们就业创业和适应职业转换的能力。加强培训基地机构的基础能力建设，丰富培训内容和创新培训模式，特别是要建立大批的高水平和专兼职的创业培训师资队伍，不断提高培训质量。各级政府应加快推进职业资格管理改革创新，进一步完善有利于劳动者成长成才的培养、激励和评价机制，加速职业技能人才提高的通道，同时对职业培训机构实行补贴政策并合理确定补贴标准，极力推动形成劳动和技能等要素按实际贡献参与分配的体制机制，切实使专业技术技能劳动者获得与其能力和业绩相适应的工资福利待遇。

第二节　构建和谐劳动关系

着力构建和谐的劳动关系，是保障和改善民生的主要内容之一，是维护社会和谐稳定的重要前提和基础。正因为如此，习近平总书记指出："劳动关系是最基本的社会关系之一。要最大限度增加和谐因素、最大限度减少不和谐因素，构建和发展和谐劳动关系……要依法保障职工基本权益，健全劳动关系协调机制，及时正确处理劳动关系矛盾纠纷。"①

一、依法保护劳动者基本权益

劳动者的劳动是创造财富和幸福的源泉，是社会发展进步的重要推动力。而劳动关系是生产关系的重要组成部分，是最基本和最重要的社会关系之一，并且劳动关系是否和谐，事关广大劳动者和企事业单位以及用工主体的切身利益，事关经济发展与社会和谐稳定。

有鉴于此，党和国家应高度重视构建和谐劳动关系问题，建立健全关于劳动关系的法律法规体系，不断完善劳动法、劳动合同法和劳动争议调解仲裁法等法律的配套法规、规章和政策措施等，依法从根本上保障劳动关系和谐、保护劳动者基本权益。

我国现阶段凡是有劳动能力的人，在付出了一定程度的劳动之后，都有获得劳动报酬的权利。这不仅是劳动者的人的生存需要，也是作为劳动者的人权的具体保障，同时也是国家法律规定实现社会公平和正义的重要体现。各级党委和政府及用工单位等要切实保障劳动者取得劳动报酬的权利，完善并落实工资支付的有关规定，应当按月或者双方达成协议的时间方式以货币形式支付给劳动者本人足额工资，不得无故拖欠或克

---

① 习近平：《在庆祝"五一"国际劳动节暨表彰全国劳动模范和先进工作者大会上的讲话》，《人民日报》2015年4月29日。

扣。要完善企业工资支付监控机制，构建企业工资支付监控网络，依托各级保障监察网络化管理平台和工会组织设立的劳动法律监督机制，日常监管所辖区域内的企业工资支付情况，并建立和完善欠薪预警系统，通过综合分析研判若发现有欠薪隐患的要及时预警并做好防范工作。各级行政部门要在建筑市政、交通和水利等工程建设领域全面实行和完善工资保证金制度，严格规范工资保证金动用和退还相关办法，保障职工和农民工工资支付。应落实清偿欠薪的施工总承包企业负责制，对于拒不支付劳动报酬等违法犯罪行为要依法惩处，确保职工特别是农民工按时足额领到工资报酬。农民工和城镇就业人员都是国家的建设者，应努力实现农民工与城镇就业人员同工同酬。

国家根据法律法规规定，国有企事业单位及其他用工机构在元旦、春节、国际劳动节和国庆节等节假日里，须安排职工和劳动者休息。有关部门及用工单位应贯彻落实国家关于职工工作时间、全国年节、假期和带薪年休假等规定，若企事业及用工单位等在不损害劳动者健康的前提下确实需要特殊实行额外工时制度的，须报请上级有关部门依照相关规定审批，或者与工会和劳动者协商处理，应足额支付加班加点工资和报酬。加快建立用人单位违法延长劳动时间的曝光和惩戒制度，若如此造成劳动者身心损害者，要负赔偿之责任，严重者应移送司法机关处理。国务院应不断完善劳动定额定员国家标准和行业标准，指导企事业单位和用工部门制定实施科学合理的劳动定额定员标准，建立健全劳动定额定员监督体制机制，以充分保障职工和劳动者的法定休息权利。

不断完善保护职工和劳动者安全卫生的法律法规，加强保护劳动者安全卫生的政策宣传力度，切实加强劳动者能够获得劳动安全卫生保障的权利。各级执法部门应加大企事业单位和用工部门劳动安全卫生执法力度，建立健全保护劳动者安全卫生的监督机制，并做到对劳动者安全卫生监督的常态化。各级政府机关和执法部门要督促企业严格执行国家劳动安全卫生保护条例和标准，严令企业健全并落实劳动安全卫生主体责任制，加大玩忽职守造成安全卫生事故者的惩戒力度。应加大安全生产和安全卫生方面费用的投入，采取行之有效的措施进行安全生产和职业卫生教育培训，增强劳动者安全生产和职业卫生意识，提高在生产和经营中持续抵御危害和保持安全卫生的能力。企业应根据国家颁布的有关劳动安全卫生条件标准，为劳动者的生产和经营活动提供安全卫生的工作环境和人身健康保护用品，特别是长期不懈地对从事有职业危害的作业职工有效实施上岗前、在岗期间和离岗时的职业健康状况检查，并加强对女职工和特殊工种的劳动保护，切实做到最大限度地减少生产安全事故和职业病危害的发生。

各级各类企业和用工单位应根据国家保险法的有关规定，为广大职工特别是进城务工的农民工和劳务派遣工等提供基本养老保险、基本医疗保险、工伤保险、失业保险和生育保险等社会保险，切实落实劳动者的社会保险权益，努力实现城乡用工社会保险全面覆盖。各级政府要督促企业和用工单位足额缴纳各项社会保险费，鼓励和支持有条件的企业和用工单位还可依照法律法规及有关规定为职工建立补充或额外保险，并不断创新和完善社会保险关系转移接续办法，切实为劳动者做到真保险、保真险。广大职工和各类劳动者也要充分发扬主人翁精神，积极参加各种社会保险，切实自觉履行应尽的法定义务，同时政府应对其予以引导和支持。随着科技信息技术的发展，劳动者的知识水平和能力也要相应提高，因而应加强对广大职工和各类劳动者的职业技能培训，切实保障他们受教育的权利，诸如脱产集中时间学习、短期培训、参加学历教育和继续教育等，不断提高劳动者的科学文化水平和专业技能水平，努力增强他们为经济社会发展作贡献的能力。

企业应依照国家有关规定普遍建立职工代表大会，不断完善以职工代表大会为主要形式的企业民主管理制度，创新职工民主参与的形式和渠道，并依法保障职工的各项民主权利，诸如知情权、参与权、表达权和监督权等。事关企业发展的根本决策和涉及职工切身利益等重大问题要提交职工代表大会讨论，充分听取他们的意见和建议后再表决通过，切实把职工代表大会的职权落到实处。努力探索符合不同所有制企业特点的职工代表大会的形式、职能和权限等，有条件的可在中小企业比较集中的地区建立区域性和行业性等多种行之有效的职工代表大会。

建立健全国有企业和各种非公有制企业厂务公开制度，不断完善公开程序、丰富公开内容和创新公开方式等，积极探索和推行经理接待日、劳资座谈会和总经理信箱等多种行之有效的公开形式。要依照公司法规定在企业普遍建立健全职工董事和监事制度，企业董事会和监事会在讨论决定重大发展问题时，应充分听取董事和监事们的意见、建议和合理诉求等，切实维护职工和企业或公司双方的合法权益。

二、建立健全劳动关系协调机制

我国的法律法规明确规定，企业或用人单位若聘用劳动者，劳动关系双方必须遵循平等自愿和协商一致的原则，依法书面订立有固定期限、无固定期限或在某段时间内以完成一定的工作为期限的劳动合同,建立劳动关系,这被称为劳动合同制度。全面实行劳动合同制度,明确了用人单位与劳动者双方的权利和义务,保障了用人单位的用人自主权和劳动者的择业自主权,使双方的合法权益得到了有效的保障,是构建社会和谐劳动关系的重要前提和基础。

各级行政部门应根据劳动法和社会主义市场经济发展的要求,加强宣传工作的力度,努力在社会上形成自觉签订劳动合同的氛围,并督促企业或用工单位全面实行劳动合同制度。企业、用工单位、劳动者和劳动管理部门等,要从企业用工和劳动者择业到签订劳动合同和录用备案,以及劳动合同的变更、解除和终止等劳动合同管理的全过程进行程序化的监督,并对每个环节的时间、地点、条件和要求等作出明确具体的规定。要建立健全劳动合同的制度保障,诸如劳动合同签订登记、变更、解除、终止报告、存档管理、例行检查和统计分析等制度,以确保劳动合同制度能够规范有序地实施。劳动保障部门要配备专职工作人员具体负责劳动用工录用和劳动合同备案工作,同时还应充分发挥乡镇和街道等社区劳动保障管理部门的作用,督促他们负责做好本地区的合同签订执行事宜,并及时将每年劳动合同和录用资料等归档备案。要充分运用现代信息技术来管理劳动合同,不断建立和完善企业及个人劳动合同数据库,保证及时将录用备案的企业和个人情况输入数据库中,努力实现乡镇和街道等社区劳动保障管理部门的计算机与上级劳动保障部门的计算机联网互通,既为加强劳动合同管理提供便利条件,又切实提高劳动用工管理水平。

随着经济和社会劳动关系的深入发展,企业或用人单位与劳动者关于工作条件、劳动定额、报酬支付和女职工特殊保护等方面问题也不断暴露出来，而如何有效地实行劳动保障就成为重要的社会问题之一，因而在平等协商的基础上签订集体劳动合同的理论和实践便应运而生。尽快推行集体协商和集体合同制度，是协调劳动关系和维护劳动者合法权益的需要，是实现劳动者民主权利和促进民主政治建设的需要，并有利于构建科学有效的劳动维权体制机制，推动公平和和谐的新型劳动关系形成，进一步促进经济和社会发展。

所谓平等协商，是指企业或用人单位工会代表受聘用者与企业或用人单位就涉及劳动者合法权益等问题进行商讨的行为。所谓集体合同，就是进行集体协商的双方代表根据法律法规的有关规定，就劳动时间、工资报酬、休息休假、劳动安全、卫生条件和福利保险等问题在协商一致的基础上签订的书面协议。要有效地实行平等协商和集体合同制度，必须遵循正确的指导原则，诸如主体独立、合情合法和相互合作等。

关于主体独立的原则，也就是平等协商的双方必须是各自身份完全独立的利益主体，相互之间没有依附与被依附的关系，这是平等协商的前提条件。关于合情合法的原则，也就是协商双方的内容、程序和主体等，既合情合理，又不违背劳动法律法规的要求。所谓内容合法，是指协商的劳动标准、集体合同的变更、续订和解除等符合劳动法律法规。所谓程序合法，是指协商的提出、合同的起草、讨论、达成共识和争议的处理等符合劳动法律法规。所谓主体合法，是指参加协商的双方代表必须具有劳动法规定的相关条件和要求等。关于相互合作的原则，也就是协商双方必须充分理解和尊重对方的主体权利，任何一方都不得指使或强迫另一方接受自己单方面的意见，并且协商双方在争取自己的利益或单方面表达自己的意愿时，必须建立在既符合法律的有关规定，又不损害对方利益的基础之上。

虽然我国的劳动法和工会法等有关法律法规都对平等协商和集体合同制度进行了较为明确的规定，但并没有作出有约束性的强制规定。因而极个别公有制企业特别是有些非公有制企业无视平等协商和集体合同制度，甚至拒不执行这一法律法规，导致工会和劳动者无充分法律依据将其起诉到法制机关或要求上级行政机关强制执行，因而这就是目前一些非公有制经济体集体合同制签订不多、执行不到位的症结所在。

有鉴于此，有关行政部门和执法机关应尽快颁布实施集体合同法和建立健全劳动法庭，特别是强化法律监督机制，健全劳动执法制度，建立劳动执法队伍，加强工会与人大、政协和劳动等部门的合作，对集体协商过程进行有效指导，督促企业和职工认真履行集体合同，甚至开展联合执法检查监督，依法惩处集体合同执行过程中的违法行为，使社会劳动关系更为和谐。

建立健全由人力资源社会保障部门与工会、企业联合会和工商业联合会等企业代表组织的协调劳动关系的三方机制，是社会主义市场经济条件下协调劳动关系的客观要求，是维护劳动关系双方权益的有效途径，也是构建和谐劳动关系的重要举措。

应逐步建立健全省自治区直辖市、市、县或区、乡镇和社区等各级多层次的三方协调机制，紧紧围绕劳动关系方面的重大问题进行协商，并在不断总结实践经验的基础上制定行之有效的制度规范和程序运作。诸如根据经济体制改革对劳动关系的影响提出政策性意见和建议，分析研究劳动关系现状和发展趋势、并对劳动关系方面带有全局性和倾向性的重大问题进行协商，制定涉及调整劳动关系的法律、法规、规章和政策并监督实施，研究现行劳动争议处理体制机制、指导劳动争议处理工作和总结推广典型经验，开展劳动法律、法规和规章的宣传工作等。

三方协调机制的运作要制度化和规范化并定期召开会议，要本着相互理解、相互信任和相互支持的态度以及兼顾国家、企业和劳动者利益的原则，紧紧围绕本地区劳动关系方面比较突出的问题开展工作，争取在最广泛的范围内就共同关心的问题达成一致意见，特别是充分发挥三方协调机制的优势作用，围绕劳动者普遍关心的有可能影响劳动关系和谐稳定的全局性问题开展工作。

建立健全劳动关系三方协调机制是一项全新而又紧迫的工作，因而各级政府、工会和企业等要引起足够的重视，应不断研究新情况、解决新问题和探索新办法，进一步创新和完善三方协调机制的职能和运作方式，还要积极借鉴外国的成功做法和有益经验，逐步形成中国特色社会主义的劳动关系三方协调机制，确保劳动关系的和谐和稳定。

三、健全劳动关系矛盾调处机制

根据劳动法和有关法律法规明确规定，要切实维护劳动者的合法权益，必须建立健全劳动保障监察制度，对国有企业和非公有制经济实体进行保障监察。国务院和各级政府应根据各自的职责范围，大力支持和协助劳动保障行政部门的劳动保障监察工作。

劳动保障监察部门在进行保障监察工作时，应遵循公正、公开、高效和便民等原则，同时注意认真听取工会组织的意见和建议，要坚持教育与处罚相结合，并且自身也要接受社会监督。劳动保障行政部门实施劳动保障监察所履行的主要职责是，着力宣传关于劳动保障的法律、法规和规章以督促用人单位贯彻执行，认真检查用人单位是否遵守劳动保障法律、法规和规章的情况，及时受理对违反劳动保障法律、法规或者规章的行为的举报和投诉，并依法纠正和查处违反劳动保障法律、法规或者规章的行为。劳动保障行政部门还要对下列有关事项实施劳动保障监察，诸如用人单位制定内部劳动保障规章制度、与劳动者订立劳动合同、遵守禁止使用童工规定、遵守女职工和未成年工特殊劳动保护规定、遵守工作时间和休息休假规定、支付劳动者工资和执行最低工资标准以及参加各项社会保险和缴纳社会保险费等情况。

劳动保障监察部门可以采取多种行之有效的方式进行监察，诸如建立健全企业诚信档案、日常巡查、审查企业等用人单位报送的书面材料和设立举报、投诉信箱和电话以及接受举报投诉等，若发现有严重违反劳动保障的法律、法规和规章的行为等，应当及时予以纠正或根据应急预案迅速会同有关部门及时处理。劳动保障监察部门若发现违法案件不属于劳动保障监察范围的，应当及时移送有关部门处理，并且对涉嫌违法犯罪的，诸如使用童工、强迫劳动和拒不支付劳动报酬等行为，应当依法移送司法机关，还要加大对大案要案的查处力度。

劳动保障行政部门和劳动保障监察人员违规或违法行使职权，侵犯了用人单位或者劳动者合法权益的，应依法承担赔偿责任；若在履行职责过程中滥用职权、玩忽职守、徇私舞弊或者泄露知悉的商业秘密的，依法给以行政处分，构成犯罪的，应当依法追究刑事责任。

我国正处于社会矛盾的凸显期，企业或用人单位特别是非公有制企业发生的劳动争议近年来呈上升趋势，因而如果不有效解决这类问题，就会对和谐劳动关系的建立造成重大负面影响。有鉴于此，各级行政部门应加强企业或用人单位劳动争议调解委员会建设，督促各级各类企业或用人单位普遍建立健全内部劳动争议协商调解体制机制，搭建劳资双方沟通的平台，以便及时公正地解决劳动争议，切实保护当事人的合法权益，最大限度地促进劳动关系和谐稳定。

鉴于以往劳动争议发生较多的领域以及当前或今后有可能发生劳动争议的问题，各级各类劳动争议调解委员会建设要提前做好研判和预防，建立健全劳动争议预防机制，尽可能把劳动争议问题消灭在萌芽状态中。劳动争议问题大多发生在基层，应推动乡镇、街道、社区甚至村等基层依法建立劳动争议调解组织，要大力支持工会、商会和相关协会等依法依规建立行业性、跨行业性和区域性的劳动争议调解组织，尽力把劳动争议问题解决在基层。若基层劳动争议问题经过努力确实不能解决的，应依法规和程序等上交。劳动争议双方应遵循合法、公正、及时和着重调解的原则，采取理性平和的态度就有关问题进行友好协商，力争达成共识和协议，若无法达成协议的应依法依规提交上级有关劳动部门调解或仲裁。应不断总结劳动争议调解经验，努力构建和完善劳动争议调解体制机制，着力加强专业性人员培训力度，有效推进专业性的劳动争议调解工作，切实提高劳动争议调解工作效率。大力构建多层次劳动人事争议调解组织网络，健全人民调解、行政调解、仲裁调解和司法调解联动等行之有效的工作体系，充分发挥调查、协商、研讨和调解等在处理劳动争议中的基础性作用。

与此同时，各级行政机关和政法部门应根据实践的发展，努力加大人力和物力的投入，不断完善劳动人事争议仲裁办案体制，进一步规范劳动争议案件的办案程序，并定期或不定期地对劳动人事争议仲裁办案机构进行巡查，以提高仲裁效能和办案质量，促进案件能公正而迅速地仲裁终结。若劳动人事争议仲裁办案人员玩忽职守，不依纪依规仲裁案件，导致企业、用工者或劳动者权益受到损害的，应给予行政纪律处分，触犯刑律的则移送司法机关处理。各级行政部门和法制机关应大力加强面向职工或劳动者的法制宣传工作，依法及时地为符合条件的职工或劳动者提供法律援助、畅通法律援助渠道，有效地维护当事人的合法权益。由政府、工会和企业组成的协调劳动关系的三方机制，应充分发挥在劳动人事争议仲裁等问题上的不可替代作用，要不断完善协调处理集体劳动协商争议的方式方法，特别是要有效应对和调处因签订集体合同而发生的对社会影响较大的劳动争议和大范围的集体停工事件等。

我国现阶段的改革开放已进入攻坚期和深水区，经济、政治、文化、社会和生态等方面的协调和发展还面临着一些亟待解决的问题，各种利益群体的诉求也在相互磨合和交汇，诸多分歧和矛盾也有可能在这一过程中产生，如不有效加以疏通和处理，逐渐积累难免会酿成群体性事件，并对社会和谐稳定造成一定程度的负面影响。

有鉴于此，各级行政机关和劳动争议调解委员会要经常到企业或用工单位进行调查研究，深入了解劳资关系的发展现状，组织专门人员加强对劳动关系形势的分析和研判，并建立健全有关制度对劳动关系群体性纠纷进行经常性的排查和预警，以便及时发现和有效解决有可能引起群体性事件发生的带有苗头性和倾向性问题，特别是要制定应对群体性事件的预案，争取把群体性事件解决在萌芽状态中。各级党委应建立健全政府负责，有关部门和工会、企业代表组织共同参与的群体性事件应急联动处置机制，形成快速反应和处理问题合力，并且处理群体性事件时要以维护社会和平稳定为立足点，按照合法、公正和灵活性相结合的原则，及时了解和掌握引发事件的主要原因，坚持教育疏导和法制宣传，进行耐心细致的思想工作，努力营造与事件有关人员协商对话的和谐氛围，积极缓和矛盾，促进各方达成调解协议，将事态尽快平息，问题得以解决。对于极个别不听劝阻和蓄意寻衅滋事并造成重大社会影响、财产损失和人员伤害者，要进行社会治安处理，触犯刑律的应移送司法机关处理等，竭力维护社会和谐稳定。

四、营造构建和谐劳动关系的良好社会环境

各级各类企业在发展过程中，会遇到这样那样的新情况和新矛盾，因而应该加强对企业员工多方面的教育，有效地推动企业顺利发展。

要加强职工的思想政治教育，用习近平新时代中国特色社会主义思想武装他们的头脑，引导他们牢固树立正确的世界观、人生观、价值观和利益观等，鼓励他们追求高尚的社会理想，教育他们提高社会公德、职业道德、家庭美德和个人品德等，激励他们不断增强对企业的责任感、认同感和归属感等，还要教导爱岗敬业、诚实守信和遵纪守法，使他们能够自觉地履行其应尽的责任和义务。企业负责人和工会等组织要深入到职工中去，对他们的思想状况进行广泛的调查研究，要把企业的发展和职工的思想实际紧密结合起来，采取不同方式、灵活多样的措施进行，做到形式与内容的有机统一。加强广大职工关于国家宪法、劳动法和合同法以及相关的法律政策宣传工作，应该急他们之所急、想他们之所想，诸如切实解决职工的利益和遇到的困难问题等，引导他们充分认清社会利益关系深刻调整和企业转型形势的变化，正确回应他们关于提高工资标准和有关福利待遇等方面的诉求，特别是要求他们应从国家和企业发展大局出发，以理性和合法的方式方法来表达个人和群体的各种利益诉求，在协商和谐的气氛中解决有关矛盾，既有效地维护其切身利益，又不影响企业的发展大局和社会的和谐稳定。

广大员工是推动企业发展的重要力量，但同时又是情感丰富的有机群体，因而各级党委政府、企业领导者和工会等组织要加强对职工的人文关怀，使他们切实感受到企业的温暖，意识到作为企业主人翁的价值观所在，从而为企业的进一步发展提供源源不竭的推动力量。要以社会主义核心价值观为指导，不断培育和创新具有企业特色的精神风貌和积极向上的健康文化，筑牢企业员工共有的精神家园，这是企业顺利发展的精神动力。随着国家发展理念的创新和企业转型升级的加快，导致员工的思想观念、认知能力、道德水准和价值取向等也发生了深刻变化，因而企业和工会等组织应贴近员工，及时了解他们的思想动态，对他们心中的困惑或疑虑要有针对性地做好思想引导和心理疏导，建立健全心理引导疏导长效机制，完善职工心理疏导多元化渠道，同时以普及他们的心理健康和精神疾病预防知识为主要内容加强其心理健康教育。精神文化是促进人类进步和社会发展的重要动力之一，因而企业的进一步发展离不开精神文化建设。有鉴于此，企业要根据实际加大经费的投入，创建、改建和扩建图书馆以及体育场等文体娱乐设施，积极开展读书、演讲比赛和体育竞技比赛等员工所喜闻乐见、丰富多彩的文化体育活动，以丰富他们的精神文化生活，提升职工奋发向上的精神境界。

世界科学技术的发展日新月异，企业员工必须不断地学习新知识和掌握新技能，这既是更好地适应企业发展的新要求，也是提升员工劳动效率和工作质量的重要举措。因而企业要高度重视对职工进行继续教育和终身教育的培训工作，并将其规范化和制度化，全面提高职工各方面的素质，特别是业务技能，才能够做到最大限度地开发人力资源，进一步拓宽员工的发展渠道、拓展职业发展空间，从而在国内外激烈竞争的市场中始终立于不败之地。

我国广大企业改革开放以来积极履行社会责任，为促进经济和社会的发展作出了巨大贡献。全面建成小康社会、实现社会主义现代化强国的战略目标，仍然需要企业继续履行更大的社会责任，为促进经济社会全面协调可持续发展作出新贡献。这既是企业本身提升核心竞争力和实现可持续发展的必要途径，也是实现社会公平正义和构建和谐劳动关系的重要举措。

因而各级党委和政府应对广大企业管理者加强思想政治教育和践行社会主义核心价值观的教育，要求他们牢固树立爱国、敬业、诚信、守法和奉献精神，引导和鼓励企业正确处理企业发展与履行社会责任的关系，把履行社会责任与调整优化产品结构、增强企业自主创新能力以及加强和改善企业经营管理等方面结合起来，既努力实现企业又好又快的发展，又能够切实承担起报效国家、服务社会和造福职工等社会责任。

应引导和鼓励企业采用最新科技信息技术，切实提高自主创新能力，为建设创新型国家作贡献。督促企业切实做好节能减排工作，充分发挥企业在节能减排方面的表率作用，这是企业调整经济结构、转变经济发展方式和提高经济效益的有效途径。职工是企业的主人，他们的综合素质如何以及对企业的关爱程度，直接关系到企业的兴衰成败。因而企业经营管理者要高度重视对职工的关心工作，根据客观实际不断改善员工的工作、学习和生活条件等，特别是用心用情用力地为职工做好事、办实事和解难事，努力加大对困难职工的帮扶力度，最大限度地调动企业的一切积极因素，形成企业强大的发展合力。建立健全符合我国国情的规范企业社会责任的标准体系和科学评价体系，并建立相关的制度进行完善，对履行社会责任大的企业要大力表彰和宣传，而对履行社会责任不到位的要进行批评教育甚至曝光等，多方营造鼓励企业履行社会责任的良好环境。企业经营管理者法治意识如何，直接关系到该企业能否和谐稳定地发展，因而不仅要加强对国有大中型企业的管理者的劳动保障等法律法规教育培训，而且特别要重视小型企业和非公有制企业管理者的法制教育培训工作，监督和提高他们的依法用工意识，促使他们努力保护员工的合法权益，切实消除企业发展的不稳定因素。

要正确处理社会主义市场经济条件下政府和企业的关系，企业应在遵守国家法律、政策和宏观调控的前提下，充分发挥自主经营、自负盈亏、自我发展和自我约束的市场独立主体作用，实现利益的最大化。而政府应发挥国家发展规划的战略导向作用，建立健全宏观政策调控体系，逐步完善宏观政策协调体制机制，注重引导企业市场行为和社会预期，不断提高宏观调控的科学性和艺术性，为实现经济社会持续健康发展创造良好的环境。诸如改进和提升服务水平，减少和规范涉企行政审批事项，加大对中小企业特别是小微企业政策扶持力度，进一步减轻企业负担，加强企业风险防范和应对处置；密切关注世界新技术新产业新业态新模式发展，主动优化为企业提供的各类服务并创新监管模式，为新兴生产力的成长开辟更大的空间；强化对企业的社会预期管理，并把它作为宏观调控的重要内容，不断提高政策的透明度和可预期性，用切实可行的宏观政策使市场预期保持稳定，出台重大改革举措增强企业发展的信心，不断提升企业的竞争力，为构建和谐劳动关系创造更为坚实的物质条件。

国家业已颁布的劳动法、劳动合同法、劳动争议调解仲裁法、社会保险法和职业病防治法等法律以及配套的法规、规章和政策等，明确了劳资双方当事人的权利和义务，是保护劳动者的合法权益、构建和发展和谐稳定劳动关系的根本保障，并需要在发展实践中不断充实和完善。基本劳动标准、集体协商和集体合同、企业工资、劳动保障监察、企业民主管理和协调劳动关系三方机制等方面的制度，被实践证明是切实可行的，同样需要在发展实践中不断充实和完善。党和国家、企业党组织和工会等机构必须大力开展法律法规宣传教育，不断加强行政执法和法律监督，切实使保障劳动的各项法律法规落到实处、深入人心，使中国特色社会主义的和谐劳动关系建立在坚实的法律基础之上。

第三节　着力打造合理有序的收入分配格局

千方百计地增加居民收入、形成合理有序的收入分配格局，是着力改善民生的源泉。这对于调动各方面的积极性，促进经济发展方式的转变，维护社会公平正义和和谐稳定，实现发展成果由人民共享，并进而为全面建成小康社会奠定扎实的基础具有积极意义。有鉴于此，习近平总书记指出："坚持按劳分配原则，完善按要素分配的体制机制，促进收入分配更合理、更有序。"①

一、不断完善收入初次分配体制机制

所谓初次分配，是指企业单位内部的分配，其依据主要是效率原则，即根据各生产要素在生产中发挥的效率带来的总收益多少进行分配，高效率获得高回报。实现初次分配要充分注重效率，努力创造机会公平的竞争环境，以维护劳动收入的主体地位。

各级政府要大力支持各类产业的发展，诸如信息服务业、劳动密集型企业、小型微型企业和创新型高科技企业等，努力创造更多就业机会和岗位。我国当前的高校毕业生、农村转移劳动力、城镇困难人员和退役军人等，是需要着重关注的就业群体，因而应不断完善税费减免、社会保险、岗位培训和技能鉴定等政策，同时要开辟更多的公益性岗位，为这类困难群体充分就业创造更好的条件。要支持和鼓励就业人员根据自身的特点实现自主创业，并实行小额担保贷款和财政补贴等政策，为发挥其聪明才智创造更为广阔的空间。国有企事业单位在招聘人员时，应广泛借鉴和推广招考公务员办法，不断完善严格的考试考核制度，切实做到信息公开、过程公开和结果公开等，为各类人才的充分涌流创造更好的制度环境。

加大对劳动者培训的经费投入，并不断健全培训体制机制，根据实际合理安排职工的培训时间，充分提高劳动者的职业技能。大力发展中等职业技术教育，国家财政部门对教育的

---

① 《十九大以来重要文献选编》（上），中央文献出版社2019年版，第33页。

投入应适度向各类职业技能教育倾斜，并逐步实行中等职业教育免费制度，以培养更多适应社会需要的各类技术人才。农民工为我国的经济社会发展作出了重大贡献，应根据经济社会发展需要不断对农民工进行职业教育和技能培训，建立健全相关培训体制机制，逐步向免费为农民工提供职业教育和技能培训的目标发展。社会职业技能培训、考核、鉴定和认证体系等，应随着经济社会发展而不断完善，其收费标准也要合理和规范，并且从事这类行业的技能人才的经济待遇和社会地位也应相对提高。

随着经济和社会的发展，劳动力市场供求关系和企业经济效益也会不断地发生变化，各级政府和社会保障部门应密切关注这一现象，并建立健全企业职工工资增长的长效机制。企业作为自主经营和自负盈亏的市场经济主体，制定的职工工资标准和增资标准应与经济效益相联系，同时也要根据国家有关政策统一规范；相关部门要经常对企业进行薪酬调查和信息发布，并当作一种制度使之常态化。企业应根据经济的发展和物价变动等因素，逐步提高职工的工资待遇；人力资源和社会保障部门也应及时调整所辖地区的最低工资标准，使大多数企业的最低工资标准达到当地城镇从业人员平均工资的比例有所提高。鉴于每个行业的生产经营范围及所取得的效益都是不一样的，因而确定最低工资标准不能一刀切，而是要进行周密的调查研究，以便使每一种行业的最低工资标准尽可能与该行业的经济效益和社会经济发展水平相一致。政府和社会劳动保障部门要重点关注非公有制企业最低工资标准问题，督促其在用工时严格执行劳动合同法的相关规定，同时积极稳妥地推行工资集体协商和行业性以及区域性工资集体协商制度，逐步解决有些企业和行业职工工资过低的问题。劳动合同法应根据实际需要不断修订和完善，对无论国有企业还是非公有制企业的劳务派遣用工行为均作出明确的规定，并制定相关配套措施，坚决杜绝劳务派遣用工上的歧视行为，依法保障被派遣劳动者付出有效劳动后取得相应报酬的合法权利。

根据中共中央和国务院关于加强国有企业高级管理人员薪酬的规定，同时借鉴外国企业薪酬管理的有益经验，加强对国有和国有控股企业部分过高收入行业的薪酬管理，对企业工资总额和工资水平实行严格的双重调控政策，逐步缩小行业之间工资的收入差距。国有企业还应不断完善董事会制度和薪酬委员会制度，诸如董事会人员的遴选要坚持公开、公平和公正的原则，并实行股权多元化机制；而薪酬委员会制度应根据企业的发展状况不断加以完善，其独立性也要进一步提高，其担负的职能和日常运作都要有明确而系统的规定，特别是要积极引进专业技术人员充实薪酬委员会管理队伍，努力建立一套符合我国企业发展实际的科学化和规范化薪酬管理体系。政府要充分发挥其对经济发展的宏观调控作用，建立健全法律法规和相关政策，为市场机制和企业内部机制完善提供政策支持和法律保障，还要加强对国有资本的监督，推动国有企业薪酬管理的科学化、规范化和合理化。鉴于国有企业是公有制经济的主体，其所控制的生产要素具有全民所有制性质，因而政府和社会民众都要对其生产要素的使用和配置进行监督，并且要利用网络信息化公开等方式健全监督机制，有效预防国有企业高级管理人员贪污腐败现象的滋生。

事业单位工作人员的职务和级别是确定其工资标准的重要依据，这种职务和级别并重的工资制度应进一步完善，还要与企业相当职务和技术职称的工资水平相互比较和借鉴，使其更加合理和规范，并且还应适当提高基层公务员工资水平。政府应进一步调整优化事业单位人员工资结构，提高基本工资在其工资水平中所占的比重，降低津贴补贴的所占比例，特别是要建立健全事业单位人员工资正常增长的长效机制，确保其工资水平合理有序增长。老少边穷地区事业单位工作人员的津贴补贴应有所提高，具体的地区标准应根据当地的经济发展水平和物价浮动等情况合理地确定，并且要建立相关的制度进行保障。分类推进事业单位改革，诸如清理规范现有事业单位、划分现有事业单位类别和细分从事公益性服务的事业单位等，特别是要以完善工资分配激励约束机制为核心，建立健全符合事业单位特点、体现岗位绩效和分级分类管理要求的工作人员收入分配制度。

科技创新人才的薪酬高低要以其实际贡献为评价标准，事业单位可通过协商与紧缺急需的高层次和高技能人才实行协议工资和项目工资等，不断完善高层次和高技能人才特殊或额外津贴制度。要加大知识产权的保护力度，科技成果转化也应纳入分配政策的范围，积极探索科技成果入股、品牌创意和岗位分红权激励等多种分配办法。

加快发展多层次资本市场，推进利率市场化改革，严格规范银行收费行为，支持有条件的企业实施员工持股计划，拓宽居民租金、股息和红利等增收渠道，采取多种方式增加居民的财产性收入。建立健全覆盖全部国有企业和分级管理的国有资本经营预算和收益分享制度，完善土地、海域、森林、矿产和水等公共资源占用及其收益分配体制机制。

二、逐步健全国民收入再分配调节机制

所谓国民收入再分配，是指国民收入继初次分配之后在整

第二章 提高就业质量和人民收入水平

个社会范围内进行的分配，涉及国家的各级政府以社会管理者的身份主要通过税收和财政支出等形式参与国民收入分配的过程。国民收入之所以应进行再分配，是因为要满足非物质生产部门发展、加强重点建设和保证国民经济按比例协调发展、建立社会保证基金和建立社会后备基金等方面的需要。

有鉴于此，党和政府应集中更大的财力物力着重保障和改善民生，诸如加大对教育、就业、社会保障、医疗卫生、保障性住房和扶贫开发等方面的投入，要进一步增强对中西部地区特别是革命老区、少数民族地区、边疆地区和贫困地区的财政支持力度。行政事业单位机构的编制构成应科学、规范和高效，中央和地方的编制总量增减应适应经济社会的发展，领导职数的减少和行政成本的降低也要根据实际情况来确定。我们党和政府一贯反对铺张浪费和倡导厉行节约，因而各级行政部门应严格控制政府部门人员因公出国或出境经费、公务车购置及运行费以及公务招待费产生的消费等"三公"经费预算规模，"三公"经费使用情况也应公开和透明。与此同时，社会保障和就业等方面的支出占财政支出的比重需要提高。

鉴于教育公平是社会公平的重要组成部分，国家应切实把促进教育公平落到实处，教育资源要根据国情合理有序地配置，并着重向农村地区、革命老区、少数民族地区、边远地区和贫困地区倾斜。教育收费行为要进一步严格和规范，九年义务教育免费政策要全面落实，国家给予普通高中、普通本科高校、中等职业学校以及高等职业院校等家庭经济困难学生的资助政策应不断完善，补助标准应随着经济社会的发展逐步提高，特别是要为家庭经济困难的儿童、孤儿和残疾儿童等特殊群体接受学前教育提供充分的补助，不让一个儿童因贫困或其他障碍性疾病而不能上学。农民工随迁子女上学问题是促进教育公平的重要内容，各级党委政府和教育行政部门应采取行之有效的措施，切实解决农民工随迁子女平等地接受义务教育以及参加当地的中考和高考等问题。

我国法律法规明确规定，达到了一定收入水平的个人应依法依规向税务部门缴纳个人所得税，它是国家基本税收的组成部分之一，因而应根据经济社会发展不断完善相关的税收制度，加强个人所得税调节力度。综合和分类个人所得税制度各有优点，但也有一些值得注意的问题，应加快建立综合和分类相结合的个人所得税制度，使两者有机结合和相得益彰。应加大税收政策的宣传力度，采取切实有效的措施进一步完善高收入者个人所得税的征收、管理和对偷逃税款者的处罚措施等，将他们的各项收入全部纳入所征收的范围。

应坚持个人收入双向申报制度和全国统一的纳税人识别号制度，取消对外籍个人从外商投资企业取得的股息和红利所得免征个人所得税等税收优惠，并强化依法治税和综合治税，切实做到应收尽收，实现国家税收收入持续稳定增长，为加快促进经济社会发展提供重要的资金保障作用。

鉴于房子是用来住的而不是用来炒的这一原则，加强对城乡居民的住房情况进行调查研究，按照"立法先行、充分授权、分步推进"的方式，推进房地产税尽快立法和贯彻落实，逐步扩大个人住房房产税改革试点范围，并对工商住房地产和个人住房按照评估价值进行房地产税征收，适当降低国家和地方基本建设以及交易环节税费负担，逐步建立起比较完善的现代房地产税制度。目前原油、天然气、煤炭、固体盐和其他非金属矿原矿等资源已在依法征税，其他资源税征收范围应有所扩大，资源税税负水平也相对有所提高。部分消费税的税目和税率要适时合理地调整，并且部分高档娱乐消费和高档奢侈消费品也应纳入征税的目录。加强对遗产税问题的调查研究，建立健全这方面的法规制度，争取在适当时期对遗产税进行征收。

应不断完善基本养老保险制度，城镇职工基本养老保险省级统筹要全面贯彻落实，争取早日实现基础养老金全国统筹的目标。公务员养老保险制度改革要加紧研究完善，同时事业单位养老保险制度改革也应分类推进。目前全国大多数农民工已加入养老保险体系，尚有部分农民工还未参加养老保险，因而应着力提高农民工养老保险参保率。城镇居民和新型农村人口是社会养老保险的主要群体，因而要健全城镇居民和新型农村社会人员养老保险制度，还要建立和完善兼顾各类人员的养老保障待遇确定机制以及正常的调整机制。商业保险在社会保险中承担着重要的补充作用，因而应大力发展企业和职业年金等，充分发挥商业保险的社会作用。国家是社会保险基金供应的主体，社会保障基金筹资渠道要进一步扩大，个人、集体和社会组织等均可投资社会保险事业，并且要健全社会保险基金投资运营制度。

加快健全全民医保体系是促进人民健康的重要保障。要以提高质量为中心，加快健全全民医保体系，并不断创新和完善体制机制，稳步提高基本医疗保障水平，让人民得到更多实惠。拓宽城镇居民基本医疗保险和新型农村合作医疗资金的筹措渠道，并且要将城乡居民基本医疗保险制度有机整合起来，稳步推进职工医保、城镇居民医保和新型农村合作医疗门诊统筹规划。不断提高基本医疗保险政策范围内医保基金支付水平，努力缩小城镇居民与实际住院费用报销支付比例的差距。城乡居民大病保险制度需要健全和完善，城乡医疗救助制度也要进一步加强。人均基本公共卫生服务经费应随着经济社会的发展逐步增加，医疗卫生人员队伍要不断充实，综合素质也要相应提高，基本公共卫生服务水平需更上一个台阶。

根据经济发展水平加大保障性住房供给力度，诸如建立市场配置和政府保障相结合、公租房和廉租房并举的住房制度，特别是要加强保障性住房的建设和管理，切实满足家庭困难居民住房的基本需求。全国城镇保障性住房覆盖面积要不断增加，按照标准完成农村困难家庭危房改造的进度应加快，争取尽快实现全国游牧民定居目标。

我国还有一定数量的生活困难人群，主要是在老少边穷地区，这应该引起各级政府的特别关注。政府、个人、集体和社会组织等要共同参与对困难群体的救助和帮扶，根据经济发展水平和物价上涨等因素，合理确定城乡低收入群体基本生活保障标准，为城乡居民最低生活保障水平的逐步提高提供科学依据。抓紧对优抚对象和经济困难的高龄、独居以及失能等老年人的排查，提高抚恤补助标准和建立健全补贴制度。建立健全孤儿基本生活保障制度，努力推进孤儿集中抚养，同时对其他处于困境中的儿童实施生活救助制度。困难残疾人和重度残疾人是特别需要关爱的特殊群体，应建立针对他们的生活补贴和护理补贴制度，并鼓励和支持社会人士参与这一事业。

鼓励和支持有条件的个人、企业和组织等兴办医院、学校和养老服务等公益事业，大力发展社会慈善事业，积极支持建立社会慈善组织，对公益慈善组织的审批程序实行简化，切实落实和完善慈善捐赠税收优惠政策，并加强对慈善组织的监督和管理。

三、建立健全促进农民增收的长效机制

千方百计地增加农民收入，是全面建成小康社会的重要内

容，是党和政府当前的紧迫任务也是今后的长期目标，既是经济任务又是政治问题。

有鉴于此，各级政府应坚持工业反哺农业、城市支持农村以及多予少取放活的基本方针政策，采取切实有效措施推动城乡一体化发展，并加快完善保障发展的体制机制，持之以恒地加大强农惠农富农的政策力度，不断促进工业化、信息化、城镇化和农业现代化同步发展，着力创造公共资源在城乡之间均衡配置、生产要素在城乡之间平等交换和自由流动的宽松条件，大力促进城乡规划、基础设施和公共服务一体化格局的形成，努力建立健全农村转移人口市民化体制机制，统筹推进户籍制度改革和基本公共服务均等化。

粮食、棉花、油料、玉米、大豆和蔬菜等农产品价格的高低，直接关系到农民收入增长的多少，因而要采取行之有效的措施健全和不断完善农产品价格保护制度，根据经济社会发展水平和农民的满意程度稳步提高重点粮食品种的最低收购价格，还要着力实施一般或大宗农产品收购和储藏供应安全保障工程，科学确定粮食等主要农产品的收购和储备规模，建立和完善粮食储备管理和吞吐调节体制机制，积极引导生产、流通和加工企业等多元化市场主体参与农产品收购和储藏工作，切实在农产品价格方面让农民真正有获得感和幸福感。着力推动农业产业化，努力推进农村一二三产业融合式的发展，加快建立和完善诸如产业和价值相互联系的多种形式的利益机制，鼓励农民通过专业合作和股份合作发展种植业，培育新型经营主体、创新经营方式，鼓励和支持适度规模经营，拓宽农民的增收渠道，让农民更多地分享增值收益。因地制宜发展农产品加工业和加快发展农村生产性服务业，推进农业与旅游休闲、教育文化和健康养生等密切融合，根据实际发展观光农业、体验农业和创意农业等新业态。大力发展农村电子商务等农业新业态和新模式，鼓励和支持城镇电商企业积极开展农村电商服务，形成线上线下高度融合、农产品进城和农业生产资料、日常消费品下乡双向有序流通格局。加强农产品流通基础设施和市场建设，鼓励互联网企业建立产销衔接的农业电子商务平台，健全农村配送和综合服务网络，不断完善现代农产品市场体系，使农民的收入真正从多方有所增加。

各级政府要以保障主要农产品供给、促进农业增长和农民增收、实现农业可持续发展为重要目标，建立健全农业补贴政策，提高和完善农业支持保护效能。加大力度建立农业农村经费投入稳定增长机制，进一步优化财政经费支持农业的结构，推进农业投入资金的整合和统筹，创新投入农业资金的方式方法和运行机制，充分提高农业补贴政策的效率。逐步扩大农业的补贴规模和范围，不断完善良种补贴、农资综合补贴、种粮农民直接补贴和农机具购置补贴等政策，并建立相关的体制机制将新增农业补贴向种粮农民、种粮大户、新型农业经营主体和粮食主产区等方面倾斜，同时完善林业、畜牧业、副业和渔业等的扶持政策。耕地是发展农业的重要基础，合理利用耕地是促进农业增产增收的有效保障，因而应建立耕地保护补偿制度，还要健全保护耕地的激励约束机制。深入推进涉农资金整合试点，努力探索不同层级整合涉农资金的灵活方式，同时要逐步扩大农业保险保费补贴范围，根据实际适当提高保险保费补贴比率，进一步细化和稳步扩大农村金融奖补政策范围。

各级政府应在确保土地公有制性质不改变、已经划定的耕地红线不突破和农民利益不受损害的前提下，继续加大农村土地承包经营体制改革的力度，使农村土地承包关系不断稳定，切实落实农村土地国家所有权、稳定农民土地承包权和放活土地经营权,并根据实际使"三权分置"方式不断完善,根据农民自愿的原则依法依规积极推进农村土地经营权多种形式的有序流转,确保农民能够分享土地流转收益。应加快对农村土地承包经营权的确认、登记和颁发证书工作,依法保护农民的土地财产权。同时通过调查研究适时制定土地经营权抵押和担保试点等政策,还可在有条件的地区努力探索农民土地承包经营权有偿退出办法试点。我国农村有为数不少的住宅基地,要不断完善农村宅基地制度,切实保障农民宅基地的合理权益。国家建设的发展经常涉及征收农民的土地问题,应逐步改革和完善土地征用制度,依法保障农民土地征收的有偿权益,不断提高农民在土地增值收益中的分配比率。我国还有面积广大的草原,可借鉴土地承包的有效方法不断完善牧民草原承包体制机制,进一步规范草原承包实践和管理方式,充分调动广大牧民利用、保护和建设草原的积极性。我国农村还有大面积集体所有的荒山、荒沟、荒丘和荒滩等土地资源,应研究和出台使用这些资源的承包政策,并促使它们在使用权者之间有序流转,让使用权者充分享有收益。农村要深化各方面的改革,如遇到新的问题应进行先行试点工作,及时总结经验和加以评估,尽快形成可复制和可推广的行之有效的办法,充分释放改革红利,切实使改革成为推动农业现代化和农民稳步增收的强大动力。

财政专项扶贫开发资金投入要大幅度增加,扶贫资金新增部分主要用于老少边穷地区,特别是集中支持连片特殊困难地区的扶贫攻坚。政府应加大投资建设基础设施工程的力度,更多地吸纳受赈济者参加工程建设项目而获得劳务报酬,努力实现受救济者和贫困地区农民人均收入增长幅度高于全国平均增长水平。加快对生存条件极恶劣地区的农村贫困人口实施易地扶贫搬迁力度，大幅度提高人均扶贫标准，使扶贫对象切实减少，逐步达成过上美好生活的目标。

要根据承载能力和发展潜力的要求，以就业年限、居住年限和城镇社会保险参保年限等为基本条件，制定公开透明的各类城市农业转移人口落户标准和政策，应及时地向社会公布，有序推进农业转移人口市民化制度，并建立政府、企业和个人等共同参与的市民化成本分担机制。大中城市和特大城市要根据合法稳定就业和稳定住所等为前提条件，实施差别化的落户政策，有序放开小城市的落户限制，合理放开中等城市的落户限制，严格控制特大城市的落户限制，并且大中城市可设置参加城镇保险年限要求，特大城市可采取积分制等方式设置阶梯式落户标准来调控落户规模。鉴于农村劳动力在城乡间流动就业呈常态化发展趋势，应按照保障基本和循序渐进的原则，积极推进农业转移人口享有城镇基本公共服务，逐步解决居住在城镇但尚未落户的农业转移人口享有城镇均等的基本公共服务问题，努力实现城镇常住人口的基本公共服务全覆盖。

四、推动形成公开透明和公正合理的收入分配秩序

收入分配制度是我国经济社会发展中的一项带有根本性和基础性的制度安排，在社会主义市场经济体制中发挥着重要的基础性作用。中共十一届三中全会以来，我国逐步实行按劳分配为主体、多种分配方式并存的基本分配制度，并且把按劳分配和按生产要素分配结合起来，从而充分地调动了各方面的积极性。事实证明，我国的基本分配制度与基本国情和经济社会发展阶段是基本相适应的。但我国收入分配领域仍存在一些迫切需要解决的突出问题，主要是收入分配秩序不规范，诸如城

第二章 提高就业质量和人民收入水平

乡区域发展差距和居民收入分配差距依然较大,隐性收入和非法收入等问题比较突出,部分群众生活仍然比较困难。

有鉴于此,我们在坚持按劳分配为主体、多种分配方式并存的基本分配制度的前提下,要坚持共同发展和共享成果的原则,深入推进收入分配体制改革,应加快收入分配相关领域的立法工作,为推动形成公开透明和公正合理的收入分配秩序提供重要的法律保障。进一步完善已有的保障公开透明和公正合理的收入分配体制机制,根据经济社会发展适时弥补这方面的法律法规缺失,诸如在调查研究的基础上相机制定企业工资支付保障、集体协商、国有资本经营预算、财政转移支付管理、扶贫开发、社会救助和慈善事业等方面的法律法规,并及时修订和完善土地管理、矿产资源管理、税收征管和房产税等方面的法律法规。公民的财产登记制度虽已开始实行,但覆盖面要进一步扩大,因而要着力建立健全公民财产登记制度,不断完善财产方面的法律保护制度,切实保护公民的合法财产权益。

我国绝大部分国有企业和非公有制企业是诚信守法和讲究信誉的,其所聘用的职工和劳动者的工资是能够按月足额发放到位的,但也不时有极个别恶意拖欠职工特别是农民工工资的现象发生,甚至有时发生农民工群体集体讨要拖欠工资而引起严重冲突事件,在一定程度上影响了社会的和谐与稳定。因而各级政府和法制机关应采取切实有效的措施,维护广大职工和劳动者的合法权益。诸如要建立健全有效保障工资支付的体制机制,及时加强舆论宣传的曝光力度,把拖欠工资问题突出的企业、工程承包商以及容易发生拖欠的行业和领域等纳入有关部门重点监控的范围,不断完善与企业信誉等级挂钩的差别化工资保证金缴纳办法。各级政府应切实担负起其属地保障工资支付的责任制度，落实清偿欠薪的企业和工程总承包人负责制，并联合执法部门打击恶意欠薪的企业负责人和工程承包者，甚至将恶意欠薪者和触犯刑律者移送司法机关处理。加强各企业工会和劳动委员会等机构建设，充分发挥它们在处理劳动争议方面的积极作用，并不断完善劳动争议处理体制机制，着力加大执法机关和人力资源社会保障部等部门的劳动保障监察执法力度。

继续坚持和完善鼓励创业创新、倡导勤劳致富和保护合法经营等政策，规范工资收入、工资外收入和合法劳动收入等，努力在不断创造社会财富和增强综合国力的同时，普遍提高人民的生活水平和富裕程度。党政机关和各级各类学校等事业单位要采取行之有效的措施，不断完善和规范各种津贴补贴以及奖金等的发放办法，根据实际抓紧研究和制定规范改革性补贴的具体实施意见。事业单位存在着多种创收渠道，要制定相关政策对创收进行有效管理，严格规范科研课题和项目研发经费的管理使用程序，还要建立健全公务招待费审批和核算等制度规定。各级政府要加强对国有企业和国有控股企业的管理，特别是不断完善国有及国有控股企业高管人员的职务消费、车辆配备和使用费、业务招待费和考察培训等职务消费项目和标准，并建立健全相关的体制机制诸如企业工会、劳动委员会和职工代表大会等，对企业高管人员的各种消费进行民主监督，甚至要求其相关消费账目要公开透明等，政府及有关审计机关也可适时进行巡查。

中共中央和国务院已经颁布了关于领导干部报告个人有关事项的规定，这是规范和加强领导干部收入管理的有效措施，各级领导干部应全面贯彻落实。各级领导干部应如实向组织详细报告收入、房产、投资和配偶子女从业等情况。上级或同级领导部门应经常对管辖范围内的领导干部进行警示教育，随时进行抽查和核查，若发现蓄意隐报瞒报和弄虚作假等行为，要及时进行批评教育和严肃处理，严令其立即改正错误，如有隐报瞒报、弄虚作假严重或触犯刑律者，通过调查研究证据确凿的应移送司法机关处理。虽然领导干部离职、辞职、离休和退休后的个人从业行为有一定的政策规定，但仍要根据实际进一步规范和完善，其再接受其他单位聘请、兼职或任职等审批事项，应严格按照有关程序、条件和要求办理。

各级政府应按照正税清费的原则，严格规范非税收入，继续推进税费改革，进一步整顿各种行政事业性收费标准、收费行为和政府性基金管理，坚决取消不合法和不合理的收费行为，及时撤销不合规范的名目繁多的基金项目，正常的收费项目应根据实际情况适当降低或提高收费标准。我国非税收入近年来呈上升趋势，已成为推动政府运转和经济社会发展的重要财政保障，但非税收入也面临着无序增长、管理混乱和效率低下等问题。因而政府应适应社会主义市场经济的发展要求，加强非税收入的收缴管理、规范收缴行为和推进管理体制改革。

围绕国企改制、土地出让、矿产开发和工程建设等腐败问题易发多发重点领域，政府应在总结经验教训的基础上，采取有效措施强化监督管理，竭力堵住获取非法收入的漏洞。执法司法机关也要和政府一道重拳出击，对走私贩私、偷税逃税、内幕交易、操纵股市、制假售假和骗贷骗汇等经济犯罪活动进行严厉打击。对于领导干部的权钱交易和行贿受贿行为，要严厉查处、决不姑息。商业贿赂也是一个腐败比较严重的领域，应制定相关政策和健全有关制度有效加以治理。公安部门应加强反洗钱工作和资本外逃监控，与世界各国和国际刑警组织密切配合，加大外逃腐败分子的追逃力度，使腐败分子在国内外都无藏身之地。

以推进薪酬支付工资化、货币化和电子化等为主要方式，大力健全现代支付结算体系，诸如落实金融账户实名制和推广持卡消费等，努力规范现金管理。不断完善党政机关和国有企事业单位的发票管理和财务报销程序，全面推行公务人员使用公务卡支付结算制度。政府还应采取有效措施并建立相关体制机制，不断整合公安、民政、社保、住房、银行、税务和工商等相关部门的信息资源，为社会信用体系和收入信息监测系统的建立健全提供充分的信息支持，进一步完善个人所得税信息管理系统。

各级政府和领导部门要加强领导、明确分工和密切协作，建立健全统筹协调机制，将深化收入分配制度改革列入重要议事日程，把落实收入分配政策、增加城乡居民收入、缩小收入分配差距和规范收入分配秩序等作为重要任务，纳入日常绩效考核指标。

第三章　加强社会保障体系建设

社会保障与人民群众的幸福安康息息相关，被称为社会的稳定器和安全网，直接关系到社会的长治久安。有鉴于此，习近平总书记指出："按照兜底线、织密网、建机制的要求，全面建成覆盖全民、城乡统筹、权责清晰、保障适度、可持续的多层次社会保障体系。"[①]

这一科学论断，为我国保障体系的建立和完善提供了根本的遵循，并指明了正确的发展方向。

第一节　全面实施社会参保制度

全面实施社会参保制度，就是要完善城镇职工基本养老保险、城乡居民基本养老保险制度和尽快实现养老保险全国统筹，完善统一的城乡居民基本医疗保险制度和大病保险制度，以及完善失业和工伤保险制度等，做到社会各种保险制度的全覆盖，充分发挥社会保险对保障人民基本生活、调节社会收入分配和促进城乡经济社会协调发展的重要促进作用。有鉴于此，习近平总书记强调指出："全面实施全民参保计划。"[②]

[①][②]《十九大以来重要文献选编》（上），中央文献出版社2019年版，第33页。

一、完善城镇职工和居民基本养老保险制度

新中国成立以后,特别是中共十一届三中全会以来,我国的养老保险制度经过不断的探索和完善,目前已基本形成了具有中国特色的覆盖城乡的多层次养老保险制度体系,参保的范围不断扩大,待遇水平逐步提高,为城乡居民生活提供了有效的保障。但我国的养老保险制度仍存在诸多亟待解决的问题,诸如多层次的养老保障体系发展滞后、人口老龄化对基本养老保险制度可持续运行冲击加大以及社会保险管理服务能力需要提升等。因而各级党委政府和社会保障部门要坚持覆盖广泛、水平适当、结构合理和基金平衡等原则,进一步完善城镇职工和城乡居民基本养老保险制度,采取行之有效的措施尽快实现居民养老保险全国统筹。

要继续坚持和完善社会统筹与个人账户相结合的城乡居民基本养老保险制度模式,不断拓宽和充实个人缴费、集体补助和政府补贴有机结合的资金筹措渠道,进一步巩固和完善基础养老金与个人账户养老金相结合的待遇支付政策,优化长缴多得和多缴多得等措施的激励机制,还要建立基础养老金正常调整机制,健全信息化服务网络和大力提高管理水平,使参保居民能够享受更方便和快捷的服务。截至2020年底,全国基本实现新农保、城居保和职工基本养老保险制度的有机统一,顺利建成公平、统一和规范的城乡居民养老保险制度体系,并与社会救助和社会福利等其他社会保障政策相互融合,还要继续发挥和创新家庭养老等传统保障方式的积极作用,充分地保障参保的城乡居民的老年基本生活。

鉴于城乡居民养老保险基金基本上由个人缴费、集体补助

和政府补贴三者构成，因而参加城乡居民养老保险的人员应当按规定足额缴纳养老保险费。各省、自治区和直辖市人民政府可以根据当地的实际情况合理增设缴费档次，但最高缴费档次标准原则上不超过当地灵活就业人员参加职工基本养老保险的年缴费额。人力资源和社会保障部应会同财政部根据城乡居民收入增长等情况适时调整缴费档次标准，并让参保人员自主选择档次缴费，实行多缴多得。

有条件的诸如村等集体经济组织应当根据经济发展水平对参保人员缴费给予适当补助，至于补助标准应由村民委员会召集村民会议讨论确定，支持有条件的社区将集体补助纳入社区公益事业资金筹集范围，提倡和鼓励其他社会经济组织、公益慈善组织和个人等为参保人员缴费提供资助，但补助和资助的金额不应超过当地确定的最高缴费档次标准。

政府应对符合领取城乡居民养老保险待遇条件的参保人员全额支付基础养老金，其中财政部对中西部地区按中央确定的基础养老金标准给予全额补助，而对东部地区给予减半的补助。各级地方人民政府应当根据当地实际情况对参保人员缴费给予一定程度的补贴，对选择最低档次标准缴费的和选择较高档次标准缴费的应区别对待，具体标准和办法由各级人民政府自行确定，但对于重度残疾人等特殊群体的缴费，地方人民政府应为其代缴部分或全部最低标准的养老保险费。

社会养老保险制度体系的一个基本特征是互助共济，因而统筹范围愈大、层次更高，养老保险基金抵抗风险的能力也就越强。更重要的是，我国目前已经进入人口老龄化加速时期，夯实应对人口老龄化的社会财富积累和储备基础，离不开健全和完善的基本养老保险制度体系。再加上我国不同省区市经济发展水平不同，城镇居民基本养老保险基金储备分布不均衡，这就形成了不同省份应对养老保险基金支出风险的能力较大。有鉴于此，党和政府应加快推进养老保险全国统筹步伐，扩大和增强基金储备风险池，更要从体制机制上进一步保证我国社会保障制度的可持续性，增加制度积极应对人口老龄化的韧性和内生平衡能力，这是一项立足当前、着眼长远的重大战略措施。我国现阶段已逐步建立起养老保险基金中央调剂制度，从而在一定程度上提高了全国范围内养老保险基金抵御风险的能力，特别是为下一阶段实现养老保险全国统筹奠定了比较坚实的基础。

各省区市人民政府应根据本地实际努力加强城乡居民养老保险经办能力建设，加大整合现有公共服务资源和社会保险经办管理资源的力度，不断充实和加强基层经办队伍，切实做到科学管理和便捷服务。要加强城乡居民养老保险工作人员专业培训，注重运用现代管理方式和政府购买服务方式，尽力降低行政成本、提高工作效率，不断提高公共服务水平。社会保险经办机构人员应认真记录参保人缴费和领取待遇等情况，适时建立健全参保档案，并按规定妥善保存。各级地方人民政府除了要为经办机构提供必要的工作场地、设施设备和经费保障外，还要把城乡居民养老保险工作经费纳入同级财政预算，不得任意挪用城乡居民养老保险基金经办其他事项，但若基层财政确有困难的地区，省市级财政可酌情给予适当补助。

各地要加强社会保险网络信息化建设，以现有新农保和城居保业务管理系统为基础，整合形成省级集中的城乡居民养老保险信息管理系统，并与公民其他信息管理系统实现信息资源共享，还要在条件许可的地方将信息网络向基层扩展，努力实现省、市、县、乡镇或街道、社区甚至行政村实时联网互通，最终实行全国统一的社会保障卡，为参加保险的单位和参保人员提供全网式和全流程的方便快捷服务，提升社会保险公共服务水平。

二、完善医疗保险制度

完善医疗保险制度，就是要在整合城镇居民基本医疗保险和新型农村合作医疗制度的基础上推进医药卫生体制改革，建立全国统一的城乡居民基本医疗保险制度体系，推动医疗保障更加公平、医疗管理服务更加规范和医疗资源利用更加有效，促进全民医保体系持续健康发展。这些重大举措的有效实施，对于城乡居民享有公平基本医疗保险权益和公平正义的实现、人民福祉的增进，以及促进城乡经济社会协调发展进而全面建成小康社会等具有重要意义。

中央和各级政府要把整合城乡居民医保制度纳入全民医疗保障体系发展和深化医疗改革全局的全局之中，统筹规划和合理安排，有序推动医保、医疗、医药三者有机联动，促进基本医保、大病保险、医疗救助、疾病应急救助和商业健康保险等方面更好地衔接，强化制度的系统性、整体性和协同性。要立足于经济社会发展水平、城乡居民负担和基金承受能力等因素，科学设计和精准施策，还要充分考虑并逐步缩小诸如城乡差距和地区差异等，保障城乡居民享有公平的基本医保待遇，以实现城乡居民医保制度可持续发展。要根据实际，科学分析研判，制订周密可行的方案，特别是应加强医保整合前后的衔接，确保接续工作有序过渡、群众基本医保待遇不受影响、医保基金安全和制度平稳运行等。要切实落实政府责任，完善管理运行机制，坚持管办分开，不断推进支付方式改革创新，着力提升医保资金使用效率和经办管理服务效能，并且还应充分发挥市场机制的作用，以调动整个社会力量参与基本医保经办服务。

城乡居民医保范围应根据实际逐步统一和规范，农民工和灵活就业人员也应依法依规参加职工基本医疗保险，若有困难的可按照当地具体规定区别办理，并且各级政府相关部门要不断完善参保方式，促进应保尽保，特别是要尽量避免重复参保。各级医保机构在继续实行个人缴费与政府补助相结合为主的筹资方式的基础上，应坚持筹资渠道的多样化，鼓励和支持单位、集体和其他社会经济组织积极给予扶持或资助。各地医保机构要根据基金收支平衡的原则，统筹规划城乡居民基本医保和大病保险两方面的保障需要，筹资标准的统一应合理确定。情况比较特殊的如缴费标准差距较大的地区和人群，可结合实际采取差别缴费的办法，但实际人均筹资和个人缴费不得低于现有水平。各地应根据经济社会发展水平和各方承受能力建立和完善筹资动态调整机制，明确政府和个人的筹资责任，若政府提高补助标准，个人缴费的比重也相应提高。城乡居民医保基金主要用于支付参保人员发生的住院和门诊医药费用，应遵循保障适度和收支平衡的原则使城乡保障待遇均衡，保障范围和支付标准要逐步统一，逐步缩小政策范围内支付比例与实际支付比例间的差距，以便更好地为参保人员提供公平的基本医疗保障。各省、自治区和直辖市应遵循国家基本医保用药管理和基本药物制度的相关规定，按照临床必需、安全有效、价格合理、技术适宜和基金可承受的原则，逐步统一城乡居民医保药品和医疗服务项目目录，以及明确药品和医疗服务支付范围等，还应根据实际对参保人员需求变化进行调整，做到有增有减和有控有扩以及种类基本齐全和结构总体合理。统筹地区管理机构应对公立医疗机构和非公立医疗机构实行同等的定点管理办法，统一城乡居民医保定点机构管理政策，建立健全考核评价机制和动态的准入退出机制。城乡居民医保基金应纳入财政专户，执行国家统一的基金财务制度、会计制度和基金预决算管理制度等，并且做到基金独立核算和专户管理，严禁任何单位和个人挤占挪用。统筹地区管理机构要建立健全基金运行风险预警机制，防范可能发生的基金风险，以提高基金的使用效率。医疗管理机构还应强化和完善基金内部审计和外部监督制度，保证基金收支运行情况和参保人员就医结算信息公开，同时加强社会监督、民主监督和舆论监督等。

鼓励和支持条件许可的地方逐步理顺医保管理体制，加强基本医保行政管理职能的统一，诸如充分利用现有城镇居民医保和新农合经办资源，整理合并城乡居民医保经办机构、人员和信息系统，规范和简化经办流程，争取有效提供一体化的经办服务，并且还要加强经办机构人员的培训和绩效考核，进一步完善经办机构内外部监督制约机制。医保管理运行机制要不断完善，服务手段和管理办法也应适时改进，经办流程还要更有序和优化，以便提高管理效率和服务水平。各地可根据实际创办多种行之有效的经办服务模式，诸如实行管办分开，引入竞争机制，并且在确保基金安全和有效监管的前提下，政府可以购买服务的方式委托具有资质的商业保险机构和集体经济组织等社会力量参与基本医保的经办服务，充分激发经办活力。

国务院颁布的相关文件明确规定，各经办地要紧紧围绕统一待遇政策、基金管理、信息系统和就医结算等主要内容，原则上应稳步实施市或地级城乡居民基本医疗保障制度统筹，同时应做好医保关系转移接续和异地就医结算服务。各市或地区要根据各县或区的经济发展和医疗服务水平，不断加强基金的分级分类管理，从而充分调动县级政府和经办管理机构基金管理的积极性和主动性，并鼓励和支持条件许可的地区实行省级统筹。现有信息系统要不断整合和完善，诸如推动城乡居民医保信息系统和定点机构信息系统、医疗救助信息系统的业务协同和信息共享，切实做好城乡居民医保信息系统与参与经办服务的商业保险机构信息系统必要的信息交换和数据共享，确保城乡居民医保制度顺利运行和功能进一步拓展，同时强化信息安全和患者信息隐私保护等。医保支付方式要不断完善，诸如稳步推进按人头付费、按病种付费、按床日付费和总额预付等多种付费方式相结合的复合型支付方式改革，逐步健全医保经办机构与医疗机构以及药品供应商等的谈判协商机制和风险分担机制，推进形成合理的医保支付标准，正确引导定点医疗机构规范服务行为，对不合理增长的医疗费用要加强控制。鼓励和支持城镇参保居民和基层医疗机构以及全科医师开展签约服务、制定合理且有差别的支付政策等措施，推动建立分级诊疗制度，逐步形成基层首诊、双向转诊、急慢分治和上下联动的就医新程序。卫生健康行政部门、各级医保经办机构应在原先协议管理的基础上充分运用信息化服务手段，制定和实施城乡居民医保服务监管办法，加强医疗服务监管、规范医疗服务行为，强化对医疗服务的监控长效机制，进而稳步推进医保智能审核和实时监控有机结合，促进合理诊疗和合理用药，最大限度地保障人民的身体健康。

三、完善工伤和失业保险制度

失业和工伤保险问题解决得好坏，涉及党和国家的中心工作，甚至改革发展稳定大局。因而着力完善失业和工伤保险制度，对于维护社会和谐稳定，助力各项重大改革，甚至对我国经济和社会进一步发展，都能够发挥十分重要的作用。有鉴于此，习近平总书记指出，要"完善失业、工伤保险制度"[1]。

我国境内各类企业诸如国有企业、城镇集体企业、外商投资企业、城镇私营企业以及其他城镇企业，应依照国务院和各级有关部门的规定缴纳失业保险费用，以充分保障失业人员失业期间的基本生活，促进其再就业，并进而保持社会的和谐稳定。

失业保险基金由城镇企事业单位和城镇企事业单位职工缴纳的失业保险费、失业保险基金的利息、财政补贴以及依法纳入失业保险基金的其他资金构成。城镇企业事业单位和其职工缴纳的比例有所不同，城镇企业事业单位招用的农民合同制工人本人不缴纳失业保险费。失业保险基金的统筹和统筹层次由省、市、自治区人民政府根据客观实际规定，并可相应建立失业保险调剂金，以应对本地区失业保险基金出现缺额时，由失业保险调剂金调剂和地方财政给予补贴。各行政区域失业保险费的费率，由省、自治区、直辖市人民政府根据本行政区域失业人员数量和失业保险基金数额，作出适当调整并报经国务院批准。

失业保险基金用于各类企事业单位人员失业保险金、领取失业保险金期间的医疗补助金、领取失业保险金期间死亡的失业人员的丧葬补助金和其供养的配偶和直系亲属的抚恤金、领取失业保险金期间接受职业培训和职业介绍的补贴以及国务院规定或者批准的与失业保险相关的其他费用，其具体费用补贴办法和标准由省、自治区、直辖市人民政府规定。失业保险基

---

[1] 《十九大以来重要文献选编》（上），中央文献出版社 2019 年版，第 33 页。

金按照国务院有关规定必须存入财政部门在国有商业银行开设的社会保障基金财政专门用户,还实行收支两条线管理,并且失业保险基金所取得的利息并入失业保险基金,由财政部门依法严格进行管理和监督。失业保险基金专款专用,不得挪作他用,如楼堂馆所建设等,也不能用于平衡各级政府财政收支。失业保险基金收支的预算和决算,由省、自治区、直辖市等统筹地区的社会保险经办机构科学编制,并经同级劳动保障行政部门复核和同级财政部门审核,还要报同级人民政府审批后执行。

符合条件的失业人员可以按时领取失业保险金,诸如按照规定参加失业保险且所在单位和本人已按照规定履行缴费义务满一定年限的、并非因本人意愿中断就业的以及已办理失业登记并有求职要求的等,并且他们在领取失业保险金期间,按照有关部门的规定同时享受其他失业保险待遇。如果失业人员在领取失业保险金期间有如下情形的则应停止领取失业保险金,并同时停止享受其他失业保险待遇,诸如重新就业的、应征服兵役的、移居国外的、享受基本养老保险待遇的、被判刑收监执行或者被劳动教养的、无正当理由拒不接受当地就业行政部门指定的部门或者机构介绍的工作的以及有法律和行政法规规定的其他情形的。

城镇企事业单位应当及时地为失业人员出具终止或者解除劳动聘用关系的证明,告知他们按照政府有关部门规定享受失业保险待遇的权利,并把失业人员的名单自终止或者解除劳动关系之日起一周内报社会保险经办机构备案。城镇企事业单位失业人员应当持本单位为其出具的终止或者解除劳动关系的证明,及时到指定的社会保险经办机构办理失业登记,其失业保险金自办理失业登记之日起开始计算,由社会保险经办机构按

第三章　加强社会保障体系建设

月足额发放。社会保险经办机构应为失业人员开具领取失业保险金的证明，失业人员凭单据到指定银行领取失业保险金。

劳动保障行政部门负责管理失业保险相关工作，该部门履行的主要职责是，贯彻实施失业保险法律法规、指导社会保险经办机构的工作、对失业保险费的征收和失业保险待遇的支付进行监督检查。而社会保险经办机构则具体承办失业保险工作，诸如负责失业人员的登记调查统计、按照规定负责失业保险基金的管理、按照规定核定失业保险待遇并开具失业人员在指定银行领取失业保险金和其他补助金的单证、拨付失业人员职业培训和职业介绍补贴费用以及为失业人员提供免费咨询服务和国家规定由其履行的其他职责，社会保险经办机构所需经费列入各级政府预算，政府财政部门和审计部门依法对失业保险基金的收支、管理情况进行监督。

我国境内的各行各类企业以及有雇工的用人单位等，应当根据国务院有关部门制定的工伤保险条例，按时为本单位所有职工或者雇工缴纳工伤保险费，以充分保障职工或雇工因工作遭受事故伤害或者患职业病获得医疗救治和经济补偿，促进工伤预防和职业康复，分散用人单位的工伤风险。用人单位和职工或雇工应当遵守安全生产和职业病防治的相关法律法规，严格执行安全卫生规程和标准，有效预防工伤事故发生，尽量避免和减少职业病危害。职工或雇工如果发生工伤，用人单位应当采取切实有效的措施使受伤者得到及时救治，以最大限度地减少人员的伤亡。

各级各类企业的工伤保险基金主要由用人单位缴纳的工伤保险费、工伤保险基金的利息以及依法纳入工伤保险基金的其他资金所构成。工伤保险基金管理部门应根据以支定收和收支平衡等原则，合理确定企业上缴基金的费率，并且国家和各级相关部门还根据不同行业的工伤风险程度、工伤保险费使用和工伤发生率等状况在每个行业内合理确定行业的差别费率和若干费率的档次，若要调整行业差别费率和行业内费率档次应由国务院有关部门根据全国各地的实际具体确定。用人单位的职工或雇工个人不缴纳工伤保险费，而应由其所在单位或企业按时足额缴纳，具体数额为本单位、企业的职工或雇工工资总额乘以单位缴费费率之积。工伤保险基金由社会保障基金财政专户管理，主要用于职工或雇工的工伤保险待遇、劳动能力鉴定和法律法规规定的其他用于工伤保险费用的支付等，还应当留有一定比例的储备基金，用来应对统筹地区偶发重大事故的工伤保险待遇支付，并且任何单位或者个人不得利用职权将工伤保险基金挪作投资运营、发放奖金或者兴建改建扩建办公场所等用途。

职工或雇工工伤的认定应当根据下列情形确定，诸如在工作时间、工作场所和工作岗位等条件下因工作原因受到事故伤害的、从事与工作有关的预备性或者收尾性工作受到事故伤害的、因履行工作职责受到暴力等意外伤害的、患职业病的、因工外出期间由于工作原因受到伤害或者发生事故下落不明的、在上下班途中受到机动车事故伤害以及法律行政法规规定应当认定为工伤的其他情形的、突发疾病死亡或者经过抢救无效死亡的、在抢险救灾等维护国家利益和公共利益活动中受到伤害的以及职工原在军队服役过程中因战和因公负伤致残、已取得革命伤残军人证后到用人单位后旧伤复发的等。但职工或雇工有下列情形的，不得认定为工伤或者视同工伤，诸如因犯罪或者违反治安管理条例受到伤亡的、过度醉酒导致伤亡的和由于自身原因自残或者自杀的等。

单位和企业的职工或雇工如果发生工伤、经治疗伤情相对稳定后存在残疾而影响劳动能力的,应当依法依规进行劳动能力鉴定。所谓劳动能力鉴定,是指国务院和各级劳动保障行政部门、人事行政部门、卫生行政部门、工会组织和经办机构等组成劳动能力鉴定委员会对劳动者劳动功能障碍程度和生活自理障碍程度的等级鉴定,并根据轻重程度分为若干不同的等级。劳动能力鉴定委员会应当由具有以下专业技术条件的人员组成,诸如具有医疗卫生高级专业技术职务任职资格、掌握劳动能力鉴定的相关知识和具有良好的职业品德等,并且在实际工作中应当客观和公正,若劳动能力鉴定委员会组成人员或者参加鉴定的专家与当事人有利害关系的,应该主动回避。工伤职工、雇工和其直系亲属以及所在单位或者经办机构自劳动能力鉴定结论作出之日起一年以后,认为伤残情况确实发生变化的,可以申请劳动能力鉴定委员会再次复查鉴定。

职工或雇工因工作遭受事故伤害或者患职业病需要进行治疗的,应该享受工伤医疗待遇,其治疗费用符合工伤保险诊疗项目目录、工伤保险药品目录和工伤保险住院服务标准的,按照国务院劳动保障行政部门、卫生行政部门和药品监督管理部门等部门规定的标准,从工伤保险基金支付。但工伤职工或雇工治疗非工伤所引发的疾病,不享受工伤医疗待遇,其所需费用按照基本医疗保险规定办理。工伤职工或雇工因日常生活或者就业等方面的需要,经过劳动能力鉴定委员会确认的,可以安装相关辅助器具,所需费用按照国家规定的标准从工伤保险基金中支付。职工或雇工因工作遭受事故伤害或者患职业病需要暂停工作接受工伤医疗的,应该作为停工留薪处理,原工资福利待遇不变,由其所在单位按月支付,若生活不能自理的工伤职工在停工留薪期需要护理的,由所在单位负责照料。工伤职工或雇工已经评定伤残等级并经劳动能力鉴定委员会确认需要生活护理的，按照生活不能自理的等级，有差别地从工伤保险基金按月支付生活护理费。职工或雇工因工致残被各级劳动委员会鉴定为不同等级的，其所享受的待遇根据有关规定也应有所不同，但工伤职工或雇工有下列情形的，诸如丧失享受待遇条件的、拒不接受劳动能力鉴定的、拒绝治疗的以及被判刑正在收监执行的等，应停止享受工伤保险待遇。用人单位发生分立、合并和转让等变更行为的，承继单位应当承担原用人单位的工伤保险责任，并且原用人单位已经参加工伤保险的，承继单位应当及时到当地经办机构办理工伤保险变更登记。如果企业遭受破产的，有关部门在破产清算时，须优先拨付依法应由单位支付的工伤保险待遇费用。如果职工或雇工再次发生工伤事故，根据规定应当享受伤残津贴的，按照新认定的伤残等级享受伤残津贴待遇。

　　各级工伤保险经办机构根据省、自治区和直辖市人民政府规定，依法依规具体承办工伤保险事务，履行如下职责：按时征收工伤保险费，核查用人单位的工资总额、职工人数以及办理工伤保险登记和负责保存用人单位缴费和职工享受工伤保险待遇情况的记录，进行工伤保险的调查和统计，按照规定管理工伤保险基金的支出，按照规定核定工伤保险待遇，以及为工伤职工或者其直系亲属免费提供咨询服务等。

　　各级经办机构应按照政府有关部门的规定，与医疗机构、辅助器具配置等机构在平等协商的基础上签订服务协议，公布签订服务协议的医疗机构和辅助器具配置机构的名单，按照协议和国家有关目录、标准对工伤职工医疗费用、康复费用和辅助器具费用的使用情况等进行核查，并按时足额结算费用。各级经办机构应当定期公布具体工伤保险基金的收支情况，并适时向劳动保障行政部门提出调整费率的建议，而劳动保障行政部门和经办机构等相关部门应当积极定期听取工伤职工、医疗机构和辅助器具配置等机构以及社会各界对改进工伤保险工作的意见。财政部门和审计机关等政府机关，应该依法对劳动保障行政部门对工伤保险费的征缴、工伤保险基金的支付情况和管理方法等进行监督检查，如果发现任何组织和个人在工伤保险方面有违法行为可进行举报，劳动保障行政部门应及时对举报进行深入调查，按照规定处理，并要为举报人严格保密。单位或企业的工会组织应依法维护所有工伤职工的合法权益，并对用人单位的工伤保险工作实行监督，若职工或雇工与用人单位发生工伤待遇方面的争议，则应按照劳动争议条款的有关规定进行处理。

第二节　统筹城乡社会救助体系建设

社会救助问题是一项兜底的重要民生工程，不仅直接关乎人民群众的切身利益，而且涉及社会的公平与和谐稳定，进而对全面建成小康社会也有重要影响。有鉴于此，习近平总书记指出："统筹推进城乡社会救助体系建设，使困难群众求助有门、受助及时。"①

一、以法规为统领确立社会救助制度体系

建立健全社会救助制度体系是统筹城乡社会救助体系建

---

① 《习近平李克强张德江俞正声刘云山王岐山张高丽分别参加人大会议一些代表团审议　在"三八"国际劳动妇女节到来之际,习近平代表党中央、国务院,向女代表、女委员、女工作人员和全国各族各界妇女致以节日的祝贺和诚挚的祝福》,《人民日报》2016年3月9日。

设的前提条件，因而党和政府要在社会救助水平与经济社会发展水平相适应的基础上，坚持托底线、救急难和可持续，并与其他社会保障制度相衔接，同时要求社会救助工作应当遵循公开、公平、公正和及时的原则。

国务院制定的有关条例规定，如果共同生活的家庭成员人均收入低于当地最低生活保障标准，且符合当地最低生活保障家庭财产状况若干规定的家庭，国家则给予他们最低生活保障，其具体标准由省、自治区、直辖市等各级人民政府按照当地居民生活必需的费用确定和公布，并且应根据当地经济社会发展水平和物价变动等情况适时调整。申请最低生活保障的家庭成员应向户籍所在地的乡镇人民政府和街道办事处提出书面申请，或委托村民委员会和居民委员会代为提出申请。乡镇人民政府和街道办事处应当根据申请人的家庭收入和财产状况进行实地调查核实，其后提出初审意见，并在申请人所在村或社区公示后报县级人民政府民政部门审批。县级人民政府民政部门对批准获得最低生活保障的家庭，依据共同生活的家庭成员人均收入低于当地最低生活保障标准的差额，按月发放最低生活保障金，并对已获得最低生活保障后生活仍有困难的诸如老年人、未成年人、重度残疾人和重病患者等特殊人群，应当采取必要措施给予其生活保障。对于最低生活保障家庭的人口状况、收入状况和财产状况等发生变化的，乡镇人民政府和街道办事处应当及时告知县级人民政府民政部门，并由县民政部门会同乡镇人民政府和街道办事处进行适时核查，决定是否增发、减发或者停发最低生活保障金。

国家规定对无劳动能力和无生活来源且无法定赡养、抚养以及扶养义务人，或者其法定赡养、抚养、扶养义务人无赡养、抚养、扶养能力的老年人、残疾人以及未满16周岁的未成年人等，实施特困人员供养办法，其主要内容包括提供基本生活条件、对生活不能自理的给予照料、提供疾病治疗和办理丧葬事宜等。特困人员供养的具体标准由省、自治区、直辖市等各级人民政府确定和公布，并且应当与城乡居民基本养老保险、基本医疗保障、最低生活保障和孤儿基本生活保障等制度相衔接。特困人员供养申请应由本人向户籍所在地的乡镇人民政府、街道办事处书面提出，或者委托村民委员会、居民委员会代为提出申请，乡镇人民政府和街道办事处应当及时了解掌握居民的生活情况，若发现符合特困供养条件的人员，应当主动为其依法办理供养事宜。村民委员会、居民委员会和供养服务机构等，如果发现特困供养人员不再符合供养条件的，应当告知乡镇人民政府和街道办事处，并由乡镇人民政府和街道办事处审核并报请县级人民政府民政部门核准后，终止供养并予以公示。

国家已建立并不断完善自然灾害救助制度，为受到自然灾害严重影响人员的基本生活提供及时的救助。党和政府特别是自然灾害多发、易发地区基层人民政府应当根据自然灾害特点、居民人口数量和分布等情况，有效设立自然灾害救助物资储备库，切实保障自然灾害发生后救助物资的紧急供应，把自然灾害造成的损失降到最低限度。如果自然灾害一旦发生，县级以上人民政府和自然灾害救助应急综合协调相关机构应当根据实际情况紧急疏散、转移和妥善安置受灾人员，并及时为受灾人员提供必要的食品、饮用水、衣被、取暖、临时住所和医疗防疫等方面的应急救助。受灾地区县级以上人民政府民政部门不仅要在灾情稳定之后及时评估、核定和发布自然灾害损失情况，并对住房损毁严重的受灾人员进行过渡性安置，也要在自然灾害危险消除后迅速核实和排查本行政区域内居民住房恢复重建补助对象，并给予资金、物资和人力等方面的支持，还应当为因当年冬寒或者次年春荒遇到生活困难的受灾居民提供基本生活救助。

国家建立并不断完善医疗救助制度，保障医疗救助对象诸如最低生活保障家庭成员、特困供养人员和县级以上人民政府规定的其他特殊困难人员等，为其提供基本医疗卫生服务。医疗救助主要是针对参加城镇居民基本医疗保险或者新型农村合作医疗的个人缴费部分、经过基本医疗保险和大病保险以及其他补充医疗保险支付后的个人及其家庭难以承担的符合规定的基本医疗自负费用等，给予一定程度的补贴，具体标准由县级以上人民政府民政部门根据经济社会发展水平和医疗救助资金情况等确定和公布，并且还应当建立健全医疗救助与基本医疗保险和大病保险等相衔接的医疗费用结算机制，以便为医疗救助对象提供更便捷的服务。

国家对不能入学接受义务教育的残疾儿童、在义务教育阶段就学的最低生活保障家庭成员和特困供养人员、对在高中教育包含中等职业教育和普通高等教育阶段就学的最低生活保障家庭成员和特困供养人员等，根据经济发展水平和实际情况给予适当教育救助。教育救助应根据不同教育阶段的具体需求，采取诸如减免相关费用、发放助学金、给予生活补助和安排勤工助学等多种方式实施，切实保障教育救助对象的基本学习和生活需求。救助标准由省、自治区、直辖市人民政府根据经济社会发展水平和教育救助对象的基本学习和生活需求确定并公布。

国家对符合有关规定标准的住房困难的最低生活保障家庭和分散供养的特困人员，提供住房救助，并通过配租公共租赁住房、发放住房租赁补贴和农村危房改造等多种方式实施。

第三章　加强社会保障体系建设

至于住房困难标准和救助标准，应由县级以上地方人民政府根据本行政区域经济社会发展水平和住房价格变动等因素确定并公布。乡镇人民政府和街道办事处对城镇居民申请住房救助的，可直接向县级人民政府住房保障部门提出，经县级人民政府民政部门审核家庭收入、财产状况和县级人民政府住房保障部门审核家庭住房状况综合考虑并公示后，对符合申请条件的申请人优先提供财政投入和用地供应等保障。

国家制定的有关条例规定，若最低生活保障家庭中有劳动能力并处于失业状态的成员，可通过贷款贴息、社会保险补贴、岗位补贴、培训补贴、费用减免和公益性岗位安置等多种办法，不仅对其提供就业救助，同时采取针对性措施确保该家庭至少有一人就业。

居民申请就业救助的，应当向其住所所在地街道和社区等公共就业服务机构提出，公共就业服务机构经过核实后予以登记，并免费提供就业岗位信息、职业介绍和职业指导等多方面的就业服务。最低生活保障家庭中有劳动能力但尚未就业的人员，应当接受人力资源和社会保障等有关部门介绍的与其健康状况和劳动能力等相适应的工作，若无正当理由且连续3次拒绝接受介绍的工作的，县级人民政府民政等救助部门应当决定减发或者停发其本人的最低生活保障金。国家对吸纳就业救助对象的用人单位或企业给予就业扶持政策，诸如享受社会保险补贴、税收优惠和小额担保贷款等。

国家制定的有关条例规定，对于因火灾或交通事故等意外事件、家庭成员突发重大疾病等原因、因生活必需支出突然增加而超出家庭承受能力，以及遭遇其他特殊困难等，导致基本生活暂时出现严重困难的最低生活保障家庭，适时提供临时救助。

乡镇人民政府和街道办事处对于提出临时救助申请的，应进行实地调查并经审核和公示之后，由县级人民政府民政部门审批，若救助金额较小的可由县级人民政府民政部门委托乡镇人民政府和街道办事处相继办理。国家对生活无着落的流浪和乞讨人员提供临时食宿、急病救治和协助返回等救助，公安机关和其他有关行政机关的工作人员在执行公务时若发现以上人员，应当告知其向救助管理机构求助，并对其中的残疾人、未成年人、老年人、行动不便和突发急病人员等，予以引导、护送到救助管理机构或者立即通知急救机构进行救治。

二、补齐短板以建立健全单项救助制度

国家从2014年以来逐步建立了致力于应急性和过渡性救助的临时救助制度，扩大了社会人员救助范围和提高了救助比例，将城市非农业户籍的无劳动能力、无生活来源且无法定赡养、抚养和扶养义务人所构成的所谓"三无"人员救助，以及农村中既无劳动能力又无经济来源的老、弱、孤、残农民，其生活由集体供养，实行保吃、保穿、保住、保医、保葬的所谓"五保"人员供养，统一为特困人员救助供养制度等，以补齐社会救助制度体系的短板，切实维护城市和农村特困人员基本生存权益。人民政府的财政、卫生、教育、住房城乡建设、人力资源和社会保障，以及统计等有关部门根据各自的职责，依法做好城市特困人员供养相关工作。

城市非农业户籍的特困人员申请救助的，应由本人向户籍所在地乡镇人民政府或街道办事处等提出书面申请，并提交其居民身份证、户口本和残疾证等相关证明的复印件，也可委托社区居民委员会代为提出申请。乡镇人民政府或街道办事处应履行审核城市特困人员供养申请的主体责任，自受理城市特困人员供养申请之日起 10 个工作日内，会同社区居民委员会等相关人员对申请人的家庭收入和财产等情况进行调查核实。其后乡镇人民政府或街道办事处应组织社区居民委员会负责人、居民委员会成员、熟悉居民情况的党员代表和居民代表等，对申请人家庭经济状况进行公开透明的民主评议。申请人家庭情况经过民主评议结束以后，应在其居住地进行一定时间的公示，其后乡镇人民政府或街道办事处在公示期满无异议的情况下，据调查结果、民主评议和公示情况等提出初审意见上报区或县民政部门。区或县民政部门应当从收到乡镇人民政府或街道办事处上报的相关材料和初审意见之日起在法定的时间内做出审批决定，诸如对于符合条件的批准享受城市特困人员救助待遇，并发给城市特困人员救助证书，如果不符合条件的，则通过乡镇人民政府或街道办事处书面告知申请人或代理人并说明具体理由。城市特困人员不再符合救助条件的，救助人本人、社区居民委员会和承担城市特困人员救助服务职能的救助服务机构应当及时告知乡镇人民政府或街道办事处，并由乡镇人民政府或街道办事处审核并报区或县民政部门批准后终止其救助待遇并予以公示。

　　社会救助机构为城市特困人员提供基本生活保障，主要包括符合基本居住条件的住房、粮油、副食品、生活用燃料、服装和被褥等生活用品及零用钱，对于生活不能自理的给予细心照料，提供疾病治疗和办理丧葬事宜等。城市特困人员的疾病治疗费用，应当与城镇居民基本医疗保险制度相衔接，并且由政府资助其参加城镇居民基本医疗保险。所需医疗费用在经过基本医疗保险报销以后，政策范围内的个人负担部分由区或县民政部门实报实销，所需资金由区或县财政部门全额负担。业已享受老年保障待遇或参加且符合领取城乡居民养老保险待遇条件的城市特困人员，可按月领取城乡居民养老保险金，其收入的发放方式，根据政府保障部门有关文件执行。正在接受各类教育的城市特困人员，依照教育机构救助有关规定保障其顺利完成学业。分散救助且住房确实困难的城市特困人员，可优先享受配租公共租赁住房和住房租赁补贴等政府住房救助政策。

城市特困人员的救助可以根据其实际情况采取多种方式实施，诸如既可在当地救助服务机构集中供养，也可在家分散救助，特困人员还可以自行选择救助方式。集中救助的城市特困人员户籍所在地的区或县的救助服务机构应当优先为他们提供救助服务，区或县民政部门、乡镇人民政府和街道办事处建立的福利机构，应当优先为集中救助的城市特困人员提供救助服务。乡镇人民政府或街道办事处委托社区居民委员会或救助服务机构，为该地户籍分散救助的城市特困人员提供日常照料服务。提供集中救助服务的救助机构应当与当地乡镇人民政府或街道办事处签订救助服务协议，确保救助人员享受符合要求的照料服务。

城市特困人员的救助标准应当与当地城镇居民的平均生活水平相一致，并根据当地城镇居民平均生活水平的提高而作出适时调整，城市特困人员的救助最低标准应由县或区财政和统计等部门合理确定，报本级人民政府批准后执行。

城市特困人员救助资金纳入区或县财政部门的预算管理范围，其中集中救助的城市特困人员救助资金在扣除一定的医疗救助预留资金以后，由区、县民政或财政部门根据相关规定直接拨付给救助服务机构，而分散救助的城市特困人员，应由其户籍所在地区或县民政部门根据本地分类救助政策按月为他们发放生活费,日常照料经费由区或县财政部门予以保障。

至于因生活必需支出突然增加而导致基本生活暂时出现严重困难的城市特困人员,应由户籍所在地区或县民政部门提供救助,所需资金由当地政府财政负担。

区或县人民政府所属民政部门应当依法加强对城市特困人员救助工作的监督管理,及时将救助待遇的申请条件、审核程序、供养标准和资金使用等情况向社会公布,接受社会监督,同时城市特困人员救助服务机构应当遵守国家的有关规定,建立健全内部管理规定和服务制度,并且其从事救助服务的工作人员应当经过岗前培训,掌握与岗位要求相适应的知识技能。

国务院民政部门有关条例规定,县级以上地方各级人民政府民政部门要对农村中既无劳动能力又无经济来源的老、弱、孤、残农民的生活提供集体供养,实行保吃、保穿、保住、保医、保葬(简称"五保"),享受五保待遇的家庭叫五保户。

村民符合有关条件需要享受农村五保供养待遇的,应当由其本人向村民委员会提出申请,若因年幼或者智力残疾等无法表达意愿的,可由村民小组或者其他村民代为提出申请。村民委员会经过民主评议,对于符合享受五保规定条件的应当在本村范围内公告,如果没有重大异议则由村民委员会将评议意见和有关材料报送乡、民族乡和镇人民政府审核。乡、民族乡和镇人民政府应当自收到评议意见之日起在规定的时间内提出审核意见,其后将审核意见和有关材料报送县级人民政府民政部门审批。县级人民政府民政部门收到材料后应当在规定的时间内作出审批决定,对于批准给予农村五保供养待遇的,及时下发农村五保供养证书，而对于不符合条件不予批准的，则应当书面说明理由。乡、民族乡和镇人民政府应当根据有关政策规定对申请人的家庭状况和经济条件等进行调查核实，县级人民政府民政部门在必要时可以进行复核，而申请人、有关组织或者个人应当主动接受和配合调查，如实提供相关情况。

农村五保供养对象不再符合规定供养条件的，村民委员会或者敬老院等农村五保供养服务机构应当向乡、民族乡和镇人民政府及时报告，其后乡、民族乡和镇人民政府经过认真审核并报请县级人民政府民政部门核准后，核销其之前发放的农村五保供养证书。如果农村五保供养对象死亡，其丧葬事宜办理完毕后，村民委员会或者农村五保供养服务机构应当及时向乡、民族乡和镇人民政府报告，经由乡、民族乡和镇人民政府报请县级人民政府民政部门核准后，核销其农村五保供养证书。

农村五保服务机构应当为五保户供给粮油、副食品和生活用燃料，供给服装、被褥等生活用品和零用钱，提供符合基本居住条件的住房，提供疾病治疗，且对生活不能自理的给予照料，以及妥善办理丧葬事宜等。

省、自治区、直辖市人民政府或者由设区的市级和县级人民政府制定农村五保供养标准，并在所辖区域内进行公布，但原则上农村五保供养标准不得低于当地村民的平均生活水平，并根据当地村民平均生活水平的提高进行适时调整。地方人民政府应将农村五保供养资金纳入财政预算，如果有农村集体经营等收入的地方，也可以从其中适当安排资金，用于补助和进一步改善农村五保供养对象的生活费用，国家财政部门对经济困难地区的农村五保供养，也应当在资金上给予适当支持。国家和各级行政部门划拨的农村五保供养资金，应当专门用于农村五保供养对象的生活保障，任何组织或者个人不得贪污、挪用、截留或者私分。

各级人民政府应当把农村五保供养服务机构建设纳入经济社会发展规划中去，并为该供养服务机构提供必要的设备、管理资金和必要的工作人员等，建立健全内部民主管理和服务管理制度。农村五保供养服务机构应当遵守治安、消防、卫生、财务会计等方面的法律、法规和国家有关规定，切实向农村五保供养对象提供符合要求的供养服务，并接受地方人民政府及其有关部门的监督管理。

三、坚持和完善社会救助体系

国务院扶贫办、民政部和财政部等有关部门通过有关条例明确规定，坚持精准扶贫和精准脱贫的基本方略，着力应保尽保、兜底救助、统筹衔接和正确引导，进一步优化政策指导，不断完善农村低保、特困人员救助供养和临时救助等保障性扶贫措施，充分发挥社会救助在打赢脱贫攻坚战中的兜底作用，有效保障完全或部分丧失劳动能力且无法依靠产业就业帮扶脱贫的未脱贫建档立卡贫困人口等社会救助兜底保障群体的基本生活。

政府财政部门在制定农村低保标准时要有科学的依据，不能局限于某一环节或部分，而应综合考虑维持困难或特困群众基本生活、上年度人均消费性支出增长情况、当地物价水平变动趋势、政府财政保障能力和城乡一体化统筹发展需要等诸多因素，进一步加强农村低保制度和扶贫开发政策的有效衔接。如果农村家庭人均收入水平低于当地农村低保标准且财产状况符合当地规定的未脱贫建档立卡贫困户，基层政府有关部门都要及时按规定程序将他们纳入农村低保范围。农村低保家庭经济状况核查机制要进一步完善，核查力度也要加强，核算范围和计算方法等应细化和精确化，核算家庭收入时还应该把家庭成员因残疾、患重病等增加的刚性支出以及必要的就业成本等计算在内，并可根据有关规定作出适当的扣减。农村低保管理应坚持动态化原则，对于已纳入农村低保建档立卡贫困户要开展定期核查，如果发现不再符合低保条件的要按程序及时退出，重新符合条件的应及时纳入。国家要求：2020年底全面建成小康社会、所有贫困县实现全部脱贫，已纳入农村低保的建档立卡贫困户人均收入在脱贫攻坚期内超过当地低保标准的，可给予诸如一年的渐退期限，实现持续而稳定脱贫后再退出低保范围，但若不属于以上情况的低保家庭则可给予半年的渐退期限，最多不得超过一年期限。要采取行之有效的措施建立健全低保动态调整退出体制机制，切实做到保障对象有序进出，特别是对于通过精准扶贫等措施支持实现稳定脱贫且收入高于低保标准的，要按有关规定及时退出低保范围。

应进一步完善农村低保制度，建立健全低保对象认定办法，特别是要加强农村低保家庭经济状况核查，及时将符合条件的建档立卡贫困户全部纳入农村低保范围，切实保障其基本生活。农村还有部分未脱贫建档立卡贫困户中靠家庭供养且无法单独立户的重度残疾人、重病患者等完全丧失劳动能力和部分丧失劳动能力的贫困人口，他们需要经过个人申请，批准后可参照单人户纳入农村低保范围。以上所称重度残疾人是指未脱贫建档立卡贫困户中持有中华人民共和国残疾人证的一级和二级重度残疾人、三级智力残疾人、三级精神残疾人等，而重病患者是指未脱贫建档立卡贫困户中获得重特大疾病医疗救助的人员。基于确保政策的连贯性，对非建档立卡贫困户中成年无业重度残疾人、重病患者申请低保的，应参照政府民政部门关于做好成年无业重度残障人和重病患者纳入最低生活保障认定工作等条例办理。

要全面落实特困人员救助供养制度，诸如对农村建档立卡贫困人口中无劳动能力、无生活来源以及无法定赡养抚养扶养义务人，或者其法定义务人无履行义务能力的老年人、残疾人以及未满16周岁的未成年人，应及时纳入特困人员救助供养范围，切实做到符合政府有关部门强调的应救尽救和应养尽养要求。特困人员救助供养标准要根据各地的经济发展水平合理确定，并适时进行动态调整，以确保特困人员能够获得符合要求的救助供养服务。鼓励社会组织和个人参与保障特困人员救助供养工作，拓宽资金筹措渠道，同时切实加强农村特困供养服务机构诸如农村敬老院等的建设和设施改造，逐步提高生活不能自理的特困人员集中供养数量。政府应把农村特困人员供养服务机构运转经费列入财政预算，并定期进行核查和监督，还要根据服务对象人数和照料护理的实际需求，按照一定比例配备和培训工作人员。鼓励和支持条件具备的农村特困供养服务机构，动员和配备充分的资金和设施，逐步为农村低保、低收入家庭和建档立卡贫困家庭中的老年人和残疾人等，提供低偿或无偿的集中托养服务。

政府民政相关部门对于那些遭遇突发事件、意外伤害、重大疾病以及其他特殊原因导致基本生活陷入困境，已建立的其他社会救助制度无法覆盖或救助之后基本生活暂时仍有严重困难的农村建档立卡贫困家庭，要进一步加大临时救助力度。各级民政和财政部门要根据政府有关临时救助条例，进一步明确和细化急难型困难家庭以及支出型困难家庭的范围和类别，审核审批程序也应优化和简化。要根据农村建档立卡贫困家庭困难状况，分层、分类和分档合理确定临时救助标准，并进行适时动态调整。乡镇或者街道临时救助金审批额度要合理设定，乡镇或街道应多方筹措资金建立健全临时救助备用金制度，特别是积极和有效解决建档立卡贫困人口的突发性、紧迫性和临时性的基本生活困难。如果遇到有重大生活困难的贫困家庭，可采取特殊情况特殊处理方式，根据具体审核情况分类分档设立救助标准，并根据当地经济发展水平适当提高救助额度。

政府有关部门应切实加强基本生活救助与教育扶贫、健康扶贫和农村危房改造等政策的衔接和协同，多方考虑和综合解决未脱贫建档立卡贫困人口的不愁吃和不愁穿，以及保障其义务教育、基本医疗和住房。进一步完善困难残疾人生活资助以及重度残疾人护理补贴制度，若有些地方条件允许可逐步扩大保障政策的覆盖面。鼓励和支持社会组织及个人参与脱贫攻坚，拓宽社会捐赠渠道，建立健全慈善机构并充分用好慈善资源，切实发挥好慈善帮扶在脱贫攻坚中的积极作用。政府有关部门要加强贫困地区从事社会工作的专业人才队伍建设，努力提高应用社会工作专业理论、知识和方法开展扶贫工作的能力和本领，积极引导专业社会工作者和志愿服务力量参与精准扶贫事业。社会救助对象在力所能及的范围内应发挥脱贫的内生动力，树立信心和积极进取，不一味地向政府和社会等、靠、要，不能有事事兜底、时时兜底和永远兜底的依赖心理。

各级民政、财政和扶贫等部门要切实落实主体责任，进一步加强相互沟通协调和定期商讨交流，特别是要及时研究解决脱贫攻坚行动中社会救助兜底保障工作可能出现的新情况和新问题。有关部门应明确职责分工，诸如民政部门要负责根据规定把符合条件的未脱贫建档立卡贫困人口纳入农村低保以及特困人员救助供养或临时救助范围，扶贫部门要努力配合民政部门做好对象审核认定工作，财政部门要负责做好社会救助资金的筹集和管理工作。县民政部门应会同财政和扶贫等有关部门抓紧制定实施细则，并切实做好脱贫攻坚行动中的社会救助兜底保障工作，县民政、财政和扶贫等部门要加强工作配合，经常性地开展农村低保、特困人员救助供养以及建档立卡贫困人口信息的巡查和核实工作，以便对社会救助兜底保障工作作出周密安排部署。各区县要加强对民政、财政和扶贫等部门的工作指导，科学总结交流推广脱贫攻坚行动中社会救助兜底保障工作的成功经验和做法，及时发现并研究解决工作中出现的困难和问题。建立健全监督机制以加强督促指导，对于有些地方工作推进不力和政策落实不到位的，应采取通报批评、工作约谈和专案督办，甚至党纪政纪处分等方式督促立即整改，若有违法行为应移送司法机关处理。加强扶贫工作中的腐败和作风问题治理，切实把反腐败和作风建设贯穿于脱贫攻坚行动中，贯穿于社会救助兜底保障工作的全过程，确保有关部门责任落实、工作到位、措施精准、作风扎实和管理规范等。

第三节　加快完善住房制度改革

加快推进住房保障体系和供应体系建设，既是满足广大群众基本住房需求和实现全体人民住有所居目标的重要任务，也是促进社会公平正义和保证人民群众共享改革发展成果的必然要求。有鉴于此，习近平总书记指出："坚持房子是用来住的、不是用来炒的定位，加快建立多主体供给、多渠道保障、租购并举的住房制度，让全体人民住有所居。"①

一、完善租购并举的住房制度

解决群众的住房问题既是民生问题又是发展问题，涉及千家万户的切身利益和人民的安居乐业，既与民生、经济和金融等领域息息相关，又与防范化解重大风险联系密切，甚至关系经济社会发展大局和社会和谐稳定，因而我们党和国家历来高度重视人民群众的住房问题。经过长期不懈的努力，我国住房建设和发展取得了巨大成就，诸如棚户区住房改造不断推进，农村危房改造扎实进行和上亿人口喜迁新居，特别是房地产市场不断发展，住房保障政策逐步完善，全国城镇居民人均住房面积稳步增长等，对于发展中的人口大国来说，这是很了不起的成绩。

但是我们也要清醒地意识到，解决全体人民群众的住房问题是一项长期任务，诸如还存在着住房困难家庭的基本需求尚未根本解决、保障性住房总体供应不足、住房资源配置不合理不平衡和房屋租赁市场制度体系建设尚不完善等问题。其主要表现在三个方面：一是一手房与二手房价格倒挂，也就是指相同地段和楼盘内二手房的每平方米成交单价高于兴建中的一手房价格，这种倒挂现象先在局部产生并进而逐步成为商品房限价城市普遍存在的现象；二是房价与地价倒挂，即一些房地产企业拿地成本较高再加上其他成本，导致房价高于限价而不能入市交易；三是供应与需求倒挂，即部分城市住房供应与需求关系紧张，而需求更加集中在一手房市场，导致摇号买房的表

---

① 《十九大以来重要文献选编》（上），中央文献出版社2019年版，第33页。

面火爆现象。以上现象产生了房价收入比、房价租金比和房地产业与国民经济发展水平等方面的严重失衡，其深层次的原因是房地产市场过度金融化、地方政府对土地依赖常态化和调控手段过度行政化等。

面对人民群众对实现住有所居愿望的期待，党和政府必须高度重视房地产行业业已出现的问题，下更大决心和花更大气力不断深化住房制度改革，以解决城镇新居民住房需求为主要出发点，以建立租购并举的住房制度为主要发展方向，切实解决好住房发展过程中存在的各种问题。

国务院住房和城乡建设部要加快建立和完善关于住房租赁和销售管理方面的法律法规，指导全国房地产的开发和建设，加快租购并举的住房制度体系建设，而地方各级政府及住房保障部门要按照国家及住建部培育和发展住房租赁市场的相关文件精神，并结合当地的实际情况因地制宜地解决房地产方面的问题，使国家和地方双方均能够发挥积极性，扎实做好建立和完善房地产长效机制各项工作。我国住房制度改革和房地产市场发展的实践经验证明，全国用完全统一的政策管理房地产市场难度很大，统一政策往往会造成有的地方适用、有的地方不适用的问题，因而建立房地产长效机制应坚持国家在宏观政策指导的前提下，各级政府必须把具体主体责任落到城市，建立因地制宜、区别对待和一城一策等调控模式和管理体制，不能搞一刀切。各级政府在强化城市主体责任的同时，要给不同的城市提供灵活变通的政策，支持指导城市做好房地产长效机制工作。

各级党委和政府要坚定不移地贯彻执行习近平总书记关于"房子是用来住的、而不是用来炒的"科学定位，城市要对本地房地产市场平稳健康发展负主体责任，应始终坚持以人民为中心的发展思想，坚决地把解决人民群众的住房问题作为出发点和落脚点，尽快建立和完善房地产市场平稳健康发展的长效机制，特别是要保持战略定力，坚决避免将住房作为短期刺激经济增长的手段和工具。各级党委和政府要运用一城一策、试点先行、分步推进和稳扎稳打的基本方法，同时有关城市房管部门要抓紧制定和完善一城一策的工作方案，针对要解决的主要问题和要实现的基本工作目标，提出具体政策措施，逐步建立和完善房地产长效机制。

城市党委和政府应强化城市主体责任和其他方面的工作责任，要把解决人民群众的住房问题和做好房地产调控工作摆上重要议事日程，进一步健全工作机制，切实落实责任分工，强化督促检查，积极主动做好工作。有关省、自治区、直辖市要加强本地区城市之间的政策联动和统筹协调，指导、检查和督促城市做好工作。各相关职能部门要大力支持城市党委和政府的决策部署，扎实做好政策衔接和工作沟通，及时研究解决城市房地产工作遇到的困难和问题。城市党委和政府及有关职能部门要大力协同工作，切实把党中央和国务院的决策部署抓细抓实，促进本地区乃至全国房地产市场平稳健康发展。

各省、市、自治区党委和政府要根据党中央和国务院关于建立租购并举住房制度指导性相关规定，并结合当地的实际情况抓紧制定加快培育和发展住房租赁市场的地方性法规和条例，建立健全培育和统筹住房租赁机构，并可先行开展以公共租赁住房为重点的住房租赁业务。对城镇无力购买住房的居民特别是非户籍人口，支持其租赁住房，若其中符合条件的困难家庭可给予货币化租金补助，并把公租房扩大到非户籍人口，实现公租房货币化。根据住建部在关于住房租赁和销售管理条例的有关规定，并可借鉴国外和国内有关省份的有效做法，重点解决和出台约束出租人租房行为的租赁管理办法，诸如明确出租人和承租人在住房租赁活动中的权责，特别是在加强对承租人权益保护方面应细化到租期、租金和居住证等问题。鉴于有些地区住房库存量较大，各地应切合实际开展房地产去库存工作，把大量库存的房产改造成为出租房，诸如鼓励有条件的地区发展规模化的房地产开发企业以及专业化的住房租赁企业，并可享受土地供应、税收减免、金融支持和信用等级评定等优惠政策。这些措施既可以有效促进房地产去库存，又能够从源头上解决租赁房源规模化供应，同时还可以减少初创阶段房源收购需要的资金投入。各级党委和政府要积极与国有银行合作，搭建由政府主导的、有关职能部门参与的住房租赁信息服务平台，整合本地区房地产开发、交易和库存量等信息资源，及时为租赁市场供需双方提供高效、准确和便捷的信息服务。出租人可借助这个平台随时发布出租房屋信息，承租人也能够依托该平台发布租赁房屋的需求信息，逐步实现在平台上进行相互对接，打破信息不透明和不对称状况。各级党委和政府在建立租购并举住房制度的过程中，应下大力气改变居民刚性购房需求有余而租住房屋愿望不足的传统观念，既要支持有条件的购房者购买房屋，也要呼吁有购房意愿且无经济能力购房者转变住房消费观念，逐步树立先租后买、先小后大、循序渐进的理性住房消费观，使居民能够逐步意识到租房同样能够安居乐业的住房观念。

二、促进房地产市场健康发展

最近几年以来，各地深入贯彻落实党中央和国务院决策部署，实施分类调控和因城施策的措施，从而使房地产市场总体上保持平稳运行。但部分城市近一段时间以来，房地产市场出现了过热的苗头，投机炒作现象有所抬头，如不加以有效控制就有可能产生重大风险。有鉴于此，各级党委和政府要坚持在政府的主导下，充分发挥市场在资源配置中的决定性作用，明确住房体系与住房保障体系的定位。更为重要的是，住房市场体系建设必须坚持市场为主导，把握适合国情的市场化方向，以居住为主、以居民消费为主、以普通商品住房为主，积极培育和发展住房租赁市场，满足不同层次群体的需求，让人民群众享有更多的获得感和幸福感。

各级党委和政府要牢固树立政治意识、大局意识、核心意识、看齐意识，切实提高政治站位，坚持住房调控目标不动摇和力度不放松，毫不动摇地坚持"房子是用来住的、不是用来炒的"科学定位，要注意尽力而为和量力而行相结合，坚持调控政策的连续性和稳定性，认真贯彻落实稳房价和控租金、降杠杆和防风险、调结构和稳预期的目标任务，大力支持居民刚性居住需求，坚决遏制各种投机炒房现象，因地制宜、精准施策，才能充分激发市场活力，确保房地产市场平稳健康发展，进而充分满足人民群众多层次住房的需求。

各级各类城市党委和政府要根据当地经济社会发展水平、住房供需状况和人口变化情况等因素，加快制定实施住房远景发展规划，科学编制住房实施细则，明确住房发展主要目标、重点任务和政策措施等，合理确定住房的用地供应规模、结构和时间顺序，努力引导相关资源合理有效配置。一线、二线城市住房发展规划应主动上报住房和城乡建设部备案后再向社会公布实施，其主要目标和指标要纳入当地经济社会发展预期指标管理。要采取切实措施统筹城镇基础设施和空间布局规划，推进大中小城市和小城镇协调发展，增强中小城市和小城镇的承载力和吸引力，积极引导产业、就业和人口的有序流动等，促进职工的数量与住户的数量大体保持平衡状态。

各地要抓紧调整住房和用地供应结构，出台相关政策有针对性地解决住房和用地有效供给的问题，诸如切实提高中低价位和中小套型普通商品住房在新建商品住房供应中的比例，同时应改进商品住房用地供应方式，努力建立房价地价联动机制，以防止地价上涨带来房价上涨。特别是热点城市要提高住房用地比例，住房用地占城市建设用地的比例应根据实际合理安排，同时要大幅度增加租赁住房和共有产权住房的用地供应，还要确保公租房用地供应。力争用尽可能较短的时间，使公租房、租赁住房和共有产权住房用地在新增住房用地供应中的比例达到一个较高的程度。热点城市还要因地制宜，积极探索推动土地供应主体多元化模式，即在国家所有权和企业所属权不变、符合土地利用总体规划和城乡建设基本规划的前提之下，非从事房地产的企业依法取得国有土地使用权的，可将其作为租赁住房建设用地，并向国家住建部上报建设租赁住房的具体实施方案。开展租赁住房、利用集体建设用地建设租赁住房和共有产权住房试点城市，应切实把国家的住房调控政策和本地实际有机结合起来，加快试点工作并将取得有效经验进行推广，确保房地产市场健康有序进行。

房子是每个家庭中最大的资产，根据国家目前的相关政策既可自住也能投资。随着社会物价的上涨，房子一般来说是可以实现保值增值的，因而在房改之后住宅商品化已经形成共识。房价上涨得越快，住房的赚钱效应也越明显，随着投资属性不断扩大，房价也不断被推高。房子被炒作的成分在加大，房地产市场风险也在不断积聚。有鉴于此，各级党委政府和房管部门要切实加强个人住房贷款资金管控规模，努力落实差别化的住房信贷政策，有效强化对借款人还款能力的审查，严格管控将消费贷款和经营贷款等资金挪用于购买房产的行为。企业购买土地只能使用自有资金的规定要严格落实，财政、税务和审计等部门要加强住房用地购地的资金来源审查，严控巧立名目筹措资金来购买土地建房行为。各地要大力整顿规范房地产市场秩序，诸如严厉打击房地产企业和中介机构违法违规行为，严肃查处捂住楼盘、哄抬房价、炒买炒卖、规避调控政策和制造市场恐慌等违法违规行为，并持续保持高压严查态势，对于存在的各类违法违规行为，发现一起、查处一起，并及时向社会曝光，以形成有效震慑。

房地产税立法近年来一直是人民群众关注的焦点话题，房地产税的征收涉及千家万户的利益，因而要健全房地产地方税体系，在调查研究的基础上稳妥推进房地产税立法，并使之成为建立房地产长效调控机制的有效措施之一。合理而有效的房地产税收体系，能够起到增加财政收入、调节贫富差距、引导合理消费和抑制投机投资的作用，但房地产税收体系的设计和实施是一个复杂的系统工程，涉及房地产的开发、经营和消费等环节各税种的关系，也涉及如何处理与土地出让金的关系，还涉及居民合理税赋的考量。所以房地产税立法一定要稳妥推进，既要进行顶层的合理设计，又要广泛征求民意；既要借鉴国外诸如按照评估值征税等有益经验也要符合中国国情和人民的承受能力，并且对房地产税设计税收优惠条款，也要建立较为完备的税收征管模式，使房地产税收更加公平合理，切实为各地经济和社会发展发挥应有的积极作用。

各地要加强房地产市场舆论引导和预期管理工作，加大国家房地产政策的宣传力度，建立健全房地产网络信息化平台，全面落实住房销售合同网签备案制度，适时发布权威信息，并且要加强政策解读和市场信息公开，及时澄清不实信息，积极引导正面舆论。各地公检法机关要严厉打击利用自媒体公众号等网络媒体炒作渲染房价上涨以及散布虚假信息造成社会恐慌等行为，以营造良好的房地产舆论氛围，稳定市场预期目标。

各地要切实建立健全房地产地方调控体系，坚决贯彻落实新发展理念，加快转变发展方式，进一步落实地方调控主体责任。住房和城乡建设部要加快建立房地产市场评价和监测预警体系，建立健全相关体制机制，抓细抓实评价条款，科学制定对地方房地产调控工作的评价考核机制，督促其具体落实地方政府稳房价和控租金的主体责任，同时严格巡视和督查，特别是对于工作不力、市场波动大、未能实现调控目标和引起严重后果的地方，坚决进行追责问责。

三、提高住房保障水平

住房问题是人民群众的生存之所在，是社会进一步发展的重要保障，不仅是人民群众的需要和期盼，也是党和政府的牵挂和责任。中共十一届三中全会以后，特别是中共十八大以来，以习近平同志为核心的党中央，在全面建成小康社会、实现中华民族伟大复兴中国梦的过程中，始终坚持以人民为中心的发展思想，把城镇居民的住房问题作为推进社会建设的一项重要内容。诸如各级政府和相关部门在党中央和国务院宏观政策指导下，采取多种有效措施不断加强住房资金筹措和管理，全力推进保障性住房建设，努力改善职工住房条件和居住环境，使千万个家庭的安居之梦逐步变为现实。但是近年来全国许多地方出现了房价过高和上涨过快的现象，造成了城镇很多居民特别是中等偏下收入家庭、新就业群体和外来务工人员等的住房困难。

以上问题的出现并不仅仅是住房领域本身的问题，而是国家整个经济社会发展过程中诸多问题和矛盾的综合反映，涉及诸如城乡一体化发展、收入分配格局调整、财税制度完善和消费结构升级等问题。有鉴于此，各级党委和政府要贯彻落实党中央和国务院的决策部署，切实加强组织领导，根据当地实际认真落实各项目标任务和方针政策，努力把住房保障和供应体系建设办成一项经得起实践、经得住人民和历史检验的德政工程。

要根据我国国情健全住房供应体系，其总的发展方向是立足于保障基本需求和引导合理消费，加快构建以政府为主导提供基本保障、以市场为主体满足多层次需求的住房供应体系。具体而言，就是政府应根据城市不同群体的收入状况，进行分类指导和精准施策，诸如对城镇低收入困难家庭可实行租赁住房制度，对中等偏下收入困难家庭可实行租赁住房保障制度，对中高收入比较富裕家庭可实行租赁和购买商品房相结合的制度。加快推进住房保障和供应体系建设，要处理好政府提供公共服务和市场化的关系、住房发展的经济功能和社会功能的关系、需要和可能的关系、住房保障和防止福利陷阱的关系。只有坚持住房市场化的改革方向，才能充分催生市场发展活力，满足多层次居民的住房需求。但就全国而言，总有一部分群众由于劳动技能不适应、就业不充分和收入水平低等原因而面临住房困难，政府必须高度重视这一部分人群，切实为他们提供基本住房保障。

各级党委和政府要科学总结我国住房改革发展的经验，并

第三章 加强社会保障体系建设

借鉴世界有关国家解决住房问题的有益做法，深入研究住房建设的规律性问题，特别是要加强顶层设计，加快建立统一、规范、成熟和稳定的住房供应体系。各级住房保障部门要千方百计增加住房供应，同时要把调节人民群众住房需求放在突出位置，以期建立健全经济、适用、环保、节约资源和安全的住房标准体系，大力倡导符合国情的住房消费模式。

强化各级政府的责任，加大保障性住房供给体系建设，建立健全相关体制机制，努力解决保障性住房供应不足的问题。城镇最近几年来保障性住房建设和棚户区改造住房覆盖面不断扩大。要重点发展公共租赁住房，加快建设廉租住房，继续加快推进各类棚户区改造工作，规范发展经济适用住房，并在推进这些工作的过程中，要注意尽力而为和量力而行相结合，努力满足人民群众基本住房需求。鉴于住房是群众安身立命之所，质量安全至关重要，因而要优化保障性住房规划布局、设施配套和户型设计等，切实抓好工程质量。

各级党委政府和职能部门，要完善住房支持政策，注重发挥政策的扶持、导向和带动作用，调动各方面积极性和主动性。要完善土地政策，坚持保障民生优先，因地制宜科学编制土地供应计划，增加住房用地供应总量，优先安排保障性住房用地，充分扩大普通商品房供给。要完善财政和税收政策，建立健全稳定投入机制，适当加大财政性资金、住房公积金贷款和银行贷款对保障性住房建设的投入力度，并要综合运用政策措施，吸引企业、社会组织、其他机构和个人参与公共租赁住房建设和运营。特别值得一提的是，要积极探索建立非营利机构参与保障性住房建设和运营管理的体制机制，努力形成全社会各方面共同参与的局面。

城镇保障性住房建设是一件利国利民的千秋工程，但要把这件好事办好、办实，并真正使需要帮助的住房困难群众从中受益，就必须加强管理，制定公平合理、公开透明的保障性住房配租政策和监督秩序，特别是在准入、使用和退出等方面建立规范机制，实现公共资源公平而有效率的使用。要在坚持公平分配的前提下，特别是对低收入住房困难家庭要应保尽保，将符合条件的新就业无房职工和外来务工人员等纳入保障范围，使该保障的群众真正受益，同时要对非法占有保障性住房的行为进行有效的治理，切实从制度上堵塞漏洞。

各级党委和政府要进一步落实地方政府责任和追责问责制度，加强和完善对房地产的调控，把保障基本住房、稳定物价和加强市场监管纳入当地经济社会发展的工作目标。建立健全差别化的住房信贷和税收政策，合理引导居民自住和改善性住房需求，有效遏制社会群体和个人等投机投资性购房行为。公检法部门和房地产部门在充分调查研究的基础上，加快制定基本住房保障法，修订和完善城市房地产管理法等相关法律法规，并进一步完善住房公积金制度，加强管理和逐步扩大其覆盖范围。市场对房地产的监管力度也应加强，诸如规范房地产市场秩序、加快住房信息平台建设和完善信息发布制度等。

各级党委政府、职能部门和公检法机构等要密切关注本地房地产市场情况，若发现房价突然上涨或上涨幅度过大，应迅速查明其原因，及时调查研究和采取切实有效的措施加以妥善解决；对一些社会组织、中介机构和个人等用大量银行贷款和私自筹措的资金进行住房短期炒作的行为应予坚决制止；对一些开发企业、社会组织、中介机构和个人等通过制造和散布虚假信息哄抬和联手垄断房价等严重违纪违法的欺诈行为要严厉打击等。

各级政府和相关职能部门在住房保障体系建设过程中,必须转变思想观念,采取以立法为主和政策相辅的办法,立足于人民群众的基本生活需求,加快建立多主体供给、多渠道保障和租购并举的住房制度体系,让广大人民群众早日实现安居乐业,实现党和政府对人民的庄严承诺。

第四章　实施健康中国战略

实施健康中国战略、促进全体人民身体健康，既是民生问题，也是社会政治问题，特别是以人民为中心的发展理念的基本要求和具体体现，是中国特色社会主义卫生与健康发展道路的核心。有鉴于此，习近平总书记指出："人民健康是民族昌盛和国家富强的重要标志。要完善国民健康政策，为人民群众提供全方位全周期健康服务。"[①] 这一科学论断，是坚持和发展中国特色社会主义的一项重要战略安排，为我们党和政府更好地维护和保障人民健康提供了根本指导思想和行动遵循。

第一节　实施健康中国战略的必要性

实施健康中国战略、增进人民健康福祉，事关人的全面发展和社会全面进步，涉及全面建成小康社会奋斗目标的实现并进而为实现中华民族伟大复兴的中国梦奠定坚实的健康基础，因而必须从国家的发展高度统筹谋划推进。有鉴于此，习近平总书记指出："健康是促进人的全面发展的必然要求，是经济社会发展的基础条件，是民族昌盛和国家富强的重要标志，也

[①]《十九大以来重要文献选编》（上），中央文献出版社2019年版，第34页。

是广大人民群众的共同追求"。①

一、实施健康中国战略是以人民为中心理念的具体体现

历史唯物主义认为,人民群众是物质财富的创造者,是精神财富的创造者,是变革社会的决定性力量。有鉴于此,中国共产党成立以后,我们党进行新民主主义革命,推翻三座大山、建立新中国,是为人民的根本利益而奋斗。我们党领导人民进行社会主义革命和社会主义建设,改变一穷二白的国家面貌,也是为人民的根本利益而奋斗。我们党领导人民进行改革开放和实现社会主义现代化建设、全面建成小康社会并进而实现中华民族伟大复兴的中国梦,同样是为人民的根本利益而奋斗。

全党必须深刻牢记,为什么人的问题始终是检验一个政党、一个政权性质的试金石。我们党必须从人民群众是历史的创造者以及决定党和国家前途命运的根本力量的观点出发,时刻坚持人民主体地位,坚持立党为公、执政为民,践行全心全意为人民服务的根本宗旨,切实把密切联系群众的优良传统和作风贯彻到治国理政的各个环节之中,特别是把人民群众对美好生活的向往作为我们党不懈奋斗的目标,依靠人民群众创造历史丰功伟业。

鉴于对幸福生活的追求是推动人类文明进步最持久的力量,中共十一届三中全会以后,特别是中共十八大以来,人民对美好生活的向往更加强烈,期盼有更好的教育、更稳定的工

---

① 《习近平关于社会主义社会建设论述摘编》,中央文献出版社2017年版,第100页。

作、更满意的收入、更可靠的社会保障、更高水平的医疗卫生服务、更舒适的居住条件、更优美的社会环境和更丰富的精神文化生活等。这就要求我们党永远保持共产党人的奋斗精神，永远保持对人民的赤子之心，始终把人民的利益摆在至高无上的地位，始终同人民想在一起、干在一起，以人民忧乐为忧乐，以人民甘苦为甘苦，努力为人民创造更美好和更幸福的生活。

中国共产党是这样说的，也是这样做的，真正兑现了对人民的承诺。中共十八大以来，以习近平同志为核心的党中央，高举马列主义、毛泽东思想和中国特色社会主义理论体系伟大旗帜，统筹推进"五位一体"总体布局，协调推进"四个全面"战略布局，带领全党全军全国各族人民锐意进取、求实创新，开创了党和国家事业发展的新局面。其具体表现是：坚定不移贯彻新发展理念，切实端正发展观念、转变发展方式，不断提升发展质量和效益，推动经济建设取得重大成就；积极发展社会主义民主政治，推进全面依法治国，党的领导、人民当家作主、依法治国有机统一的制度建设全面加强，民主法治建设迈出重大步伐；加强党对意识形态工作的领导，党的理论创新全面推进，马克思主义在意识形态领域的指导地位更加鲜明，中国特色社会主义和中国梦深入人心，思想文化建设取得重大进展；社会建设取得新进步（其具体内容将在该段后面比较详细论述）；大力推进生态文明建设，全党全国人民贯彻绿色发展理念的自觉性和主观性显著增强，忽视生态环境保护的状况明显改变，生态文明建设成效显著等。

以人民为中心的发展理念是一个综合性的概念，就是要在经济建设、政治建设、文化建设、社会建设和生态文明建设等方面全方位地增加人民的福祉。我们党深入贯彻以人民为中心的发展思想，不断地加强社会建设，一大批惠民政策措施落地实施，人民获得感和幸福感显著增强。诸如脱贫攻坚战取得决定性进展，几千万贫困人口稳定脱贫，贫困发生率大幅下降；教育事业全面发展，中西部地区教育和农村教育环境进一步改善；就业状况持续向好，城镇新增就业率年均千万以上；城乡居民收入增长速度超过经济增长速度，中等收入群体持续扩大；覆盖城乡居民的社会保障体系基本建立，人民健康和医疗卫生水平大幅提高，保障性住房建设稳步推进；社会治理体系和治理能力更加完善，社会安定团结的局面保持稳定，国家安全全面加强等。

历史唯物主义认为，社会生产力构成的诸要素之中，人是决定性的因素，因而身心健康且受过良好教育的劳动者不仅是推动生产力发展的决定性因素，还是经济、政治、文化、社会和生态文明等方面发展最重要的人力资源。改革开放40多年以来的实践证明，我国经济社会发展取得了举世瞩目的成就，这是我们党团结带领全国人民共同奋斗的结果，并在一定程度上也与我国丰富的劳动力人口储备所形成的"人口红利"有密切的关系。所谓"人口红利"，是指一个国家适合劳动年龄的人口占总人口比重较大，抚养率比较低，为经济社会各方面发展创造了有利的人口条件，整个国家的经济呈高储蓄、高投资和高增长的局面。就我国而言，就是健康状况得到显著改善、综合素质持续提升和技能水平不断提高的全体劳动者所发挥出的创造力量。

国际以及我国的发展实践有力地证明，人类的可持续发展应是经济、政治、文化、社会和生态文明等方面的综合发展，自然是包括健康在内的社会全面进步，绝不能够单纯地片面理解为某一方面的发展，更不能够以消耗甚至透支人们的身心健康为代价去追求发展，如此只可能呈现一时的发展，而不能够持续全面发展，因而世界发达国家和新兴市场国家都非常注重提高人们健康水平。进行健康投资、发展健康事业，有利于适当延长劳动者的工作年限和提高劳动生产率，降低人口老龄化对劳动力结构的负面影响，为社会创造更多的财富。对我国而言，实施健康中国战略、不断完善健康保障，深化供给侧结构性改革，可以有效解除群众的后顾之忧，有利于释放投资和消费需求，拉动经济增长和扩大充分就业，并进而为经济社会协调发展注入新活力。

我们党和国家在推动经济社会发展的同时，就把提高人民的健康水平摆在更加重要的位置，这是我们党以人民为中心的发展理念在医疗健康方面的具体体现。诸如公共卫生服务体系显著升级、城乡医疗卫生服务体系不断完善、全民医保体系进一步健全、药品供应保障机制更加规范、公立医院改革迈出重要步伐，以及全民健身运动取得新的成就等。一言以蔽之，在我国，经济的发展对促进居民的健康水平提高通过多种途径综合呈现，其具体表现是：经济的持续快速发展不仅提高了人民的物质生活水平、充实了人们的衣、食、住、行等方面的基本物质基础，而且为人们提供了丰富的食物营养、安全饮用水和基本的医药品供应等，促进了物质生活条件和卫生状况的改善，从而有利于居民生活质量和健康状况的提高；政府不断加大对医疗卫生方面的投资，加强有关基础设施建设，并建立健全相应的管理体制机制，从而大力促进了卫生事业的发展和医学科学技术的进步，为预防、控制和消灭某些疾病创造了较好的物质条件；政府通过加大教育经费的投入，增加了受教育公民的人数且提高了教育发展水平，并进而提升了国民的卫生健康意识，增强了他们自我保健活动能力，从而有力地推动了健康中国建设的步伐。公民健康水平的不断提高，又有力地促进了经济、政治、文化、社会和生态等方面的综合发展，并进而推动了社会的全面进步。

随着经济全球化的发展以及国内外发展形势的新变化，特别是人们对于环境的破坏和人类自身生活方式的改变等，导致了诸多疾病和社会问题的产生，给人们的健康带来了一些新的负面因素，这应该引起包括中国在内的世界各国人民高度重视和携手应对。

二、实施健康中国战略是全面建成小康社会的必然要求

中共十一届三中全会以来，我们党对我国社会主义现代化建设的战略步骤作出了安排，提出了"三步走"战略目标，前两步是解决人民的温饱问题、人民生活总体上达到小康水平，这个目标已经达到。其后我们党根据我国经济社会发展的实际需要，决定要在全面建设小康社会目标的基础上努力实现新的突破，这就是到建党100周年时建成经济更加发展、民主更加健全、科教更加进步、文化更加繁荣、社会更加和谐和人民生活更加殷实的小康社会，而实施健康中国战略是实现全面建设小康社会奋斗目标的应有之义。

我们党早在中共十七大上就明确提出，要把人人享有基本卫生服务，提高全面健康水平作为加快发展卫生事业和全面改善人民生活的重要目标，着眼长远、面向未来，应制定和实施健康中国2020的战略规划，也就是要结合我国经济社会发展的实际情况，深入研究我国居民的主要健康问题和存在危害健康的诸多因素，确定切实可行的重大公共医疗卫生行动计划，以健康促小康、以小康保健康，实现人人享有健康的目标。实

施健康中国2020战略规划，有利于推动医学科技进步，促进健康产业的发展，因而是贯彻落实全面建设小康社会新要求的重要举措。

实际上早在新中国成立以后，虽然我们的经济水平和技术手段是非常落后的，但我们党和政府就十分重视人民的健康问题，还制定了一个非常好的国家卫生发展战略，特别是我们党和政府组织了全社会参与的群众性的爱国卫生运动，并取得了重大成果。其中值得一提的一项，是在不到20年的时间里，就使我国的人均寿命从原来的35岁达到60岁以上。与此同时，西方发达国家诸如美、英、德、法等均对本国的国民健康长期发展战略作了比较系统的调查研究，制定和实施了符合其国情的国民健康战略，这些战略的有效实施，不仅使这些国家国民健康状况不断得到改善，而且推动了其经济社会快速发展。我国以及国外发达国家的实践经验证明，科学制定和实施国家卫生战略不仅是提高国民健康水平行之有效的办法，而且对推动经济发展和社会全面进步也是大有裨益的。

健康是个人成长和幸福生活的基础，越来越成为影响人民获得感、幸福感、安全感的重要因素，也是经济社会顺利发展的重要保障，因而没有全民健康就没有全面小康。一个人民健康水平不断提高的社会，才是充满生机活力而又和谐有序的社会。随着经济社会的发展，我国人民目前已跨越了解决基本温饱的阶段，人民群众对健康的要求更突出和更迫切，因而需要建立更加公平有效的医疗卫生体制机制，保障全体人民享有基本医疗卫生服务，促进社会公平，实现发展成果由人民共享，维护社会和谐稳定、保障国家长治久安，为全面建成小康社会和富强民主和谐的现代化国家奠定健康基础。与此同时，我国面临着诸多疾病威胁并存和多种影响因素相互交织的复杂局面，医疗卫生事业发展不平衡不充分与人民日益增长的健康需求之间的矛盾比较突出。这就需要大力实施健康中国战略，最大限度降低健康危险因素，全面提升医疗卫生发展水平，更好满足人民健康需要，全方位全周期维护人民健康，促进人的全面发展和社会发展进步。纵观当今世界发展趋势，国民健康已经处于世界发展议程的中心位置，成为衡量经济社会发展和人民幸福的综合尺度，因而很多国家和地区花大力气研究制定健康发展战略，制定比较系统的规划并切实实施，从而取得了明显的成效。

有鉴于此，中共十八大以来，以习近平同志为核心的党中央高度重视维护人民健康，加快了健康中国建设的步伐，并在中共十八届五中全会上作出推进健康中国建设的决策部署。党中央、国务院于2016年8月隆重召开新世纪第一次全国卫生与健康大会，习近平总书记发表了重要讲话，明确了建设健康中国的大政方针。其后国务院于同年10月发布实施《"健康中国2030"规划纲要》，明确了健康中国建设的行动纲领。特别值得一提的是，习近平总书记在中共十九大报告中明确提出要实施健康中国战略的一系列战略方针政策，并将其提升到国家整体战略层面加以统筹谋划，诸如从全面建成小康社会到基本实现现代化，再到全面建成社会主义现代化强国，健康中国战略将在每一个阶段与整体战略紧密衔接，发挥重要支撑作用。这是以习近平同志为核心的党中央从国家长远规划和时代进步潮流出发，坚持和发展新时代中国特色社会主义的一项重大战略部署，是我们党以人为本、执政为民理念的具体体现。全党必须坚定不移地实施这一战略，凝心聚力、扎实推进，促进卫生健康事业发展和人民健康水平持续提升，努力为决胜全面建成小康社会、建成社会主义现代化强国打下扎实的健康根基。

世界和中国的发展经验充分证明，身心健康的国民能够有效地增强综合国力和提升更可持续的经济社会发展的能力。因而我们党和政府加快推进实施健康中国战略，把医疗卫生等民生问题摆在协调推进"四个全面"战略布局的重要位置，把深化医疗改革作为保障全体人民"病有所医"的关键举措加以推进，不仅凸显了我们党和政府对保护国民健康的高度责任感和攻坚克难的坚定政治信心，有利于推动解决制约医疗事业发展和国民健康改善的全局性、根本性和长期性问题，而且有利于以人民群众的健康需求为导向，把提高其健康水平作为我们的工作目标，通过动员社会组织、人民团体和个人等广泛参与，切实加强对全体国民健康重大和长远问题有效规划，不断提高整个中华民族的健康水平。

我国经济发展已经进入了新常态，即已由高速增长阶段转向高质量发展阶段，正处在转变发展方式、优化经济结构和转换增长动力的攻关期，但人民群众医疗卫生服务需求特别是高质量服务需求的增长速度却在不断提高。面对社会日益增长的医疗卫生服务需求，我国的医疗卫生事业发展再也不能像以往那样单纯依靠政府的高投入，而是要更加注重医疗结构调整和完善卫生服务体系等质量和效率的提升。有鉴于此，实施健康中国战略目标的提出，为充分发挥人们的智力、劳动效能和发展绿色低碳的健康服务业带来了有利条件，不仅有利于直接拉动内需、扩大就业特别是有效应对目前国家经济的下行压力，而且可以带动医药、信息技术和医疗装备设施等相关产业以及医疗康复、老年事业、健康管理和健身养生等新兴产业发展，还可进一步加快产业结构调整、促进经济增长方式转变以及更好地满足人民群众日益增长的多层次和多样化的健康新需求，最大限度地激发全体国民在全面建成小康社会发展过程中的活力和效能。

三、实施健康中国战略是医疗卫生事业改革发展的迫切需要

中共十八大以来，以习近平同志为核心的党中央根据人民对美好生活向往的实际，提出了一系列新理念新思想新论断，作出了一系列新部署新要求，不断加大医疗卫生事业改革的力度，从而为实施健康中国战略提供了不竭的动力，推动了人民健康水平的提高和医疗卫生事业的显著发展。其主要表现是：政府不断加强公共卫生服务体系建设，继续面向全体城乡居民免费提供基本公共卫生服务，服务项目有所扩大，人均经费进一步提高。国家建立重大疾病部际联席会议制度，实施重大公共卫生服务工程，着力加强重大疾病防控体系建设，有效地控制了艾滋病、血吸虫病、结核病、乙肝病和新冠肺炎等疾病的蔓延。妇幼保健工作取得新的成效，孕产妇和婴儿死亡率大幅度下降，顺利完成了禽流感、埃博拉出血热和中东呼吸综合征等重大疫情防控工作，应对重大突发卫生事件的能力不断增强，有力地保障了人民群众的生命健康安全。

政府采取有效措施不断完善城乡医疗卫生服务体系，拨款上千亿元支持诸多地市级以上医院、县级医院、乡镇卫生院和村卫生所建设，极大地改变了城乡基本医疗卫生设施，并在加大投入的同时统筹优化医疗资源布局，就医秩序逐步规范化。各级政府支持加强规范化全科医生临床培养基地建设，大力加强医疗卫生人才培养，不仅开展全科医生培训，还为农村地区

定向免费培养医护人员。医疗卫生信息化建设不断加强，不少省份建立了省和地市级卫生信息服务平台，不同程度地实现了区域内医疗信息互联互通，还进一步发挥中医药服务特色和优势。

全民医保体系进一步健全，覆盖城乡的全民基本医疗保障体系基本建立，职工医保、城镇居民医保和新农合的参保率稳步上升，政府对参保人员的补贴标准不断提高，政策范围内门诊和住院报销比例有所上涨，城乡居民大病保险全面实施，统一的城乡居民基本医保制度正在扎实推进。疾病应急救助、重特大疾病医疗救助行动全面开展，医疗救助制度逐步完善并健全，医保管理服务水平稳步提高，医保支付方式改革取得新的进展。

国家基本药物供应保障体制机制更加规范，基本药物供应在基层医疗卫生机构全面实施，其他医疗机构逐步全面配备，并优先使用。深化医疗改革政策明确规定，公立医院药品集中采购机制应进一步完善，努力破除以药补医的行为，切实降低药品虚高价格，同时加大药品价格改革力度，取消绝大部分药品政府定价行为，建立健全以市场为主导的药品价格形成机制，并对医疗行为和价格行为进行有效监管，同时还要加强药品采购和医保支付等政策衔接。

国务院公布了城市公立医院和县级公立医院综合改革的意见，加快了各级各类公立医院的改革步伐，主要是坚持公立医院的公益性质，切实落实政府主办医疗的责任，特别是围绕推进管理体制、补偿机制、人事政策、收入分配和医疗监管等方面的改革，不断加大探索的力度，努力在医疗改革的实践中取得新的经验。国家加大全民健身计划的投入力度，改善扩建诸多体育场馆建设，推动了覆盖城乡的全民健身公共服务体系建设，城乡居民健康素质逐步得到提高。

我国已全面建成小康社会，但随着医疗卫生改革事业的深入发展和国内外形势的新变化，医疗卫生领域长期积累的深层次矛盾逐渐显现，影响人们健康的新因素不断出现。全球性的疫情传播、疾病谱变化、生态环境恶化和食品药品安全等问题相互交织和影响，给医疗卫生领域和人们的健康安全带来了严峻挑战。优质医疗卫生资源不足、结构布局不尽合理和基层医疗卫生服务不强等短板亟待补齐，以满足人民群众日益增长的健康多元化的需要。医药科学技术和互联网信息技术的不断进步，带来了服务模式的深刻变化。医疗成本的不断上升，给医疗服务监管和医疗费用控制增加了诸多挑战。特别是随着医疗卫生改革进入深水区和攻坚期，涉及更为复杂的各方利益关系和需要破除的体制机制障碍，再加上公立医院改革还处于初始阶段，需要通过医疗、医药和医保的联动，加快形成有效的改革方法和手段。

以上出现的矛盾和问题，需要我们在推进健康中国建设的关键时期，把握住有利条件并认清不利因素，采取切实有效的措施，不断破解深层次的矛盾和问题，推动医疗卫生事业方面重点领域和关键环节的改革。有鉴于此，我们要深刻领会习近平总书记关于实施健康中国战略的系列重要讲话精神，坚决贯彻落实中共中央和国务院的重大决策部署，坚持把基本医疗卫生服务作为公共产品向人民提供，正确处理中央与地方、政府与市场、公平与效率、激励和约束的关系，统筹推进医疗卫生事业改革方方面面目标任务的落实，更加注重预防为主和稳步推进，着力提高基本医疗服务质量和水平，特别是要注重医疗卫生中心下移和医疗资源下沉，同时还要关注中西医并重。各级党委政府和相关职能部门要进一步提高基本医疗卫生服务的公平性和公益性，切实增强满足人民群众日益增长的多层次和多样化的健康需求服务能力，不断提高整个中华民族的健康素质，为全面建成小康社会打下坚实的健康基础。

我们党和政府已确定医疗卫生事业发展的宏伟目标：近期就是建立健全覆盖城乡居民的基本医疗卫生制度，基本建立健康服务和公共卫生政策体系，普遍建立比较健全的医疗保障体系，健全比较规范的药品供应保障体系，建立比较科学的医疗卫生管理体制和运行机制，全民健康素养水平稳步提高，健康生活方式加快推广，重大慢性病发病率上升趋势得到遏制，重点传染病、严重精神障碍、地方病、职业病得到有效防控，致残和死亡风险逐步降低，重点人群健康状况显著改善，主要健康指标居于中高收入国家前列；到2030年，促进全民健康的制度体系更加完善，健康领域发展更加协调，全民健康素养水平大幅提升，健康生活方式得到普及，居民主要健康影响因素得到有效控制，因重大慢性病导致的过早死亡率明显降低，人均健康预期寿命得到较大提高，健康公平基本实现，健康产业繁荣发展，居民主要健康指标水平进入高收入国家行列。

第二节　实施健康中国战略的主要任务

人民健康是经济社会发展的前提条件，是促进人的全面发展的必然要求，也是社会文明进步的重要基础。有鉴于此，习近平总书记指出："如果人民健康水平低下，如果群众患病得不到及时救助，如果疾病控制不力、传染病流行，不仅人民生活水平和质量会受到重大影响,而且社会会付出沉重代价。"①因而我们党和政府大力实施健康中国战略,这不仅是国家富强和民族振兴的重要标志,是顺应全国各族人民的共同愿望,也是我们党和政府的一项重要战略任务。

一、全方位干预健康影响因素

每个人都是自己健康的第一责任人,并且对家庭和社会都负有健康责任,因而普及健康知识、提高全民健康素养水平,是提高全体人民健康水平最根本、最经济、最有效的措施之一,要让健康知识行为和技能成为全民普遍具备的素质和能力。有鉴于此,党和政府以及职能部门应采取切实有效的措施,加大健康知识的宣传和普及力度,并切实转化为人民的自觉行动。诸如面向个人、家庭和社会普及疾病预防、早期发现、及早诊断、紧急救援、及时就医和合理用药等维护健康的知识与技能,切忌被社会上有违健康的言行迷惑,造成严重后果。各级政府和有关医疗卫生职能部门应进一步加大健康科学知识普及专家库的建设,并根据当地实际不断充实和完善资源库的健康资源,还应因地制宜建立健全健康科普知识的搜集、整理、发布和传播体制机制,使其作用和效能最大化。医疗卫生机构和医务人员是健康普及知识的最大宣传和传播群体,不仅要努力提高自身的医疗技术水平,还要有强烈的使命感和责任心,因而应强化他们开展健康促进与教育的激励约束机制。各级新闻媒体诸如报纸、杂志、广播和电视台等在开展健康知

---

① 《习近平关于社会主义社会建设论述摘编》,中央文献出版社2017年版,第100页。

识普及行动中发挥着不可替代的作用，应加大对这些新闻媒体的投入，鼓励其广泛开展各种优质健康科普节目，全面提高城乡居民健康素质和水平。

合理的膳食是健康的基础，也是人们避免患病的有效保障。鉴于近年来由于不合理的膳食引发的疾病高发频发，各级卫生行政部门及相关机构强调要实施合理膳食行动，关键是要大力推动普及"食物多样、营养安全、吃动平衡"的合理膳食理念，促使科学膳食理念深入人心并逐渐转化为人民群众的健康生活方式。针对一般人群、特定人群和家庭，聚焦食堂和餐厅等饮食服务场所，要加强营养和膳食指导，诸如积极引导营养健康食堂、营养健康餐厅、营养健康学校等试点示范创建，充分发挥其辐射带动作用。各级营养健康机构要研究和完善盐、油和糖等包装标准，修订预包装食品营养标签通则，推进食品营养标准体系建设，鼓励全体社会成员合理参与减盐、减油和减糖等行动。加快实施贫困地区重点人群营养干预计划，诸如继续推进实施农村义务教育学生营养改善计划和贫困地区儿童营养改善项目，逐步覆盖所有国家扶贫开发工作重点县和集中连片特困地区县。鼓励贫困地区学校结合本地资源、因地制宜开展合理配餐，进一步改善学生在校就餐条件，并持续开展贫困地区学生营养健康状况和食品安全风险监测与评估。针对贫困地区人群营养状况，制定完善营养健康政策和标准，建立健全协同推进工作机制，动员社会力量广泛参与，对营养干预产品开展监测，定期评估改善效果，现各项保障合理膳食行动落地见效，诸如成人肥胖增长率持续减缓和儿童生长迟缓率降低等。

生命在于运动，运动需要科学。全民健身关系到人民群众身体健康和生活幸福，是综合国力和社会文明进步的重要标志，是社会主义精神文明建设的基本内容之一。有鉴于此，我们党和政府及相关体育职能部门多年来深入开展全民健身宣传教育，大力推进全民体育健身运动，切实加强青少年体育工作，大力发展城市社区体育，加快发展农村体育，广泛开展职工体育活动，积极发展少数民族传统体育，全面发展老年人体育，大力推广残疾人体育活动，继续推行体育锻炼标准，办好群众性体育活动等，取得了显著成效。诸如城乡居民体育健身意识进一步增强，参加体育锻炼人数显著增加，人民身体素质明显提高，体育健身设施更加完善，覆盖城乡的全民健身服务体系基本形成。

我们党和政府在取得以上成就的基础上还制定了比较详细的全民健身计划，其主要内容就是坚持体育事业公益性，逐步完善符合国情、比较完整、覆盖城乡和可持续的全民健身公共服务体系，保障公民参加体育健身活动的合法权益，促进全民健身与竞技体育协调发展，扩大竞技体育群众基础，丰富人民群众精神文化生活，形成健康文明的生活方式，提高全民族身体素质、健康水平和生活质量，促进人的全面发展，促进社会和谐和文明进步，努力奠定建设体育强国的坚实基础和提高人民群众的身心健康水平。各级政府为了实现这个计划还采取了切实有效的措施，诸如加大各级财政对全民健身事业的投入，鼓励社会兴办全民健身事业，有计划地建设公共体育健身设施，提高各类体育设施利用率，支持基层体育组织建设，加强社会体育指导员队伍建设，广泛开展全民健身志愿服务活动，扶持发展全民健身服务业，做好信息、科研和法制建设工作等。以上措施的采取必将促进我国更广泛地开展群众性的体育活动，增强人民体质，推动全面建成小康社会奋斗目标的顺利实现。

吸烟严重危害人民健康，这是我们大家都普遍知道的道理，因而各级政府和相关职能部门要采取控烟行动。我们要推动个人和家庭充分了解吸烟和二手烟暴露的严重危害，建议不吸烟者不去尝试吸烟，引导吸烟者尽早戒烟，提倡科学戒烟，不在禁止吸烟场所吸烟。鼓励领导干部、医务人员和教师发挥控烟引领作用，诸如领导干部应根据中共中央办公厅和国务院办公厅关于领导干部带头在公共场所禁烟有关事项的通知要求起表率作用，参加公务活动不吸烟、不敬烟和不劝烟，把各级党政机关建设成无烟机关；医务人员不得在工作时间吸烟，并要劝导和帮助患者戒烟；教师要将控烟相关知识纳入中小学健康教育课程，不在学生面前吸烟，提倡无烟文化，提高社会文明程度。

政府和相关职能部门要推动全面无烟立法工作，推进无烟党政机关建设，开展控烟宣传教育，加大烟草广告监督执法力度，特别是要研究利用税收、价格调节以及完善卷烟包装烟草危害警示内容和形式等多种行之有效的手段，充分提高控烟成效，使全面无烟法规保护的人口比例大幅度上升。

健康不仅是指体魄健康，而且还包括心理健康，因而健康卫生部门应实施心理健康促进行动。各级卫生健康部门和心理调节机构应通过心理健康教育、咨询、治疗和危机干预等方式，引导公众特别是有心理疾病者科学缓解所面临的压力，正确认识和应对常见精神障碍及心理行为问题。加强心理健康人才培养的力度，健全社会心理服务网络平台，为有心理疾病者提供更加便捷的服务。建立健全精神卫生综合管理体制机制，完善公立医院、私立医院和社区等精神障碍康复服务体系，大力提升居民心理健康素养水平，最大限度地减缓心理相关疾病发生率上升的趋势。

良好的环境是健康的重要保障，影响健康的环境因素不仅包括物理、化学和生物等自然环境因素，还包括社会环境因素。环境污染已成为不容忽视的危害健康的重要因素，与环境污染相关的心血管疾病、呼吸系统疾病和恶性肿瘤等问题日益突出，目前最为常见的给人民群众造成伤害的形式主要有道路交通事故伤害、跌倒、溺水和中毒等。因而各级政府及相关环保部门需要继续发挥爱国卫生运动的组织优势，实施健康环境促进行动，向公众、家庭、单位或企业等普及环境与健康相关的防护和应对知识，推进大气、水和土壤污染防治，把健康融入城乡规划、建设和治理的全过程，建立国家环境与健康的调查、监测和风险评估制度，推进健康城市和健康村镇建设，打造包括居民饮用水水质达标情况在内的健康环境。

二、维护全生命周期健康

鉴于保障妇女和婴幼儿身心健康是实施健康中国战略目标的重要内容，各级政府和卫生健康部门要全面贯彻落实国家母婴保健法、人口与计划生育法和妇女儿童发展规划等法律法规，实施妇幼健康促进行动。要坚持为人民健康服务方向和儿童优先、母亲安全的宗旨以及妇幼卫生工作方针，提高妇幼健康服务与管理水平，以满足广大妇女儿童日益增长的健康需求。

各级政府和卫生健康部门要高度重视妇幼保健工作，应将其纳入当地经济社会发展规划的重要内容，依据妇幼健康目标管理，具体制定妇幼健康事业发展规划并建立健全协调工作机制组织有效实施，并对孕产妇死亡率、婴儿死亡率、儿童死亡率、避孕节育服务有效率和出生缺陷防治措施落实率等妇幼健康核心指标进行责任考核，还要落实妇幼健康服务各项工作经费，确保各项任务顺利完成。坚持以保健为中心，以保障生殖健康为目的，保健与临床相结合，面向群体、面向基层和预防为主的妇幼卫生服务工作方针，切实为妇女儿童提供生理和心理等方面连续的医疗保健服务与健康管理。加强妇女和婴幼儿服务体系建设，诸如加强医疗护理专业技术人才特别是助产士等紧缺人才的培养和队伍建设，保障业务用房充足，科学配置基本医疗设备，规范内部科室设置，逐步加强妇幼保健重点专科建设。按照妇幼保健服务的相关要求，不断完善妇幼健康服务相关管理制度、工作规范、技术标准和操作流程等，建立健全监督和评价规章制度，各级业务部门还要对制度落实情况进行定期巡查。各级医疗卫生部门应以医疗机构从业人员行为规范为指导，深入开展医务人员职业道德和纪法教育，弘扬良好职业道德、服务意识和奉献精神，为妇女儿童提供人性化服务和人文关怀，努力提升医德医风水平。全面推行妇幼健康服务机构业务公开制度，诸如通过设置意见箱、开通热线电话和网上信箱等多种行之有效的方式，畅通投诉举报渠道，主动接受社会各界监督，以不断改进工作。树立妇幼保健工作先进典型，特别是要加大对那些长期扎根基层、少数民族地区和贫困边远地区的广大妇幼健康工作者的先进事迹，对他们爱岗敬业、勤奋工作和无私奉献精神的宣传报道力度，传播社会正能量。

　　人民身心健康是实现人的全面发展的重要内容，中小学生处于成长发育的关键阶段，其健康水平的提高是全民族健康发展的重要基础，尤其是他们不仅关系到千家万户的幸福，更涉及国家和民族未来的发展。因而改善中小学生的健康状况，大力提高学校卫生和健康工作水平，增强中小学生健康体魄，力争达到每个学生都健康的目标，不仅是新时代学校全面发展的需要，也是广大中小学生提高健康素质的内在要求。

有鉴于此，各级教育行政部门要以学校健康发展相关方针为指导思想，以改善学生学习环境、增强其体质和健康素养为目标，以开展各种形式的体育健康活动为载体，以干预和控制影响学生健康的不利因素、倡导文明健康生活方式为重点，实施中小学健康促进行动，着力改善学校环境、提高卫生与健康水平，为学生提供一个安全、健康、和谐的环境，实现学生德智体美劳各方面全面发展。各级教育行政部门、学校、家庭和社会力量等要共同参与维护中小学生身心健康行动，诸如营造健康环境、提供健康饮食、培养健康生活、普及健康知识、加强健康锻炼、培养健康心理和建立健康保障等，还要积极引导学生从小养成健康生活习惯，加强体育锻炼以增强体质，并有效预防近视和肥胖等各种疾病。中小学校应加强体育师资力量建设，切实按照教育部和各级教育行政部门的有关规定并结合本校实际，开齐开足体育与健康课程，把学生体质健康状况纳入对学校的绩效考核，还要结合学生的年龄特点，以多种行之有效的方式对学生健康知识进行考试考查，将体育纳入高中学业水平测试。到2022年和2030年，国家学生体质健康标准达标优良率分别达到50%及以上和60%及以上，并实现全国儿童青少年总体近视率力争每年降低0.5个百分点以上，且新发近视率明显下降的目标。各级教育行政部门要建立健全督查中小学体育健康教育的体制机制，定期对所辖区域内的学校体育健康教育情况进行巡查评估，并把巡查结果作为评价学校全面发展的重要内容。

中国目前是世界上劳动人口最多的国家，工作场所接触到的各类危害因素所引发的职业健康问题呈上升趋势，职业病防治形势严峻且复杂，并且新的职业健康危害因素也不断出现，疾病和工作压力导致的生理、心理等问题已成为亟待应对的职业健康新挑战。有鉴于此，实施职业健康保护行动，强化政府监管职责，督促用人单位落实主体责任，提升职业健康工作水平，有效预防和控制职业病危害，切实保障劳动者职业健康权益，对维护全体劳动者身体健康、促进经济社会持续健康发展至关重要。

我国现在正处在工业化和城镇化的快速发展阶段，前几十年粗放型经济发展所积累的职业病问题集中显现出来，职业健康工作面临诸多新问题和新挑战。诸如职业病报告病例数居高不下，存在职业病危害的企业和受害人数增多等。甚至由于职业健康检查覆盖率低和用工制度不完善等原因，实际发病人数远高于报告病例数。随着我国经济转型升级的加快，新技术、新材料和新工艺等广泛应用，新的职业、工种和劳动方式也不断随之产生，致使产生职业病的因素更为多样和复杂，同时传统的职业病危害还未得到根本控制，社会心理因素和不良工效因素所引起的精神疾病和肌肉骨骼损伤等相关疾病问题日益突出，职业健康工作面临诸多压力。

我们党和政府历来高度重视职业病防治工作，着力实施的职业健康保护行动就是党中央和国务院加强职业病防治工作，切实保障劳动者健康权益的又一重大战略决策。主要包括劳动者个人、用人单位和政府三个方面的内容：劳动者个人要倡导职业健康工作方式，树立职业健康意识，强化职业病防治法律意识，加强劳动过程防护，严格按照操作规程进行作业，自觉和正确地佩戴个人防护用品，提升急性职业病危害事故的应急处置能力，长时间伏案低头工作或长期前倾坐姿人员、教师、交通警察、医生、护士和驾驶员等特殊职业人群的自我健康保护意识也要加强等。用人单位要为劳动者提供卫生、环保、舒适和人性化的工作环境，建立健全各项职业健康制度，加强建设项目职业病防护设施管理，优先采用有利于防治职业病和保护劳动者健康的新技术、新工艺、新设备和新材料，加强职业病危害项目申报、日常监测和定期检测与评价，要在醒目位置设置警示标识和中文警示说明，建立健全职业病防治和健康管理责任制以及职业健康监护制度，规范劳动用工管理等。政府要不断修订和完善职业健康法律法规、标准和规章，研发和推广有利于职业健康的新技术、新工艺、新设备和新材料，加大职业健康技术支撑体系，加强职业健康督查体制机制建设，优化职业病诊断程序、服务以及加大保障力度，健全信息管理机制和加强信息化建设，组织开展健康企业创建活动，积极研究将工作压力和肌肉骨骼疾病等新职业病危害纳入保护范围，积极营造职业健康文化等。

老年人健康是健康中国的重要组成部分，老年人健康快乐是社会文明进步的重要标志。因而各级政府和医疗卫生部门要面向老年人普及膳食营养、体育锻炼、定期体检、健康管理、心理健康以及合理用药等知识，建立健全老年健康服务体系和体制机制，不断完善居家和社区养老政策，着力推进医养结合，努力探索长期护理保险制度，竭力打造老年宜居环境，切实实现健康老龄化，最大限度地降低老年患病率。

三、有效防控重大疾病

重大疾病防治工作关系到群众的生命安全和健康福祉，是实施健康中国战略的重要组成部分，因而各级党委政府和医疗健康职能部门要扎实做好重大疾病防控工作，筑牢人民群众健康的防护屏障，把中共中央和国务院推进健康中国战略的一系列举措落到实处。

随着社会工业化、城镇化、信息化、人口老龄化的发展以及生态环境和人们生活方式发生的变化,所产生的慢性非传染性疾病诸如心脑血管疾病、癌症、慢性呼吸系统疾病和糖尿病等,已经成为我国城镇居民主要死亡原因和疾病负担,这些重大疾病所导致的死亡率占全国人口总死亡率的八成以上,导致的疾病负担占患者总疾病负担的七成以上,可以说是普遍影响我国居民健康生活的主要疾病,从而成为制约我国人民健康预期寿命提高的重要因素。与此同时,肝炎、结核病、艾滋病和新冠疫情等重大传染性疾病与慢性非传染性疾病相互交织,给国家的防控形势带来了严峻挑战,再加上地方病、寄生虫病等流行性疾病仍然严重威胁部分地区居民的健康。有鉴于此,个人、社会、政府应当携起手来采取共同行动,有效防治这些影响人们身心健康的重大疾病,确保健康中国发展目标的顺利实现。

上文所述的诸如健康知识普及行动、合理膳食行动、全民健身行动、控烟行动、心理健康促进行动和健康环境促进行动等,对于防控各种重大疾病都是行之有效的,从而要求我们在日常生活中继续完善这些行动。我们所提到的心脑血管疾病、癌症、慢性呼吸系统疾病和糖尿病这四大类慢性非传染性疾病,是国际公认的威胁居民健康的最主要的疾病种类。联合国在2030年可持续发展议程中把降低这四类重大慢性病导致的过早死亡率作为重要的发展目标,我国健康中国规划纲要也将这个目标纳入健康中国建设的主要指标。

虽然心脑血管疾病、癌症、慢性呼吸系统疾病、糖尿病这四类重大慢性病的表现特点不完全相同,但是防治的基本原则和重点环节是一致的。对于我们每个人而言,保持健康的生活方式，是有效阻止慢性病发病的重要基础，已为中外医学实践经验所证明。

个人不健康的生活方式不仅是导致慢性病高发频发的主要原因，也是管理这类病患者效果不好的重要决定因素。诸如无规律和不健康的生活饮食、身体活动量不足所导致的超重肥胖是产生高血压和糖尿病的主要危险因素，长期吸烟与肺癌和慢阻肺发生是密切相关的，同时吸烟还是脑卒中复发的重要危险因素，过量饮酒或酗酒导致心脑血管疾病和肝癌的情形并不少见，不健康饮食是血压和血糖控制率低的主要原因等。因而在防治以上四大慢性疾病的行动中，我们个人所能做到的就是倡导并践行大众健康生活方式，切实强调个人是自己健康的第一责任人。这就要求普通民众在日常生活中积极主动地学习健康知识，牢固树立健康理念，养成良好的健康习惯，最大限度地从根本上预防慢性病的发生。如若患病，各方应有效提高患者的生活质量。

国内外大量医学实践经验证明，慢性病能否有效诊治与发现的早晚密切相关，发现越早，干预越早，治疗管理的效果也就越好，因而早发现和早干预是有效治疗慢性病的关键。既然我们意识到了严重疾病早发现和早干预的重要性，我们就要养成对身体进行定期检查的习惯，一旦发现有某种疾病的征兆，就应立即在医生的指导下采取有效措施加以干预。国家卫生行政部门对血压、血脂、血糖检测，以及肺功能检查、防癌体检规定了倡导性的指标，并对重点人群和检查频率都进行了具体的明确。诸如心脑血管疾病防治行动强调个人应该清晰知道自己的血压，关注并定期进行血脂检测，医疗卫生机构也应全面实施35岁以上人群首诊测血压制度，努力扩大心脑血管疾病高危人群筛查干预覆盖面。癌症防治行动要求个人要定期进行防癌体检，密切关注自身是否有癌症危险信号，政府和医疗机构应当推进癌症筛查和早诊早治工作，尽量提高筛查覆盖率。慢性呼吸系统疾病防治行动要求个人应该关注疾病的早期症状，如定期到医院接受肺功能检测，医疗卫生机构也要加大宣传力度，特别是推行高危人群首诊测量肺功能，并将肺功能检查纳入40岁及以上人群的常规体检内容。糖尿病防治行动要求个人应当关注自身血糖水平，这就需要他们定期检测血糖，政府和医疗机构也要促进基层糖尿病筛查标准化和普及化。

中外医学实践证明，慢性病患者病程漫长，一旦得病基本上就是终身伴随，因而规范健康管理就显得尤其重要，甚至是重中之重。科学规范管理慢性病患者，不仅可以平稳控制患者的病情，还能够有效减少综合并发症的发生，使慢性病患者像健康人一样享受生活，充分提高患者生活质量。以上四大慢性疾病防治行动都着重突出了加强健康管理的重要性，诸如心脑血管疾病防治行动强调了高血压、高血糖和高血脂的共同管理，同时还要倡导自我健康管理；癌症防治行动要求个人应接受规范治疗，重视康复治疗，积极处理该病所引起的疼痛。各级医疗卫生机构要对患者的康复进行精心指导，帮助患者对疼痛进行有效管理、长期护理以及营养和心理支持等，充分提高患者的生存质量。

基层医疗机构对于保障人民的健康具有不可替代的作用，尤其慢性病的筛查和管理主要依靠基层医护人员，因而提升基层医疗机构能力是对慢性疾病进行有效管理的基本保障。防治四大慢性疾病行动都对加强基层慢性病防治服务能力提出了要求。诸如心脑血管疾病防治行动提出要增加高血压检验的设备和场所，这就要求乡镇卫生院和社区卫生服务中心等机构配备充分的血脂检测仪器及相关设备；癌症防治行动要求通过疑难病症诊治能力提升工程，加强中西部地区及基层医疗卫生机构的服务能力，切实提高癌症防治同质化水平；慢性呼吸系统疾病防治行动要求各地政府和医疗相关部门为乡镇卫生院和社区卫生服务中心配备肺功能检查仪等设备，还要做好基层专业医护人员培训，大力提升对基层慢性呼吸系统疾病进行防治的能力和水平；糖尿病防治行动要求提高医务人员及时对糖尿病及并发症的早期发现、规范化诊疗和治疗能力。

我们以上提到的四类慢性疾病的防治行动既有共性，也有各自表现出的不同特点，要求我们采取不同的措施进行有效应对。鉴于心梗和脑卒中等心脑血管疾病急性发作后能否及时救治直接关系到患者愈后的行为能力，因而我们在心脑血管疾病防治行动中既要强调关注心脑血管疾病患者入院前的紧急救治，认真开展群众性的应急救治培训，完善公共场所急救设施建设，又要加强医院胸痛中心和卒中中心的建设，尽力实现院前急救与院内急救的互联互通和有效衔接，切实提高救治效率。癌症防治行动既要求早诊断、早治疗，也强调了疾病的规范化诊疗、新技术应用和药物的可及性等方法对治疗这种疾病的有效性。慢性呼吸系统疾病防治强调要减少烟草暴露，尽量避免与有毒有害气体和化学物质接触，减少生物燃料燃烧所致的室内空气污染和大量油烟刺激，如若室外空气污染严重时要减少外出或戴口罩进行防护。糖尿病所引起的并发症是导致大多数糖尿病患者致残或过早死亡的主要因素，因而我们在防治这类疾病的行动中，要有效加强糖尿病并发症的筛查和早期干预，切实采取措施延缓并发症的进展，最大限度地降低致残率和致死率。

传染病诸如艾滋病、病毒性肝炎、结核病和新冠肺炎等的防控不仅事关人民群众的生命安全，而且关系到经济社会发展大局，因而越来越成为党和政府所关注的重大安全问题之一。中外医疗实践证明，传染病防控不仅要依靠各级政府坚强有力的干预，也需要专业机构和医疗卫生工作者付出不懈努力，还需要人民群众广泛而积极的配合。有鉴于此，党和政府对个人、家庭和社会提出倡议，要牢固树立个人是健康第一责任人的意识，养成勤洗手和勤通风等良好的卫生习惯，讲究个人卫生、有效预防疾病，营造群防群控的社会氛围，真正实现人民健康的共建共享。

第三节　实施健康中国战略的重要举措

中共十九大报告已对实施健康中国战略作出了全面部署，全党要深入贯彻党的十九大精神，以习近平新时代中国特色社会主义思想为指导，按照习近平总书记所指出的"深化医药卫生体制改革，全面建立中国特色基本医疗卫生制度、医疗保障制度和优质高效的医疗卫生服务体系，健全现代医院管理制度"[①]，并切实采取针对性更强、覆盖面更大、作用更直接和效果更明显的举措，确保实施健康中国战略落到实处。

一、深化医药卫生体制改革

中共十八大以来，我国医药卫生体制改革坚持新时代党的卫生与健康工作方针，就是以基层为重点，以改革创新为动力，预防为主，中西医结合，把健康融入所有政策，人民共建

---

① 《十九大以来重要文献选编》（上），中央文献出版社2019年版，第34页。

共享，突出问题导向和顶层设计，抓住人民群众最关心最直接最现实的健康问题，既量力而为又量力而行，从而推动医疗卫生领域的改革向纵深发展。

全面推进公立医院综合改革，要毫不动摇地坚持医疗卫生事业的公益属性，不能走全盘市场化和商业化的老路子。深化医院编制人事制度改革，建立符合医疗行业特点的人事薪酬制度，这是推进公立医院改革的重中之重。公立医院要合理确定编制总量，不断创新公立医院机构编制管理方式，逐步实行编制备案制，建立动态调整机制。

科学制定符合医疗卫生行业特点的薪酬改革方案，合理确定医务人员薪酬标准，诸如完善绩效工资制度，重点向临床一线、业务骨干、关键岗位以及支援基层和有突出贡献的人员倾斜，既做到多劳多得又合理拉开收入差距。应进一步强化医务人员综合绩效考核，突出岗位工作量、服务质量、行为规范、技术能力、医德医风和患者满意度等，并将考核结果与医务人员的岗位聘用、职称晋升和个人薪酬等挂钩，特别是要严禁给医务人员设定创收指标，医院的药品、耗材和大型医学检查等业务收入不得与医护人员个人薪酬挂钩。

改革和完善公立医院管理体制机制，诸如建立高效的政府办医体制，切实实行政事分开，合理界定政府作为出资人的监督职责和公立医院作为事业单位的自主运营管理权限，还要积极探索公立医院管办分开的多种有效实现形式；逐步完善公立医院法人治理结构和治理机制，充分落实公立医院人事管理、内部分配和运营管理等自主权；建立以公益性为导向的考核评价机制，并健全激励约束机制。

公立医院要实行内部管理精细化，落实三级公立医院总会计师制度，加强财务会计管理，强化成本核算与控制，鼓励医疗机构和医师个人购买医疗责任保险等医疗执业保险，构建和谐医患关系。完善多方监管机制，强化卫生健康行政部门和中医药管理部门医疗服务监管职能，充分发挥医疗卫生行业协会和学会等社会组织的作用，发挥人大、监察、审计机关以及社会层面的监督作用。

建立健全公立医院运行新机制。诸如推进医药分开，积极探索行之有效的方式改革以药补医体制，取消药品价格加成做法，并将公立医院补偿设为服务收费和政府补助两个渠道，有效切断医院和医务人员与药品之间的利益联系，医药费用的增长应控制在一定的范围之内；药品价格监管方式要深入改革，尽量减少药品和医用耗材流通环节，严格规范流通经营和企业自主定价行为，按照有利于破除以药补医机制、降低药品虚高价格、预防和遏制腐败行为以及推动药品生产流通企业整合重组的原则，并在省级药品集中采购平台上自行采购；进一步理顺医疗服务价格，应在保证公立医院良性运行、医保基金可承受和群众整体负担不增加的基础上，制定出台公立医院医疗服务价格体系。

要按照国家建立分级诊疗制度的政策要求，加快推动建立分级诊疗制度，科学构建分级诊疗服务模式，积极探索在试点城市构建基层首诊、双向转诊、急慢分治和上下联动的分级诊疗模式，促进优质医疗资源下沉到基层，并不断完善与分级诊疗相适应的医保政策，适当拉开不同级别医疗机构的起付线和支付比例差距，对符合规定的转诊住院患者可以连续计算起付线等。

国家已建立和实施的基本药物制度，对于健全药品供应保障体系、保障群众基本用药和减轻患者用药负担等方面发挥了重要作用。但随着医药卫生体制改革的深入，国家基本药物制度的许多问题逐步暴露出来,诸如存在不完全适应临床基本用药需求、缺乏使用激励机制、仿制品种与原研品种质量疗效存在差距和保障供应机制不健全等问题,迫切需要我们采取切实有效的措施加以解决。

有鉴于此,各级医疗机构应坚持以人民健康为中心,按照国家基本药物突出基本、防治必需、保障供应、优先使用、保证质量和降低负担的功能定位,大力推进药品供应保障体系建设,着重保障药品安全有效、价格合理和供应充分,切实缓解看病贵的问题,更好促进上下级医疗机构用药衔接,加强分级诊疗制度建设,推动医药产业转型升级和供给侧结构性改革。

要采取切实有效的措施从基本药物的遴选、生产、流通、使用、支付和监测等环节下功夫,坚持对基本药物目录进行定期评估,根据结果实施动态调整,特别是突出药品的临床价值,坚持中西药并重,着重满足常见病、慢性病和应急抢救等主要临床用药需求,兼顾妇女儿童等特殊人群和公共卫生防治用药需求。坚持集中采购的发展方向,落实具体药品的分类采购,切实保障药品的生产供应,但对于容易短缺的基本药物,则应通过市场运作合理确定采购价格、定点生产、统一配送或采取纳入储备等措施保证供应。坚持基本药物的主导地位,科学确定公立医疗机构基本药物使用比例,并组织实施临床使用监测,以便开展药品临床综合评价。加大医保支付方式改革的力度,合理制定药品医保支付标准,积极引导合理诊疗和合理用药等。千方百计降低群众的药费负担,按程序优先将基本药物纳入医保目录范围,逐步提高实际保障水平,并鼓励各地积极探索降低患者负担的有效方式,最大限度减少患者药费支出。各级医疗监管部门应对基本药物实施全品种覆盖抽检,加强对基本药物生产环节的监督检查，提升药品质量安全水平，并对通过一致性评价的药品品种，按程序优先纳入基本药物目录，同时逐步将未通过一致性评价的基本药物品种调出目录范围。

各级党委和政府要积极鼓励社会力量兴办健康服务业，加快形成多元化的办医格局主体，也是深化医药卫生体制改革的重要内容。相关职能部门应进一步扩大健康服务相关支撑产业规模，不断优化健康服务业发展环境，并对非营利性和营利性医疗机构进行分类管理，同时建立健全相关制度。要采取切实有效的政策措施，督促各地落实在市场准入、社会保险定点、重点专科建设、职称评定、学术地位和医院评审等方面对所有医疗机构同等对待的政策措施。

深化医师执业注册制度改革，不断完善医师多点执业政策，并且医疗资源规划调控方式也要进一步规范，以加快社会办医事业发展。公立医院根据国家政策有关规定和需求，可与社会力量相互合作举办新的非营利性医疗机构，大力支持社会办医疗机构与公立医院加强合作，共享人才、技术和品牌等资源。公立医院特需服务规模应适当控制，所提供特需服务的比例应有规定。

积极探索个人、企业和社会组织等举办营利性医院的综合评价机制，鼓励社会力量加强对于满足人民群众多元化需求的服务领域的投入，着力引导财政金融机构加大健康产业投入的力度，努力探索无形资产和收益权抵押贷款业务，鼓励发展各种形式的健康消费信贷。支持符合条件的企业和市场主体利用资本市场对社会办医进行直接融资、发行债券和开展并购，鼓励和引导风险投资。商业健康保险资金应发挥长期投资的优势，引导商业保险机构以出资参与或新建等方式兴办医疗、养老和健康体检等健康服务机构。

　　大力促进医疗与养老事业有机融合，促进健康养老产业发展，诸如支持基层医疗卫生机构为老年人家庭提供签约或上门医疗服务，不断完善医疗卫生机构和养老机构的合作体制机制，鼓励养老机构开办康复护理、老年病和临终关怀等多种形式的服务，同时要支持社会力量兴办医养结合机构。进一步加大医疗与旅游事业融合的力度，不断完善准入、运营、评价和监管等相关配套政策，积极探索健康旅游产业发展的新路子。各级医疗卫生职能部门应督促医疗机构更多地开设为老年人提供挂号和就医等便利服务的绿色通道，争取半数以上的养老机构能够以不同形式为入住老年人提供多种医疗卫生服务。各级政府和医疗卫生职能部门应充分考虑为社会办医院预留规划空间，同步预留诊疗科目设置和大型医用设备配置空间，建立健全符合国情的医养结合体制机制和政策法规体系，督促所有医疗机构开设为老年人提供挂号和就医等便利服务的绿色通道，所有养老机构能够以不同形式为入住老年人提供医疗卫生服务。

　　各级政府和相关职能部门要建立专业公共卫生机构与医疗机构、基层医疗卫生机构及社会办医机构的分工协作机制，健全基本公共卫生服务项目和重大公共卫生服务项目遴选机制，进一步完善基本公共卫生服务逐步均等化机制，推进公共卫生服务体系建设。社会办医机构应同公立医院一样广泛推进居民健康卡和社会保障卡等应用集成，激活人民群众电子健康档案应用，推动预防、治疗、康复和健康管理等一体化的电子健康服务，并加快升级改造卫生应急平台体系，提升突发公共卫生事件早期发现能力。

二、健全全民医疗保障和服务体系

国家和各级政府应根据经济社会发展水平和人民群众的承受能力，健全基本医疗保险制度，加快建立医疗保险资金筹措和报销比例动态调整体制机制，不断完善医疗保障缴费参保政策，确保基本医疗保险制度运行平稳和保障的可持续发展。城乡居民大病保险制度要全面实施，大病保险资金筹措机制也应进一步完善并强化监督管理，以提高大病保险保障水平和规范大病保险承办服务。重特大疾病救助和应急救助制度也要健全，并使之与医保制度共同发挥托底保障功能，以有效防止家庭灾难性医疗支出情况的发生。医保管理和支付方式要进一步改革，积极推行以按病种付费为主，按人头、按服务单元和总额预付等复合型付费方式为辅，逐步减少按项目付费，并尝试推行按疾病诊断组付费方式。临床路径的选择应综合考虑医疗服务质量安全和基本医疗需求等因素，切实加强对临床路径的管理。各类医疗保险经办机构和定点医疗机构之间应建立公开、平等的谈判协商和风险分担机制，以便充分发挥医疗保险对医疗服务行为和费用的调控引导与监督制约作用。城乡居民医保政策和经办管理应有机整合起来，诸如整合统一覆盖范围、筹资措施、保障待遇、医保目录、定点管理和资金管理等方面的基本制度政策；进一步理顺管理体制，鼓励和支持整合经办机构，不断完善管理运行机制，改进服务方式和管理办法，简化经办流程，提高管理效能和服务水平；提升服务质量，逐步提高城乡居民医保的统筹层次，健全信息平台和支付方式，并要积极推进异地就医即时结算制度建设，方便广大人民群众就近就医。各级政府和经办保险的相关职能部门应积极发展商业健康保险等新的保险种类，把市场机制作用和商业保险的专业化优势有机结合起来，充分扩大健康保险产品对社会的供给，进一步丰富健康保险服务，促进商业健康保险在深化医药卫生体制改革、发展健康服务业和推动经济转型升级中发挥重要作用。截至 2020 年底我国已基本建立市场体系完备、产品形态丰富和经营诚信规范的现代商业健康保险服务业，同时积极采取措施应对人口老龄化发展趋势，探索长期护理保险业务，并相机开展长期护理保险试点工作。

我们党和政府历来高度重视人民的健康问题，采取了一系列行之有效的措施使医疗卫生事业取得了长足的进展，目前已经建立起了由医院、基层医疗卫生机构和专业公共卫生机构等组成的覆盖城乡的基本医疗卫生服务体系，人民群众的医疗卫生健康水平得到了显著的改善。但是我国医疗卫生资源总量不足、质量不高、结构和布局不尽合理、服务体系不系统和部分公立医院单体规模不合理扩张等问题依然十分突出。有鉴于此，国务院为了完善居民基本医疗服务体系，组织和实施了全国医疗卫生服务体系规划纲要，其主要内容是：

各级政府和相关职能部门要进一步优化医疗机构布局，加大医疗机构功能整合和服务方式创新的力度，有效掌控公立医院的规模，优化医疗卫生资源配置，推动结构布局更加合理，并加强专业公共卫生机构、基层医疗卫生机构和医院之间的分工协作，建立健全上下联动、有序衔接、优势互补和运转有效的医疗服务体系。基层医疗服务模式要进一步完善，大力推进全科医护人员签约服务，积极引导居民或家庭自愿与签约医护团队签订服务协议，并由签约医护团队负责提供约定的基本医疗、公共卫生和健康管理等方面的服务。各级政府和相关职能部门要根据实际规范签约服务收费，建立健全签约服务激励约束体制机制。

全面建立分级诊疗制度，是合理配置医疗资源和促进基本医疗卫生服务均等化的重要举措，是深化医药卫生体制改革和建立中国特色基本医疗卫生制度的重要内容，有利于促进医药卫生事业长远健康发展、提高人民健康水平和保障并改善民生等。各级政府和相关行政部门要以强基层为重点完善分级诊疗服务体系建设，明确各级各类医疗机构诊疗服务功能定位，加强基层医疗卫生人才队伍建设，大力提高基层医疗卫生服务能力，全面提升县级公立医院综合能力，整合推进区域医疗资源共享，加快推进医疗卫生信息化建设。建立健全分级诊疗保障体制机制，完善医疗资源合理配置机制，建立基层签约服务制度，推进医保支付制度改革，健全医疗服务价格形成机制，建立完善利益分配机制，构建医疗卫生机构分工协作机制。分级诊疗制度建设截至2020年底已达到这样一个目标：就是分级诊疗服务能力得到全面提升，保障机制逐步健全，布局合理、规模适当、层级优化、职责明晰、功能完善和富有效率的医疗服务体系基本构建，基层首诊、双向转诊、急慢分治和上下联动的分级诊疗模式逐步形成，基本建立符合我国国情的分级诊疗制度，更好地为人民群众提供健康服务，新的目标正在制定过程中。

加强医疗卫生队伍建设，是补齐医疗卫生公共服务体系短板和保障人民健康水平的重要手段。各级政府和相关职能部门要健全住院医师规范化培养制度，建立强大的住院医师队伍，到2020年底每千人中执业医师数量达到国家规定的一定比例，并通过基层在岗医师转岗培训、全科医生和妇幼科医生定向培养、提升基层在岗医师学历职称和专业人才引进等行之有效的措施，多途径、多渠道培养全科医生，逐步加大向全科医生规范化培养过渡的力度，按国家有关规定力争实现城乡每万名居民中有一定比例的全科医生。以上目标已经实现，新的措施已在制定过程中。各级医疗卫生机构还可通过推进医师多个地方执业，改善从业者的工作环境并提高薪酬待遇水平，促进医疗资源特别是医疗卫生人才向中西部地区和贫困地区倾斜、向基层和农村合理有序流动。

提高健康信息服务和大数据应用能力，有利于创新便民惠民服务手段和方式，有效提升城乡居民的健康获得感。各级政府和相关职能部门要大力加强网络信息化平台建设，建立健全区域内人口健康信息库，充分了解本地居民健康状况。电子健康档案具有便捷的功能，要大力推行电子健康档案建设，以充分实现电子健康档案和电子病历的有效衔接以及不同级别和不同类别医疗机构之间的医患信息共享，确保转诊信息渠道畅通。远程医疗服务是及时救治患者和完善健康服务的有效手段，各级政府和相关职能部门应大力加强远程服务平台建设，提高远程医疗服务能力和水平，利用信息化工具促进医疗资源合理有序配置，提高医疗卫生资源的利用率和人民群众对健康的满意度，还要进一步推动医疗大数据应用，努力实施"互联网+"健康医疗惠民服务，更好地满足人民日益增长的健康生活需求。

三、促进中医药传承与发展

中医药学是中华民族的伟大创造之一，是中国古代科学的重大发明，也是中华文明宝库的重要组成部分，不仅为中华民族的繁衍生息作出了巨大贡献，也对世界文明进步产生了积极影响。新中国成立以后特别是中共十八大以来，以习近平同志为核心的党中央高度重视中医药工作，采取一系列切实有效的措施，推动中医药改革发展取得了显著成绩。但我们也应该清醒地看到，中西医并重的方针还未全面贯彻落实，运用和发展中医药规律的治理体系亟须健全，中医药发展基础和人才建设还比较薄弱，中药材质量参差不齐，中医药传承不足、创新不够和作用发挥不充分等，迫切需要采取有效措施解决以上问题，切实把中医药这一先辈留给我们的宝贵遗产继承好、发展好和利用好。有鉴于此，我们应在如下方面作出努力：

各级政府和相关职能部门要加强中医药服务机构建设，健全中医药服务体系。诸如充分发挥中医药科学治疗和健康的优势，建成以国家中医医学中心和区域中医医疗中心为龙头，各级各类中医医疗机构和其他医疗机构中医科室为骨干，基层医疗卫生机构为基础，建立预防保健、疾病治疗和康复三位一体的中医药服务体系，提供覆盖全民和整个生命周期的中医药服务。中医医院的设立要遵循中医药发展的一般规律，各综合医院中医药科室的配备也要切合实际，积极探索中医医院和中医科室的评价和绩效考核机制，特别是要建立健全符合中医药特点的科学有效的医院管理制度。大力发展中医特色专科医院、中医门诊部和中医诊所，鼓励纵向或横向连锁经营。按国家医疗卫生职能部门的有关要求，制定和实施中医养生保健服务的标准，截至2022年底基本实现县级设立中医医疗机构全覆盖，力争实现城市全部社区卫生服务中心和乡镇卫生院合理设置中医馆舍和配备合适的中医医师。各类综合性的医科大学或专门性的中医药大学要扩大定向招收和培养农村学习中医专业学生的规模，还需要在全科医生特设岗位计划中积极招收中医医师，尝试实行中医药人员县管乡用等灵活使用方法，鼓励各级各类退休中医医师到基层提供服务，提高长期服务基层的中医医师的薪酬待遇并给予其职称职务晋升的便利条件。加大全科医生和乡村医生中医药知识和技能培训的力度，鼓励和支持中医医院带头组建医疗服务联合体，并且各级中医医院要加强对基层中医药服务的指导。依托现有资源建设国家和省级中医药数据中心，加快中医药信息化支撑服务体系建设，着力实施"互联网+"中医药健康服务行动，建立健全以中医电子病历和电子处方等为主要内容的基础数据库，支持依托医疗卫生健康部门发展互联网中医医院，开发开通中医信息化辅助诊疗系统，大力开展线上线下和远程医疗等综合服务。各级政府和相关职能部门要加快建立国家中医药综合统计制度，健全中医药信息监管系统，运用抽查抽检、定点监测和违法失信惩戒等多种有效手段，切实实现精准高效监管。

我国医疗卫生事业发展的实践证明，中医药在维护和促进人民健康方面发挥了独特作用，因而我们要进一步彰显中医药在疾病治疗中的优势。各级各类医疗机构要加大中医优势专科建设的力度，做优做强中医药对诸多专科专病的诊疗，并及时总结经验形成和完善诊疗方案，巩固扩大中医药诊疗的优势，带动中医药特色发展。加快中医药循证医学中心或医疗机构建设，用尽可能短的时间筛选多个中医治疗优势病种、适宜技术和疗效独特的中药品种，及时向社会医疗卫生机构发布。围绕长期困扰人们的重大疾病诸如癌症、心脑血管病、糖尿病、感染性疾病、老年痴呆和抗生素耐药等问题，组织专家开展中西医协同攻关，力争在较短时间内形成多个有效缓解甚至治愈以上严重疾病的中西医结合诊疗方案。综合医院和专科医院应建立健全中西医会诊制度，将中医纳入多学科会诊体系建设中，并健全有效的体制机制，更好地发挥中医药在新发突发传染病防治和公共卫生事件应急处理中的积极作用。结合健康中国行动的实施，促进中医保障人民群众健康工程升级，强化中医药在疾病预防中的作用。国家在基本公共卫生服务项目中要丰富中医治病内容，鼓励和支持家庭医生提供中医治病签约服务，并要大力宣传普及中医养生保健知识和太极拳、健身气功等养生保健方式，着力推广体现中医治病理念的健康工作和生活方式。大力促进中医药、中华传统体育与现代康复技术相互融合，实施中医药特色康复服务能力提升工程，充分发挥中国特色康复医学的作用。开拓更广阔的资源建设一批中医康复中心，加快形成比较完善的中医医院康复科室，并在其他医院也应相机推广中医康复技术，特别是要制定推广一批中医康复方案，推动研发一些中医康复器具，有效缓解或医治心脑血管病和糖尿病等严重慢性病和伤残等。普遍开展中医康复技术培训，推动中医康复服务进社区、进机构和进家庭等。

各级各类医科大学和有关院校要加强中医药人才队伍建设，改革中医药院校人才培养模式，调整优化学科专业结构，增加中医药专业课程的比重，适时开展中医药能力等级考试，并建立早期临床学习制度。各级政府和相关职能部门要加大建设中医药院校经费投入力度，并将中医课程列入临床医学类专业必修课，切实提高临床类别医师中医药知识和技能水平。中医医师规范化培训模式应进一步完善，不断加强中西医有效结合教育，切实提高中西医结合人才的质量和水平。鼓励西医专业的医护人员学习和钻研中医技术，支持临床类别医师通过严格考试考核后提供中医服务，也可参加中西医结合职称评定和职务晋升，还应允许中西医结合专业人员参加临床类别全科医生规范化学习和培训。通过中医药学科专业建设、重大科研平台搭建和重大项目发布等，进一步优化人才成长途径，努力培养造就一批高水平中医临床人才和多学科交叉的中医药创新型领军人才，并进而组建一些高层次创新团队。鼓励和支持中医药院校与其他高等学校医学院系联合培养高层次复合型中医药人才。建立健全中医药高级人才带领多层次的团队建设，业绩显著者可与职称评审和评优评先等挂钩，切实提高其待遇。制定和实施中医师承教育管理办法，经国务院中医药主管部门认可的师承教育继承人，符合条件者可按同等学力申请中医专业博士、硕士学位。与此同时，中药材种植、中药炮制和中医药健康服务等技术技能人才也应大力培养，进一步完善确有中医专长人员考核奖励办法，加大中医医护人员培训力度，鼓励和支持中医医院设置中医医护人员岗位，也要关注和促进民间特色技术疗法的传承发展。建立健全中医药人才评价激励机制，改革和完善中医药专业医护人员职称评聘制度，注重突出技术水平、业务能力和工作实绩，切实克服唯学历、唯资历和唯论文等倾向。国家重大人才工程和两院院士评选等应加大对中医药人才的选拔力度，并尝试和研究在中国工程院医药卫生学部设立中医药组。进一步完善公立中医医疗机构薪酬制度，研究建立中医药人才表彰奖励机制，加强国家中医药传承创新表彰力度，特别是要建立中医药行业表彰奖励的长效机制，注重发现和推介中青年骨干人才和传承人，并且各种表彰奖励评选应适当向基层一线和艰苦地区医护人员倾斜。

各级政府和相关职能部门应大力推动中药质量提升和产业高质量发展，诸如加强中药材质量控制，促进中药饮片和中成药质量提升，改革完善中药注册管理，加强中药质量安全监管。各级政府和相关职能部门还要促进中医药传承与开放创新发展，诸如充分挖掘和传承中医药宝库中的精华精髓，加快推进中医药科研和创新，推动中医药开放发展。中医药管理体制机制要进一步改革和完善，诸如完善中医药价格和医保政策、建立投入保障机制、健全中医药管理体制等。

四、其他方面的措施

广泛开展全民健身活动，是实施健康中国战略的重要组成部分，是实现全民健康的重要途径和手段，也是全体人民增强体魄和获得幸福生活的基础性保障。有鉴于此，各级政府和有关体育职能部门要大力弘扬体育文化，将其作为促进人的全面发展的重要组成部分。这就要求体育行政部门和体育工作者深入群众宣传和普及健身知识，积极引导人们树立健康新理念，把身心健康作为个人全面发展和适应社会的重要能力建设，营造参与体育健身和拥有强健体魄为荣的良好社会舆论氛围，不断提升个人身心健康与参与团队协作的能力，还要充分发挥体育健身对形成健康文明生活方式的积极作用，大力倡导人人爱锻炼、会锻炼、勤锻炼、重规则、讲诚信、争贡献和乐分享的良好社会风尚。各级体育职能部门要将体育文化融入体育健身的全周期和全过程，以举办丰富多彩的体育赛事活动为着力点，大力打造体育运动文化，充分激发奥林匹克和中华体育的拼搏精神，大力表彰全民健身榜样，讲述全民健身故事，传播社会正能量，深入挖掘体育文化在践行社会主义核心价值观、弘扬中华民族传统美德、传承人类优秀文明成果和提升国家软实力等方面的特殊价值和积极作用。

各级政府和体育职能部门要建立多元化的资金筹集机制，引导个人、集体、企业和社会组织等社会力量对全民健身事业进行捐赠，加大资金投入与保障，通过改进、扩建和新建等方式推进公共体育服务设施建设。特别是县级以上地方人民政府应当将全民健身工作相关经费纳入财政预算计划，重点支持公共体育场、全民健身中心、篮球足球等项目场地、农民体育健身设施和社区多功能运动场地等公共体育服务设施建设，推动各级各类公共体育场馆向社会免费或低收费开放，鼓励党政机关、国有企事业单位和各级各类学校体育设施向社会有序开放，同时还要鼓励和支持人民群众健身消费。鉴于健康脱贫也是打赢脱贫攻坚战的重要组成部分，国家和各省、市、自治区及具备条件的下级政府应着力推动基本公共体育服务向农村延伸，特别是以乡镇和农村社区为重点促进基本公共体育服务均等化，并要坚持普惠性、保基本、兜底线、可持续和因地制宜等原则，重点扶持革命老区、民族地区、边疆地区和贫困地区发展全民健身事业。

深入推进全民健身活动，特别是要把青少年作为实施全民健身计划的重点人群，大力促进和普及青少年体育活动，完善青少年公共体育服务体系，不断提高青少年身体健康素质。各级各类学校要加强体育教育，把青少年体育素养的提高和健康行为方式的培养等作为学校教育的重要内容，充分满足学生在校的体育场地设施并切实保证其锻炼时间，把学生体质健康情况纳入学校整体工作考核体系，并加强学校体育工作绩效评估甚至行政问责。青少年体育活动促进计划要全面实施，推动各项体育运动特别是薄弱运动项目的发展，不仅要提升青少年身体素质、掌握运动技能和培养锻炼兴趣等，更重要的是使他们养成终身体育健身的良好习惯。老年健康运动也是全民健身活动的重要组成部分，因而要加强老年居住环境建设，增加公益性老年健身体育设施经费投入，加强城市社区、乡镇及农村养老服务和体育设施建设，鼓励和支持其利用公共服务设施和社会场所组织开展适合老年人的体育健身活动，并要为他们体育健身提供科学指导。国家要进一步加大对全民健身助残工程的支持力度，采取切实有效措施和优惠政策提供健身服务供给，推动残疾人康复和健身体育等广泛开展，使其真正享受更多社会关爱，并在融入社会方面增加获得感、满足感和幸福感。除此之外，国家和各级政府及相关职能部门还应积极开展职工、农民、妇女和幼儿等体育活动，并推动将外来务工人员公共体育服务纳入属地供给范围。

政府、社会和专家等多方力量应共同组成体育工作平台，建立健全全民健身评价体系，科学制定全民健身有关规范和标准，切实采取行之有效的措施对全民健身发展水平进行多方面的综合评估，还要注重充分发挥各种媒体的宣传和监督作用。国家要把全民健身评价指标纳入精神文明建设的范围，全国文明城市、文明单位、文明校园、文明村镇和文明家庭等的创建也应考虑全民健身内容，并进而将全民健身公共服务相关内容纳入国家基本公共服务和现代公共文化服务体系之中。政府要进一步完善全民健身发展的核心指标、评价标准和测评方法，作为有效衡量各地全民健身发展水平的科学依据，并且还应适时制定全国全民健身公共服务体系建设指导标准，各地也要根据当地实际制定全民健身公共服务体系建设地方标准，推动全民健身基本公共服务均等化和标准化。全国各地也可依托其特色资源和有利条件，积极创建体育特色城市、体育生活化街道或乡镇、体育生活化社区和村等。政府统计部门也应参加全民健身计划，制定和完善全民健身统计制度，诸如做好体育场地调查、国民体质监测和全民健身活动状况调查数据分析等，并结合卫生计生部门对人民群众的营养和慢性病状况调查等，为全民健身提供科学决策的充分依据。

鉴于人才在推动全民健身中具有基础性和先导性作用，因而应树立新型全民健身人才观，努力加强全民健身人才队伍建设，着力培养与全民健身发展需要相适应的组织、管理、研究、健康指导、志愿服务和宣传推广等方面的大众人才队伍。政府和体育相关职能部门要创新全民健身人才培养模式，不断完善各方面体育人才脱颖而出的体制机制，提高各部门和机构体育工作者服务的质量和水平，特别是采取特殊政策加大对民间健身领军示范人物的培养和扶持力度，高度重视对基层体育管理人员和工作人员中模范人物的培育。政府和有关体育职能部门应充分发挥各级各类学校体育院系和体育培训机构的作用，把全民健身人才培养与经济、政治、文化、卫生计生、工会、残联和综合治理等部门和单位的人才教育培训有机结合起来，扩大各类体育人才培养渠道。竞技体育运动的开展与全民健身人才队伍的建设要相互促进、相得益彰，逐步形成全民健身与学校体育、竞技体育梯队人才培养工作的良性互动局面，切实为各类体育人才培养和发挥应有的作用创造有利条件。政府要广泛动员社会力量参与全民健身人才队伍建设，加大财政投入着力打造体育网络信息平台，充分发挥互联网技术等高科技手段在体育人才培训中的作用，根据实际情况逐步加大对社会化体育健身培训机构的支持力度。

健康的食品和药品对于增强人们的身心健康具有重大促进作用，因而党和政府及相关职能部门应不断完善食品药品法规制度建设，以充分提高食品药品的安全标准。政府特别是相关职能部门要切实加强食品药品的源头治理，全面贯彻落实企业及有关单位的主体责任，并运用信息化手段进行网格化管理，同时实行严格的监督检测，应把完整的产业流程纳入监管的范围。国家要广泛开展食品药品安全城市创建活动，并把这一行动和创建文明城市有机结合起来，还要把它作为对各级政府和相关职能部门进行政绩和绩效考核的重要内容。政府和相关职能部门要深化食品药品审评和审批制度改革，严格食品药品的市场准入和注册审批程序，督促企业提高食品药品的质量、管理水平和竞争力，还要积极探索独立法人治理模式改革和评审机构，因地制宜地推行食品药品分级分类管理。国家要进一步完善食品药品监管制度，切实建立健全严格高效和社会共治的食品药品安全治理体系，特别是要不断加大对农村和偏远地区食品药品安全治理力度，逐步完善对网络食品药品的监管，还要下大力气加强对国外进口的食品药品的有效监管，如若发现严重的食品药品造假行为则应予以严厉打击，充分保障食品药品的安全和人民的身心健康。

第五章　打造共建共治共享的社会治理格局

加强和创新社会治理，是遵循社会发展规律的重要表现，是人民安居乐业、社会安定有序和国家长治久安的重要保障，是推进国家治理体系和治理能力现代化的必然要求。有鉴于此，习近平总书记指出，要"打造共建共治共享的社会治理格局"[①]，并把它作为全面建成小康社会的重要组成部分，从而为我们在新时代进一步加强和创新社会治理指明了根本发展方向。

第一节　加强和完善社会治理制度建设

加强和完善社会治理制度建设，是进一步推进改革开放和社会主义现代化建设的重要制度保障，有利于完善中国特色社会主义制度，对于维护国家安全、社会安定和人民安宁等，具有非常重要的意义。有鉴于此，习近平总书记指出，要"加强社会治理制度建设，完善党委领导、政府负责、社会协同、公众参与、法治保障的社会治理体制，提高社会治理社会化、法治化、智能化、专业化水平"[②]，以形成人人有责、人人尽责和人人共享的社会治理共同体。

[①][②]《十九大以来重要文献选编》(上)，中央文献出版社 2019 年版，第 34 页。

一、加强和完善社会治理制度建设的必要性

社会治理是国家治理的重要内容之一，社会治理现代化是国家治理体系和治理能力现代化命题中的重要组成部分，因而坚持和完善共建共治共享的社会治理制度建设、充分发挥制度优势，对于完善和发展中国特色社会主义制度、推进国家治理体系和治理能力现代化具有重要作用。有鉴于此，我们党要坚定不移地走中国特色社会主义社会治理之路，善于把党的领导和我国社会主义制度优势转化为社会治理优势，这就迫切要求我们党把坚持和完善共建共治共享的社会治理制度建设摆在更加突出的位置，实现社会治理理念的科学化、结构的合理化、方式的精细化、过程的民主化，以科学完备的社会治理制度推进中国特色社会主义制度更加成熟定型，以社会治理现代化推动国家治理体系和治理能力现代化，确保国家经济社会发展等各项工作健康发展。

新中国成立以后，特别是中共十一届三中全会以来，我们党几代中央领导集体一贯注重社会治理建设这一问题，并根据新的发展实践不断将其完善。诸如从革除旧社会弊端、建立新社会秩序，到转入全面进行社会主义建设并进而形成国家全面管控社会和高度组织化的治理模式，以改革开放为动力，解放和发展社会生产力、着力改善人民生活和促进社会全面进步等，主要是依靠制度优势凝聚全党全军全国各族人民的力量来完成的。中共十八大以来，以习近平同志为核心的党中央高度重视社会治理问题，诸如从中共十八届三中全会提出加快形成科学有效的社会治理体制，到中共十九大提出打造共建共治共享的社会治理格局，再到中共十九届四中全会提出坚持和完善

共建共治共享的社会治理制度等，这是我们党对社会治理理念的提升，标志着我们党对社会治理规律的认识不断走向深化。鉴于中国特色社会主义已进入新时代，我国社会治理理论和实践也发展到一个新的阶段，因而加强和完善社会治理制度建设，有利于社会治理体制改革逐渐深化、社会治理方式不断创新、社会治理体系更加完善、社会治理能力显著提升和社会大局更加稳定有序。

坚持和完善共建共治共享的社会治理制度建设，是以人民为中心的必然要求，也是尊重人民群众主体地位在新时代的重要体现和实践展开。中共十九大报告明确指出，人民是历史的创造者，是决定党和国家前途命运的根本力量。必须坚持人民主体地位，坚持立党为公、执政为民，践行全心全意为人民服务的根本宗旨，把党的群众路线贯彻到治国理政全部活动之中，把人民对美好生活的向往作为奋斗目标，依靠人民创造历史伟业。所谓共建共治共享，就是充分组织和领导人民群众共同推进社会建设，广泛动员人民群众共同参与社会管理，其目标就是使人民群众获得感、幸福感和安全感更加充实、更可持续和更有保障。坚持和完善共建共治共享的社会治理制度建设，就是把发展为了人民、发展依靠人民和发展成果由人民共享这一治国理政发展理念作出更有效的制度安排，并以之为基本原则，把保障和改善民生等社会建设基本问题着重从体制机制和法规政策层面进行谋划，充分发挥制度优势为社会治理体系和治理能力现代化注入强大推动力。党和政府要始终坚持社会治理的发展成果由人民来检验，以人民同意不同意、人民高兴不高兴、人民满意不满意，作为检验我们包括社会治理工作在内的一切工作的出发点和落脚点。

坚持和完善共建共治共享的社会治理制度建设，是新时代社会主要矛盾变化的必然要求。中国特色社会主义已进入新时代，我国社会主要矛盾已经转化为人民日益增长的美好生活需要和不平衡不充分的发展之间的矛盾。社会主要矛盾的变化是关系到国家发展全局的变化，是我们党制定正确的路线方针政策的依据，也是推进社会治理创新、打造共建共治共享社会治理格局制度化的现实依据。改革开放40多年来，我国经济社会取得了举世瞩目的成就，社会治理体系和治理能力也有所提升，但我们仍然面临着不少困难和挑战，特别是发展不平衡不充分的一些突出问题尚未解决。诸如社会建设领域还有很多短板，脱贫攻坚任务艰巨，城乡区域发展和收入分配差距依然较大，群众在就业、教育、医疗、居住和养老等方面面临不少难题，社会矛盾和问题交织叠加等。还有人民群众对美好生活的向往日益广泛，不仅对物质文化生活提出了更高要求，而且在民主、法制、公平、正义、安全和环境等方面的要求也不断增长。因而我们要在推动经济社会全面发展的基础上，进一步加强和创新社会治理、打造共建共治共享的社会治理新体制机制，着力提升经济发展的质量效益、实现全面发展的转型升级，最终有效解决以上提到的发展不平衡不充分的问题。

坚持和完善共建共治共享的社会治理制度建设，是全面建设社会主义现代化强国的必然要求。中共十九大报告综合分析了我国所面临的国内外形势和发展条件，对我国未来的发展作出了重要战略部署，就是从2020年底全面建成小康社会到本世纪中叶实现社会主义现代化强国目标分两个阶段进行科学安排，并且将社会治理问题纳入其中作为全面建设社会主义现代化强国的重要组成部分之一。

其主要内容是：第一个阶段，从2020年到2035年，在全面建成小康社会的基础上，再奋斗15年，基本实现社会主义现代化，而国家治理体系和治理能力现代化基本实现、现代社会治理格局基本形成和社会充满活力又和谐有序等，是这一阶段的重要发展目标之一。第二个阶段，从2035年到本世纪中叶，在基本实现现代化的基础上，再奋斗15年，把我国建成富强民主文明和谐美丽的社会主义现代化强国。这一目标的成功实现，标志着我国物质文明、政治文明、精神文明、社会文明、生态文明将全面提升，实现国家治理体系和治理能力现代化，成为综合国力和国际影响力领先的国家，全体人民共同富裕基本实现，我国人民将享有更加幸福安康的生活，中华民族将以更加昂扬的姿态屹立于世界民族之林。因而加强社会治理建设、打造共建共治共享的社会治理新体制机制，是实现国家治理体系和治理能力现代化的基本途径，是把我国建设成为富强民主文明和谐美丽的社会主义现代化强国的重要目标之一，必将有力地推动国家治理体系和治理能力现代化的发展进程。

二、完善社会治理制度的基本内容

中国共产党的领导是中国特色社会主义最本质的特征，也是中国特色社会主义制度的最大优势，还是我们推进经济社会各方面顺利发展、有效解决社会建设领域中出现的各种矛盾和挑战以及有力地推进社会治理体系和治理能力的现代化的根本保障。鉴于党政军民学、东西南北中，党是领导一切的这一全党全国人民的共识，我们要把党的领导贯穿于社会治理全过程，充分发挥其总揽全局和协调各方的作用，推动社会治理融入经济社会发展的整个过程，统一规划各方力量协调行动，促进社会治理各项工作在政策取向上相互配合、在推进过程中有效互动、在实际成效上相得益彰。各级党委要在党中央的统一领导下，深刻领会党对社会治理工作的总体布局和具体要求，采取切实有效的措施整体推进，并督促同级国家机关、企事业单位、群众团体和社会组织等把党的社会治理方针政策和决策部署落到实处。各级党委要在不断出现的新经济组织和社会组织中加快建立健全党组织领导的体制机制，切实做到经济社会工作推进到什么地方，党的组织工作就应跟进和覆盖到什么地方。各级党委要根据实际通过健全相关制度体系，把党的领导和政府负责有机统一起来，积极探索和创新把党的领导与现代社会治理有机结合的体制机制，落实有关治理责任，使党的领导、政府负责和社会协同成为新时代中国特色社会主义治理体系的鲜明特征。各级党委要大力推动基层党建与基层社会治理深度融合，积极探索基层党组织政治引领、组织引领和机制引领的有效途径，紧紧围绕基层党组织构建公共服务系统、群众自治系统和社会共治系统。党中央要始终坚持治国必先治党、治党务必从严的方针，全面加强党的建设，大力开展党风廉政建设和反腐败斗争，以党风政风的好转带动和促进整个社会风气的好转，切实净化保障经济社会发展和社会有效治理的政治生态。

  加强和创新社会治理体制，必须加强各级党委对社会治理的领导，同时充分发挥各级政府的治理职能，切实做好公共服务、公共管理和公共安全等，确保人民安居乐业和社会安定有序。各级党委和政府要全面落实社会治理主体责任制，把加强和创新社会治理摆在各级党委和政府的重要议事日程中，纳入地方党政领导班子和领导干部政绩考核评估指标体系。党政有关部门的社会治理职能应进一步梳理和规范，特别是要加强顶层设计、整体规划和统筹协调等，建立健全社会治理方面权力清单制度和责任问责追责制度，形成权责明晰、奖惩分明、分工负责和齐抓共管的社会治理责任统一整体。政府在加强和创新社会治理体制过程中要有效发挥主体作用，必须正确地处理好与市场的关系。政府主要是通过制订系统的社会治理法规政策，着力营造宽松有序的发展环境和促进社会公平正义，充分发挥其宏观调控、市场监管和公共服务等重要职能，并要以服务者的角色和姿态进行自我定位，建立和完善财政支持体制机制，健全科学、公正和有效的政绩考核评估和激励约束机制，加快建设职能科学、结构优化、廉洁高效和人民满意的服务型政府，推动社会治理体系和治理能力现代化顺利发展。政府在社会治理过程中发挥主体作用并不是要对社会一切事务大包大揽，而是要在顶层设计、宏观调控和履行监管等基础上，充分发挥市场在资源配置中的决定性作用，着力激发个人、企业、团体和社会组织等创造活力，最大限度地汇集整体社会力量共同推进社会治理体系和治理能力的建设。政府在加强和创新社会治理体制过程中要充分发挥主体作用，还必须正确处理好管理与服务的关系。管理就是政府通过法律法规和行政等手段对国家公共事务实行有效干预和监管，特别是为人们的生产生活和经济社会实体等提供良好的发展环境，而服务则是政府为社会提供教育、就业、医疗、社会保障和安全等公共产品。政府管理与服务是有机的统一整体，两者相辅相成、彼此促进，因而正确地处理它们的关系必须寓政府治理于服务之中，以服务促管理，任何脱离管理空谈服务或者不重视服务只强调管理，都是不全面的，均不利于加强社会治理进程甚至危害整个经济社会发展。

现代社会是一个由个人、企事业单位、人民团体和社会组织等多元主体构成的有机整体，它们在各级党委和政府的领导下密切协商和合作，对于推动社会治理进程是不可或缺的。因而能否把这些社会多元主体整合起来，充分发挥其积极性和创造性，是衡量各级党委和政府社会治理能力和水平高低的重要标志。有鉴于此，各级党委和政府在社会治理领域充分发挥主体作用的同时，还要广泛动员人民群众、企事业单位、人民团体和社会组织等有序参与社会治理行动，并建立健全社会各方面力量参与社会治理的体制机制，以形成推进社会治理体系和治理能力现代化的强大合力，努力实现社会治理人人参与、人人尽力和人人共享的局面。

各级政府职能越位、错位和缺位的现象要努力避免，一方面要简政放权，另一方面应加强服务监管，切实实现政府由过去审批管控型向服务监督型方式转变。要采取切实有效的措施创新社会治理方式方法，进一步扩大和开放公共服务市场的范围，通过政府购买诸方面的服务，并建立健全激励补偿机制等办法，大力支持个人、人民团体、企事业单位和社会组织等有效参与社会治理。充分发挥企事业单位、各行各业、基层组织和各类社会主体等依据法律法规、行业规章、团体章程、市民公约和乡规民约等在社会治理中的作用，并不断强化其服务经济社会的责任意识。各种社会力量应进行自我约束和自我管理，根据自身特点和优势不断深化自身或行业改革，以便更有效地承担社会治理和公共服务方面的责任。城乡社区和基层组织在社会治理过程中所发挥的作用是不可或缺的，应健全社区和基层治理体系体制机制，着力打造基层治理平台，努力建设新型的社区和基层治理体系。

面对新时代各种社会矛盾有所增长的趋势，各级党委和政府要高度重视这些问题，切实关切人民群众的合理诉求，深入进行调查研究，努力畅通广大群众意见和利益表达渠道，正确处理好个人利益与国家利益、当前利益与长远利益的关系，要根据实际情况力所能及地满足群众的各种正当要求，妥善解决人民群众的实际问题，还要进一步健全人民群众的利益表达体制机制，充分发挥各级人大、政协、人民团体、社会组织和行业协会等关爱人民群众利益表达的功能，不断完善行政复议、仲裁和诉讼等法定诉求表达方式，大力推进网络信息化建设，积极搭建各级党委政府和相关职能部门与人民群众沟通和交流的平台。各级党委政府和有关行政部门应按照社会主义协商民主的要求，建立健全协商体制机制，充分倾听广大人民群众的意见，遇事与民协商和讨论，有效地调解和处理人民内部的各种矛盾纠纷，最大限度地汇集整个社会的共同意愿和要求，切实制定符合人民群体利益的方针政策。各级党委政府及相关职能部门应切实健全保护人民群众利益的体制机制，牢固树立改革发展成果惠及全体人民的思想，急人民所急、想人民所想，特别重要的是要解决与人民群众利益最密切和最直接的诸如教育、就业、社会保障和住房等民生问题，同时要严厉打击危害人民群众利益的诸如农村土地承包和征用、农村危房改造、城镇房屋拆迁和企业改制等违法违纪行为，切实把人民群众的利益落到实处。

  法治是社会治理的有效形式，是社会治理现代化的重要标志，是实现社会公平正义的基本途径，也是社会正常运转的根本保障，因而各级党委政府要坚持在法制轨道上整合社会力量、平衡社会利益、调节社会关系、规范社会行为和化解社会矛盾，以完善的法律体系促进发展并保障社会治理的顺利进行。各级党委政府和有关行政部门要牢固树立法制思维，尊重法律的权威性，切实做到学法守法用法，不断提高依法进行社会治理的能力和本领。要加快社会治理诸领域的法律法规建设，逐步完善相关的法律体系，切实做到用法治理念推进社会治理、采取法制方式破解社会治理难题，积极引导社会成员在法治范围内表达诉求和解决纷争的习惯，努力使遵纪守法成为人民的自觉行动。各级党委政府要进一步完善监督管理机制，推进党内监督和党外监督的有机统一，切实遵循公平、公正、公开的基本原则，明确各行政部门的权责归属、推行权力透明体制并健全用权不当的追责问责机制等，构建良好的社会治理法制化生态环境。

三、不断提高社会治理质量和水平

提高社会治理的质量和水平，既是新时代我们党和政府提升社会治理体系和治理能力现代化的必然要求，又是全面建成小康社会的重要社会保障。有鉴于此，我们要充分运用先进的思维、有效的方法和严格的标准，坚持社会治理的社会化参与、法制化引领、智能化支撑和专业化发展，努力推动新时代中国特色社会主义社会建设不断取得新的进展。

所谓社会治理社会化，就是社会治理工作既要坚持党委和政府的领导，又要广泛地发动群众，动员和整合社会各方面的力量参与，形成国家与社会、政府与民众的有效互动，确保社会既充满活力又安定有序。各级政府在同级党委的领导下，要大力支持社会治理工作，特别是要加强对社会治理工作的积极引导，创造社会治理良好的环境。政府要加大转变职能的力度，正确处理政府与社会的关系，进一步明确自身的职能和责任，特别是要改变过去对社会治理一切事务全部包揽的做法，强化监管和服务导向，充分发挥居民、人民团体和社会组织等在社会治理过程中的协同和参与作用。政府应进一步扩大开放公共市场的服务范围，主要是利用购买服务和建立健全各项激励补偿机制等切实有效的办法，积极鼓励和引导个人、集体、企事业单位、工青妇等群团组织和基层群众自治机构参与社会治理各项工作。政府应以加强服务、规范监管和参与发展等为重点，继续深化行政管理体制改革，积极引导个人、群体、企事业单位、工青妇等群团组织和基层群众自治机构健康发展并依法管理，进一步激发其活力和效能，充分发挥其在创新社会治理、化解社会矛盾、维护社会秩序和促进社会安定等方面的积极作用。政府应进一步加强基层自治组织建设，健全和完善社区、乡镇以及村等基层治理服务体系，充分调动广大居民的积极性和创造性，特别是要引导居民和村民等依法有序参与社会治理工作。

所谓社会治理法制化，就是要将社会治理纳入全面依法治国的框架中来统筹和推进，切实要求广大党员干部运用法制思维和方式来维护群众诉求、处理社会纠纷和化解社会矛盾等，有效地规范社会生活，并积极引导广大人民群众学法懂法用法，依法有序地维护自身的合法权益，促进社会和谐稳定。党和政府要把全面依法治国和全面从严治党有机结合起来，把依法治国理政方略贯穿到社会治理各个具体环节之中，充分发挥法治推进经济社会发展的重要保障作用。全国人大和相关司法机关应立足于中国国情和社会治理的实际情况，进一步完善社会治理法律体系，坚持科学立法和民主立法，注重做好法律法规的起草、审议、修改和废止等工作，特别是要努力解决立法中出现的焦点和难点问题，切实从源头上提高立法质量，增强立法工作的科学性、协调性和系统性，使制定出来的法律经得起实践和历史的检验。各级党委政府、行政部门和公检法机关要严格执法，确保司法公正，努力避免执法不严格、不规范、不透明和不文明以及不作为、乱作为等现象的出现。各级政府和行政机关要以建设法治政府为目标,强化权力监管和监督,积极推进机构、职能、权限和责任等遵循法制化程序,极力避免权力的滥用。各级领导干部要加强法制教育和培训,进一步提高法治理念和法制思维,增强运用法治手段观察分析解决问题的能力,特别是更好地规范权力运行。司法公正是社会公平正义的根本保障,司法的权威来自司法机关的公正执法,因而必须旗帜鲜明地反对司法机关发生的权力腐败问题,建立健全开放、公开和透明的司法体制机制。各级党委和政府应切实加强对于全体人民的守法教育,大力弘扬社会主义法治精神,加快建设社会主义法治文化,深入广泛地传播法律知识,培养具有法律意识的新型公民。公检法等司法执法机关要以实际行动牢固树立法律的权威,使人民群众亲自看到法不容情和法不徇私的客观事实,让他们切实感受到如遇合理合法的诉求和意愿,可通过法律途径得到公正合理的解决。

所谓社会治理智能化,就是在社会治理过程中充分运用大数据、云计算和互联网等高科技手段,对新时代社会治理工作进行精准分析、服务、反馈、监督和治理等,以便为不同社会群体提供更好的服务,推动社会治理的转型升级。这就要求各级党委政府及相关职能部门顺应社会信息化发展趋势,牢固树立社会治理智能化思维,把大数据、移动互联网、云计算和人工智能等现代科学技术与经济社会发展深度融合起来,极大改变甚至重塑社会生产和社会组织的有效关联,破解社会治理发展难题,充分满足人民群众对社会治理不断提出的新要求。政府有关职能部门是社会治理的主导力量,应大力提高数字化服务水平,整合条块分割的政务数据资源,着力打造对内对外一体化政务信息系统和资源共享平台,提升政务数据信息的覆盖率、分级管理、统筹利用和互认共享水平。政府和相关职能部门要深入推进"互联网+政务服务"建设,加强和改进公共服务质量,大力拓展公共服务职能,扩大政务服务内容和覆盖面,切实提高公共服务效率。鉴于法律法规在规范人们行为中的引领作用,应把数据整合应用、平台接入、服务价值和应用安全管理等纳入法治规范之内,鼓励社会治理行为主体依法参与政务数据的开发利用,大力提升政务数据服务社会治理的综合效能。各级党委政府及相关社会治理行为主体应积极探索网络化社会治理新模式,借助智能互联网技术逐步实施"互联网+群众路线"治理模式,调动广大群众协同参与社会治理的广度和深度。诸如在全社会坚持以社会主义核心价值观为引领,加强宣传教育工作,弘扬社会正能量,推动宣传力量下沉到基层,鼓励、引导和支持基层志愿者及社会团体依法有序参与社会治理,并且以网络为依托充分调动人民群众参与社会治安综合治理的积极性,丰富群众依法参与社会治理的方式和途径,形成推进社会治理智能化的强大合力。

所谓社会治理专业化,就是各级党委政府和相关职能部门在社会治理过程中,遵循社会治理发展规律,运用专业化的人才队伍、先进的理念、科学的态度和专业化的方法等,增强社会治理的预见性、精准性和高效性,大力提高社会治理的效能和水平。随着世界多极化、经济全球化、文明多样化和社会信息化等深入发展,人类面临的困难和挑战日益增多,虽然中国特色社会主义进入了新时代,但我国的改革开放已进入攻坚期和深水区,各种问题和矛盾相互交叉和叠加,并且有些问题和矛盾呈现出专业化的发展趋势,这就需要我们使用专业化的人才、专业化的理念、专业化的技术和专业化的方式来有效解决。有鉴于此,我们要采取切实有效的措施,提高社会治理专业化水平和质量。各级党委政府和相关职能部门要牢固树立专业化的思维、正确的政策导向和制订规范的治理标准，打破传统治理中的权力本位思想，积极扩大参与主体，培养专业化的精神和态度，尊重民众意愿和诉求，不断地提升社会治理水平。社会治理职能部门要建立制度规范和运用系统思维，注重分类治理、多元治理和精细治理，利用专业化的技术手段，搭建现代信息技术和大数据平台，并通过数据分类处理人民群众的不同诉求，充分满足民众个性化的公共服务，提高社会治理精准化水平。鉴于社会治理日益复杂化的新趋势，各级党委政府应着力打造一支数量充足、结构合理、素质优良的职业化社会治理人才队伍。诸如健全社会治理专业人才培养体制，加强就业援助、社区服务、贫困帮扶、社会救助、慈善事业和纠纷调解等方面的学习，着力提高社会治理人员综合运用专业化知识处理社会问题的能力和本领。律师调解在社会治理中发挥着重要作用，应充分发挥律师在预防和化解矛盾纠纷中的专业优势、职业优势和实践优势，提高社会调解的专业化水平，构建中国特色社会矛盾纠纷解决机制。加强社会治理体系和治理能力的专业化，也是不断提高社会治理质量和水平的重要内容。因而我们要健全社区和村镇基层服务机制，推动社会治理中心向社区和村镇基层下移，集中人力、物力和财力更多地投放到社区和村镇基层，积极搭建基层综合服务管理平台，强化基层自治和服务功能，建立健全新型社会管理和服务体制。政府和相关职能部门要把建立专业协调委员会、加强社会心理服务和第三方评估等机制有机统筹起来，充分发挥社会工作在解决社会矛盾、应对社会风险和促进社会和谐等方面的优势，形成社会各方共同参与社会治理的强大合力。特别值得一提的是，要加强社会治理的立法司法工作，进一步完善社会治理的考核评价激励机制，把社会治理考核结果作为党政领导干部和职能部门人员政绩考核的重要内容，以充分发挥他们在社会治理过程中的积极性和创造性，促进社会治理的质量和水平不断迈上新台阶。

第二节　加强预防和化解社会矛盾机制建设

改革开放以来的实践证明，没有一个和平稳定的国内环境，就什么事情也干不成，甚至所取得的成果也会化为乌有。因而正确处理人民内部矛盾特别是涉及广大人民群众切身利益的问题，不仅是中国特色社会主义建设的重要内容，也是保持社会安定团结和谐局面的关键所在。正是从这个意义上说，习近平总书记指出，要"加强预防和化解社会矛盾机制建设，正确处理人民内部矛盾"[①]。

一、加强预防和化解社会矛盾机制建设的必要性

唯物辩证法认为，矛盾存在于一切事物的发展过程之中，每一事物的发展过程自始至终存在着矛盾运动，即事事有矛盾、时时有矛盾，因而承认矛盾的普遍性、社会总是在解决矛盾中不断前进的这一客观事实，是我们正确认识、分析和解决各种社会矛盾的前提条件。有鉴于此，我们党从坚持和完善共建共治共享的社会治理制度，保持社会稳定和维护国家安全的战略高度出发，提出了要完善正确处理新形势下人民内部矛盾

---

① 《十九大以来重要文献选编》(上)，中央文献出版社 2019 年版，第 34 页。

有效机制的新要求，这对于我们正确把握新时代社会各种矛盾的特点和规律，切实增强正确处理人民内部矛盾的思想自觉和行动自觉，有效预防和化解社会矛盾，增进人民团结、社会共识以及和谐因素，并进而对全面建成小康社会、实现中华民族伟大复兴的中国梦，具有重要指导意义。

中国特色社会主义进入了新时代，我国社会的主要矛盾已经由人民日益增长的物质文化需要同落后的社会生产之间的矛盾，转化为人民日益增长的美好生活需要和不平衡不充分的发展之间的矛盾。这一中国社会主要矛盾的科学论断，既反映了我国经济社会发展的实际状况，又揭示了制约我国进一步发展的症结所在，特别是指明了解决当代中国发展问题的根本着力点。改革开放 40 多年以来，我们党带领全国人民经过不懈努力，成功解决了十几亿人口的温饱问题，人民的生活总体上达到了小康水平。我国社会主要矛盾的变化，出现了许多新情况和新问题。其主要表现是，人民对美好生活的需要日益广泛，不仅对物质文化生活提出了更高要求，如人民对物质文化的需求已经超越了生存性的消费，更加注重享受性和发展性资料消费，特别是对质量更高的美好生活有更加迫切的需要，而且在民主、法治、公平、正义、安全、环境等方面的需求日益增长。与此同时，我国社会生产力水平有了显著提高，社会生产能力在诸多方面进入到世界前列，当前和今后相当长的时间内所面临的突出问题是发展不平衡不充分。所谓发展不平衡，主要是指各区域各领域各方面发展不够平衡，诸如城乡区域发展不平衡、居民生活水平不平衡和基本公共服务提供不平衡等，从而制约了全国整体水平的提升。所谓发展不充分，主要是指一些地区、一些领域和一些方面还存在发展不足的问题，还表现在经济社会发展总体水平的不充分，发展质量不高和效益不好等方面的发展不充分，因而我们所面临的发展任务仍然很重，这已经成为进一步满足人民美好生活需要的主要制约因素。有鉴于此，我们党和国家只有加强预防和化解社会矛盾机制建设，才能让广大人民群众实实在在地感受到其各方面权利受到了公平对待、利益得到了切实维护、个人尊严得到了有效尊重等，这样才能不断满足人民群众对美好生活的向往和期待。

中共十一届三中全会以来，我们党的几代中央领导集体一贯强调，要顺利地推进改革开放和社会主义现代化事业的顺利进行，必须创造一个和平稳定的国际国内环境。当今国际形势发生了深刻的变化，世界多极化、经济全球化、文明多样化和社会信息化等迅速发展，全球治理体系和国际秩序变革加速推进，各国相互联系和依存更加深入，国际力量对比向平衡化方向发展，和平发展大势不可逆转。但世界面临的风险和挑战明显增多，诸如世界经济增长动力不足、发达国家和发展中国家贫富差距进一步拉大、局部冲突此起彼伏、传统安全威胁和非传统安全威胁相互交织等，如不认真对待和处理，就有可能对我国的发展造成负面影响。但我国正处在社会结构转型升级、经济体制转轨和利益格局调整的关键时期，又处于跨越中等收入向高收入国家迈进的历史阶段，矛盾和风险比从低收入国家迈向中等收入国家时更多更复杂，特别是国内人民内部矛盾仍然是影响社会稳定的重要因素，诸如因征地拆迁、拆迁安置、征地补偿、劳资纠纷、贫富差距、环境保护、劳动就业、社会保障、教育医疗、交通事故和医患纠纷等问题引发的矛盾纠纷不断增多，这些处理起来较为棘手的问题，如不重视，进而很可能成为影响社会稳定的因素。因而各级党委和政府要正确处理改革发展稳定的关系，加深对改革是动力、发展是目的和稳定是前提的认识，特别是要加强新时代预防和化解社会矛盾机制建设，健全党委领导、政府负责、社会协同、公众参与和法治保障的社会治理体制，提高社会治理社会化、法治化、智能化、专业化水平，打造共建共治共享的社会治理格局，进一步完善正确处理新形势下人民内部矛盾的体制机制，最大限度地减少社会隐患，最大程度地增加和谐因素，充分激发整个社会的创造活力。这样才能继续为经济社会发展创造更为稳定的国内环境，确保全面建成小康社会的如期实现。

加强预防和化解社会矛盾机制建设，要求各级领导干部要牢固树立依法治国理念，切实遵守制度规范，坚决维护制度权威，增强制度执行力，依法依规调解处理社会矛盾纠纷，不断满足人民依法维护自己的权利诉求，营造公平、公正的法治氛围，确保实现社会和谐稳定和国家长治久安。加强预防和化解社会矛盾机制建设，也是使用多种行之有效的方式解决社会矛盾的需要。面对新时代多种矛盾层出不穷，各级党委政府和相关职能部门要从之前单一的矛盾调解方式向多方调解方式转化，广泛动员各种社会力量，逐步形成化解矛盾纠纷的强大合力。诸如通过建立健全人民调解、司法调解和行政调解等体制机制，加大矛盾化解的力度，还要通过建立行业性和专业性的调解组织，充分运用立法、司法和行政等手段，力争实现上下联动、各点击破等化解社会矛盾的浓厚氛围。此外，加强预防和化解社会矛盾机制建设，也是动员人民群众参与社会治理的需要。以往全国各地解决社会矛盾的实践经验证明，依靠人民群众解决基层诸多问题是化解社会矛盾的有效途径，因而需要坚持和巩固各级党委的领导，充分发挥基层党组织引领群众、凝聚群众和组织群众的核心作用，努力吸引广大人民群众积极参与到化解社会矛盾中来,切实落实居民对所辖区域内各种重大事项的知情权、选择权、参与权和监督权等,真正维护群众的合法权益,有效化解各种矛盾纠纷,努力做到小事不出村、大事不出镇、矛盾不上交,坚定维护社会和谐稳定和安定团结的政治局面。

二、完善预防和化解社会矛盾机制建设的基本经验

新中国成立以后特别是中共十一届三中全会以来,我们党在领导人民进行改革开放和社会主义现代化建设的实践中,不断地处理人民内部矛盾并逐步健全预防和处理社会矛盾的有效机制,从而积累了丰富的经验。我们要在借鉴以往正确处理人民内部矛盾积累的宝贵经验的基础上,深入分析新时代社会矛盾的诸多特点,进一步完善预防和化解社会矛盾机制建设的基本经验,并不断赋予其新时代内涵,使之充分地发扬光大。

坚持和加强党的领导这一重要原则,是完善预防和化解社会矛盾机制建设的根本保证。党政军民学,东西南北中,党是领导一切的,应始终不渝地坚持党对一切工作的领导。有鉴于此,我们要把党的领导切实落实到基层,让基层党组织充分发挥政治引领作用,成为防范和化解社会矛盾的主导力量。全党一定要加强政治引领,提高党把方向、谋大局、定政策和促改革的能力和定力,建立健全党始终总揽全局和协调各方的领导体制,并统筹政府、市场和社会等广泛的社会力量,形成问题联治、风险联控和平安联创的社会新局面。坚持不懈地以习近平新时代中国特色社会主义思想为指导,推进这一思想进校园、进课堂、进基层、进社区和进农村,强化思想引领作用,并广泛深入开展实现中华民族伟大复兴中国梦的宣传教育,积

极引导广大人民群众团结在党的旗帜下，充分激发其活力和创造力。基层群众工作体系建设应进一步强化组织领导，坚持以基层党组织为核心、群团组织为纽带和社会组织为依托的基本框架，切实把党组织的服务范围覆盖到基层社会治理的各个环节，建立起预防和化解人民内部矛盾纠纷的强大社会合力。

坚持以人民为中心的发展理念，是落实完善预防和化解社会矛盾机制建设的根本立场。人民是历史的创造者，是决定党和国家前途命运的根本力量，因而我们在解决各种矛盾纠纷时，应坚持一切为了人民、一切依靠人民，把这一根本立场贯穿于建立健全预防和化解社会矛盾机制的始终，并不断地根据新的实践创新其内容和形式。面对新时代社会主要矛盾的变化及其表现出的新特点，我们应坚持在发展中保障和改善民生，必须多谋民生之利、多解民生之忧，不断增进广大人民群众的民生福祉，使他们有更多的获得感、幸福感和安全感，真正让改革开放的成果惠及全体人民。各级党委和政府要从坚持和完善中国特色社会主义的战略高度出发，顺应时代发展的新要求，发扬密切联系群众的优良传统和作风，不断研究新情况、解决新问题，创新群众工作方法，不断提高新形势下做好群众工作的能力和水平，善于运用法治思维和方式努力解决好涉及群众利益的突出问题，特别是依靠人民群众就地化解矛盾，切实让人民群众广泛地参与维护社会稳定工作，确保人民安居乐业、社会安定有序和国家长治久安。各级党委政府和相关职能部门要以人民的满意度为根本考量标准，制定科学合理和行之有效的社会治理绩效考核评估体系，人民群众的意见应为其中重要的考评内容，要切实让人民群众成为推进国家治理体系和治理能力现代化水平和能力提高的最终评判者。

坚持联调联动、多方化解和综合施策的方法，是完善预防和化解社会矛盾机制建设的根本途径。人民调解、行政调解和司法调解联动工作体系，是具有中国特色的非诉讼矛盾纠纷行之有效的解决方式，因而各级党委和政府特别是基层党委和政府要坚持好和完善好这一重要调解矛盾纠纷的手段。基层群众自治组织也是化解矛盾纠纷的重要方式，这种群众自我管理自我服务的优势应进一步扩大，同时又要充分发挥群众自治章程、乡规民约和村民公约等的自律规范作用，还要运用人民的事情人民商议、人民的事情人民办理和人民的事情人民管理等方法解决人民内部矛盾纠纷。基层党组织和政府要真正学法、懂法和用法，善于运用法治思维和方式依法解决纷争、化解矛盾，还要教育群众学法用法，积极引导他们在法律的框架下明辨是非和解决诉求，在权利和义务的有机统一中判断对错。德治是社会主义法律体系的重要组成部分，要充分发挥德治在社会治理中的作用，加强社会公德、职业道德、家庭美德和个人品德教育，完善学校、社会和家庭三位一体的德育体系功能，大力弘扬社会主义核心价值观，继承和发扬中华民族的优秀传统道德文化，进一步促进乡贤文化、家风家训和生活礼俗的感悟教化作用，使人民群众道德水平的提高助力维护社会和谐稳定。政府和有关职能部门要加大财政经费投入，搭建网络信息平台，运用信息化方式发布社情民意，使矛盾纠纷在网络上妥善解决。

坚持关口前移和源头预防措施，是完善预防和化解社会矛盾机制建设的根本理念。基层社会治理要真正实现小事不出村、大事不出镇和矛盾不上交的目标，需要采取诸多行之有效的措施，但关键就在于要把着力点放到前置防线、前瞻治理、前端控制和前期处置等上面来，通过畅通和规范群众诉求表达、利益协调、民事协商和权益保障等渠道，最大限度地把可能产生的矛盾纠纷风险防范化解在基层。社会治理多年的实践经验表明，群众矛盾纠纷如果抓早抓小抓苗头，切实从源头上预防风险的产生、减少风险的影响和削弱风险的蔓延等，往往能够取得事半功倍的效果。因而基层有关组织和部门要不断完善重大社会矛盾纠纷风险评估机制，努力健全社会风险排查、公示听证、专家咨询、合法性审查和信访工作等制度，把功夫下得更深些、把工作做得更扎实些、把风险预测得更深入些，把问题查找得更精准些，把对策制定得更细致和实用些，切实把问题解决在决策之前，真正做到防患于未然，及时有效地防范重大风险，标本兼治地化解矛盾纠纷。围绕矛盾问题的关键环节和主要表现，加快矛盾监测预警体系建设，适时动态监测和不断提高预警能力，努力做到早发现、早分析和早解决。各级组织特别是基层组织要加强对矛盾的管控，努力按照减少矛盾存量、控制矛盾增量和防范矛盾变量的要求，建立健全矛盾管控体系，完善矛盾应急处理体制机制，切实使矛盾纠纷风险不累积、不蔓延和不升级，做到一旦有矛盾出现就能有效将其化解。基层党委政府和相关职能部门要时刻把解决矛盾纠纷的责任扛在肩上，努力建立健全权利与义务、风险与责任、激励与惩戒有机统一的责任体系，使领导责任、属地责任和监管责任等切实落到实处。

夯实基层基础工作，是完善预防和化解社会矛盾机制建设的根本支撑。基层化解矛盾纠纷工作，在推进社会治理体系和治理能力现代化中发挥着重要作用，因而基层基础工作要根据实际不断完善和发展。市域社会治理体系和能力现代化要大力推进，应该将其打造成推进平安中国建设的重要引领力量，力争把诸多社会矛盾纠纷和重大群体性集聚事件解决在市域范围之内。城乡社区是社会治理的基本单元，事关党和国家大政方针的贯彻落实，涉及居民群众的切身利益，并对城乡基层和谐稳定也有重要影响。城乡社区是社会治理的基本单元，事关党和国家大政方针的贯彻落实，事关居民群众切身利益，事关城乡基层和谐稳定。因而我们要充分实现党领导下的政府治理和社会调节以及居民自治的良性互动，全面提升城乡社区治理法治化、科学化、精细化水平和组织化程度，大力促进城乡社区治理体系和治理能力现代化，把人民内部矛盾化解在基层和萌芽状态之中。我们应统筹加强省、市、县、乡四级综合治理中心建设，大力整合群众自治团体、公安派出所、社区警务站、司法所、人民法庭和村民委员会等基层治理力量，充分发挥其贴近群众的积极作用，让其更好地履行服务群众、化解矛盾、平定纷争和维护社会稳定等方面的职责任务。

三、完善预防和化解社会矛盾机制建设的有效措施

我们要想正确处理新时代人民内部矛盾、进一步完善预防和化解社会矛盾机制建设，就必须紧密联系实际、更多地依靠基层和发动群众，同时积极探索和创新就地化解矛盾的途径和办法，实现预防和化解社会矛盾的常态化和长效化，特别是要不断提高从源头上和根本上预防化解人民内部矛盾的能力水平。

随着社会工作生活节奏的加快，各行各业竞争激烈，有些负面不良情绪容易引发社会矛盾问题，这应该引起我们的注意。我们要清醒地意识到，新时代预防和化解社会矛盾的根本目的，是为了维护广大人民群众的切身利益。各级政府和相关职能部门要畅通和规范群众诉求表达、利益协调和权益保障等渠道，并使之有机衔接和协调联动起来。调解、仲裁、复议和诉讼等方式是处理社会矛盾纠纷的有效形式，应充分运用其优

势以不断完善群众的诉求表达体制机制,加强人大代表密切联系群众的制度建设,搭建网络信息沟通交流平台,努力健全程序合理、方法得当、环节衔接和形式多样的协商民主体系。同时也要推进基层民主以及企事业单位民主管理,完善政府调查、咨询、决策和听证以及社会稳定风险评估机制,并有效利用自治机构、群众团体、社会组织和大众传媒等社会资源努力加强社会协商交流对话,实现政府、社会组织以及人民群众的有效沟通和良性互动。政府要切实维护人民群众的合法利益,不断地完善利益协调机制,诸如根据当地经济社会发展水平建立健全最低工资和最低生活保障正常增长机制,进一步完善城乡居民养老、医疗、失业和工伤保险等制度,加强农村留守儿童、妇女和老年人关爱服务体系建设,特别是加强针对残疾人和极度贫困人口等弱势群体的帮扶制度建设力度,鼓励和支持个人、企业以及社会团体和组织等积极投身于社会慈善事业,充分发挥其扶危济困的作用,力争让每一个社会公民都能切实享受到经济社会发展的成果。社会权益保障机制要进一步完善,加快以国家司法救助、法律援助和诉讼费用担保等制度为基础的司法救助体系建设,切实加强人权和产权等司法保护,努力建立健全普惠精准和便捷高效的政法公共服务体系,特别是对于那些挑战法律权威、扰乱公共秩序和侵犯人民利益等违法犯罪行为要依法惩治,切实保护好广大人民群众的人身权、财产权和人格权等。

  党和政府的信访工作是密切党和政府与人民群众血肉联系的桥梁和纽带,是维护社会和谐稳定的重要源头性、基础性工作。因而各级党委和政府要进一步推动信访工作改革和创新,建立健全人民信访行之有效的体制机制,积极探索具有中国特色的信访工作新制度。信访部门工作人员要牢固树立法治思维，把信访工作纳入法制化范围之中，切实做到信访工作依法规范运行、群众诉求依法理性表达、合法权益依法有效保护。政府要加大财政经费投入，搭建信访工作网络信息化平台，积极引导群众利用网上信访渠道反映诉求和解决问题，使群众充分认识到网上信访的便捷作用，让他们通过网上信访就能够达到与实际上访一样的效果，最大限度地节约其信访成本。大数据和人工智能等技术能使信访工作更加科学、精准、全面和透明等，因而应充分发挥科学技术在信访工作中的积极作用，进一步完善信访工作智能系统建设，大力提高信访工作质量、效率和公信力。各级领导干部特别是市县领导干部下基层接待群众来访，是实现社会治理和解决矛盾纠纷的有效形式，应把这一制度机制化和常态化，从而有助于直接面对群众的诉求，现场解决诸多问题难题，能够最大限度地将矛盾纠纷解决在基层。

我们党领导人民在贯彻执行依法治国的实践过程中，成功地创造出了人民调解、行政调解和司法调解相互衔接、有机结合的矛盾纠纷调处工作机制，极大地丰富了中国特色社会主义法治体系的内涵。所谓人民调解，就是指在人民调解委员会等机构的主持下，以国家法律、法规、规章和社会公德等为依据，对于民间产生矛盾纠纷的双方当事人进行调解和劝说，促使他们互相谅解和平等协商，自愿达成协议以消除彼此的纷争。所谓行政调解，是指国家行政机关依据法律法规有关规定，对于属于国家行政机关职权管辖范围内的民事纠纷，通过细致耐心的说服教育，促使纠纷的双方当事人互相谅解、平等协商和达成共识，从而理性平和地解决矛盾纠纷。所谓司法调解亦称诉讼调解，是指矛盾纠纷的双方当事人在人民法院法官的主持下，通过司法程序审查判决来解决纠纷的一种重要方式。以上矛盾化解工作体制的实践证明，我国新时代使用非诉讼方式解决矛盾纠纷的途径，对于有效消除分歧、促进和谐和巩固安定团结的政治局面等发挥了重要作用。因而党和政府要进一步完善人民调解、行政调解、司法调解联动工作体系，努力建立健全相关的体制机制，切实提升人民调解协议的权威性和公信力。各级党委和政府应督促公检法机关不断完善矛盾纠纷科学分流的体制机制，搭建矛盾纠纷发生及时就地解决的平台，使人民调解机关、行政调解机关、执法司法机关移送处置矛盾纠纷的渠道畅通，建立健全诉讼前调解、诉讼中委托调解和诉讼后执行和解等体制机制，积极引导人民群众自愿接受调解。各级党委和政府要加大各种资源整合的力度，广泛动员司法机关、行政机关、企事业单位和社会组织等各种力量展开联合调解，特别是要着重化解跨地域、跨行业和跨部门的重大疑难复杂矛盾纠纷，以形成化解社会矛盾纠纷的强大合力。

各级党委政府和相关职能部门要加强社会心理服务体系和危机干预体制机制建设，这既是适应当前社会转型升级的现实需要，也是促进社会和谐稳定的基础性工作。这项工作是一个系统性的工程，要做好就必须整合如卫生健康、宣传、教育、民政、公安、司法、行政、财政、信访和残联等整个社会的力量，还要积极壮大社会志愿者、社区工作者、群防群治人员等队伍，形成党委领导、政府负责、部门协同、属地管理、社会参与、家庭尽责的良好局面。有关职能部门应充分运用网络信息化平台，不断加强社区、校园和村镇等社会工作站点以及心理咨询机构建设，组建和培训专业心理疏导队伍，建立健全心理监测和疏导服务体系，积极开通心理救助热线并充分利用网络信息化平台，大力开展心理健康宣传教育和社会心理服务，努力培育自尊自信、理性平和和积极向上的社会心态。应坚持分类精准施策，对于生活失意、心态失衡、行为反常甚至有危险迹象的特殊群体，要大力给予人文关怀，有针对性地采取帮扶救助、心理疏导、法律援助甚至必要的预警等行之有效的措施来加强管理和服务，积极引导他们依法理性地对待和处理问题，防止个人及群体发生极端事件。

针对我国当前的社会矛盾呈现出综合性特点，诸如跨界性增强、蔓延性加快以及容易形成各种矛盾交叉叠加等，各级党委政府和相关职能部门应不断完善社会矛盾纠纷多元预防调处化解综合机制，要在坚持系统治理、依法治理、综合治理和源头治理等基础上，努力探索和创新新时代预防化解矛盾纠纷的方式方法，诸如建立健全相关部门有机衔接、协调联动和高效便捷的各种社会矛盾纠纷预防调处化解综合机制，提高矛盾纠纷多元化解的整体性功能和效果。要积极加强矛盾纠纷多元化解法制建设，督促和推动各地区、各部门贯彻落实矛盾纠纷化解中的法定责任，依法把党员、干部下访和群众上访有机结合起来，把群众矛盾纠纷调处化解工作规范起来，让人民群众遇到问题投诉有门道、说理有回答，切实把矛盾化解在萌芽状态、化解在基层。要规范和创新各类非诉讼性矛盾纠纷调处化解途径和方式，诸如建立健全仲裁制度、行政复议制度和行政裁决制度以及积极探索平等协商、中立评估、第三方调解等矛盾纠纷化解体制机制等。要加强矛盾纠纷多元化解平台建设，充分利用网络信息化手段，综合推进人民调解、行政调解和司法调解衔接互动，协调推进诉讼与调解、仲裁、行政裁决和行政复议等非诉讼性方式有机统一。要大力加强基层综合治理中心、矛盾纠纷调查调解对接平台和专业性的矛盾纠纷化解机构建设等，充分整合各方面的资源和力量，有效实现联调联动，不断满足人民群众对于便捷和高效化解矛盾纠纷的新要求，确保社会和谐稳定。

第三节　加强公共安全体系建设

编织全方位和立体化的公共安全网，推进平安中国建设，大力提升人民群众的安全感和满意度，有利于人民安居乐业、社会安定有序和国家长治久安。有鉴于此，习近平总书记指出，要"树立安全发展理念，弘扬生命至上、安全第一的思想，健全公共安全体系"[①]。

一、全面提高安全生产水平

我国经济社会多年的发展实践证明，发展要以人为本、以民为本，这样的发展才是健康的发展和可持续的发展，无论如何绝不能以牺牲人民的生命为代价去换取发展，因而这必须作为一条不可逾越的红线。中共中央和国务院对切实做好安全生产工作高度重视，并作出了一系列批示，对于遏制安全生产的频发多发发挥了重要作用。但由于种种原因，全国各地的安全事故尤其是重特大安全事故仍时有发生，造成重大人员伤亡和财产损失，暴露出安全生产领域存在突出问题和面临严峻挑战。血的教训极其深刻，必须引起各级党政机关和相关职能部门的高度重视。有鉴于此，各级党委和政府及有关职能部门要牢固树立安全发展理念，始终坚持人民利益至上、人民群众生

[①]《十九大以来重要文献选编》（上），中央文献出版社2019年版，第34页。

命安全放在第一位，牢固树立发展不能以牺牲人民的生命为代价这个观念，并且这个观念一定要非常明确、强烈和坚定，深刻铭记确保安全生产、维护社会安定、保障人民群众安居乐业是各级党委和政府必须承担好的重要责任，切实维护广大人民群众的生命财产安全。

安全生产是防范和化解重大社会风险的基本内容，也是推进平安中国建设的具体体现。因而各地区、各部门和各类企业都要坚持安全生产高标准和严要求，招商引资和启动项目等要严把安全生产关，加大安全生产指标考核权重，实行安全生产和重大安全生产事故风险一票否决。各级党委政府和绝大多数各种类型的企业主体长期以来始终把安全生产摆在突出的位置，严格遵守国家安全生产法的有关条款组织生产，并不断完善和提升安全生产监管水平，使全国安全生产形势总体上来说呈现出趋稳向好的态势。但同时我们也应看到，我国经济社会发展正处在由数量规模型向质量效益型转换升级的关键时期，改革发展稳定任务依然繁重，安全生产方面暴露出的风险加剧，特别是影响安全生产的深层次矛盾和问题还没有得到根本解决，诸如煤矿和危险化学品等行业长期积累的问题时有发生，我国面临的安全生产形势依然严峻。因而各级党委和政府要严格落实党政领导干部安全生产责任制的有关规定，按照党政同责、一岗双责、齐抓共管、失职追责的要求，坚决落实安全生产责任制，牢牢守住安全生产的底线，下大决心、花大力气努力防范化解重大安全风险隐患，切实提高安全生产工作的质量和水平，以有效防范和坚决遏制重特大安全事故的频发多发态势，以实际行动践行政治站位。

各级党政一把手必须亲力亲为、亲自动手抓安全生产，建立健全安全生产责任体系，要把安全生产责任制落实到岗位、落实到人头，坚持管行业必须管安全、管业务必须管安全，加强督促检查、严格考核奖惩，全面推进安全生产工作。各级各部门要牢固树立全社会普遍安全的理念，以构建统一指挥、权责明确和协同高效的监督管理体系为目标，全面推进安全监管体制机制建设，完善各级齐抓共管的安全生产监管体系。要以查大风险、除大隐患、防大事故和建立灾害事故防范救援快速反应工作机制为目标，定期全面开展安全大检查，及时发现并堵塞安全漏洞。各级各类企业特别是中央企业要带好头做好表率，必须认真履行安全生产主体责任，做到安全投入到位、安全培训到位、基础管理到位和应急救援到位等，以明确的责任确保安全生产。各级党政机关要切实落实属地管理责任，依法依规、严管严抓，要突出问题导向，强化责任担当，狠抓工作落实，必须整合一切条件、尽最大努力和以极大的责任感来做好安全工作，特别是要建立健全安全生产工作监管的长效机制，为社会各行各业提供根本的制度保障。

我们强调安全生产，要坚持防患于未然，要把隐患排查治理作为一项长期性和经常性的工作，要继续开展安全生产大检查。针对事故频发多发的重点行业和领域，诸如煤矿、危险化学品、冶金工贸、消防、道路运输、建筑施工和森林火灾等，应持之以恒地加强安全风险辨识和隐患排查整治，做到排查一处、整治一处、见效一处、巩固一处，切实做到国务院安全生产相关文件规定的全覆盖、零容忍、严执法和重实效的要求。要进一步抓好安全风险隐患的整改落实，抓细抓实风险防范和隐患治理措施，力戒形式主义、官僚主义，诸如采用不发通知、不打招呼、不听汇报、不用陪同和接待，直奔基层和直插现场，暗察暗访，特别是要深查地下油气管网这样的隐蔽致灾隐患，切实把安全隐患解决在未发生之时，消灭在萌芽之初。

各级党委政府和相关职能部门应深刻意识到,安全隐患整改治理力度要进一步加大,安全生产检查工作责任制要不断建立健全,真正做到谁检查、谁签字、谁负责,做到不打折扣、不留死角、不走过场,务必见到成效。特别值得一提的是,各级党委政府和有关职能部门必须明确,公共安全事故,一头连着经济社会发展,一头连着千家万户,因而要警钟长鸣、常抓不懈,特别是要着重从源头上防范和减少安全事故,坚决遏制重特大安全事故。要坚持依法治理社会安全,严格落实"四个一律"执法措施,即对非法生产经营建设和经停产整顿仍未达到要求的有关单位,一律关闭取缔;对非法违法生产经营建设的有关单位和责任人,一律按规定上限予以经济处罚;对存在违法生产经营建设行为的单位,一律责令停产整顿,并严格落实监管措施;对触犯法律的有关单位和人员,一律依法严格追究法律责任。始终保持公共安全高压态势,坚决惩处各类违法违规行为,积极营造依法生产、安全生产的良好社会环境。

各级党委政府、相关职能部门和各类企业等要牢记习近平总书记关于发展决不能以牺牲人的生命为代价的指示精神,把坚持以人民为中心的发展思想贯穿到公共安全领域的各个环节,以人民群众的获得感、幸福感和安全感作为检验安全生产工作成效的重要标准,切实把安全作为人民最大的民生红利和发展前提条件,以对党和人民高度负责的态度,牢牢绷紧安全生产这根弦,始终承担起安全生产的主体责任,大力加强安全生产基础能力建设,真正做到安全投入到位、教育培训到位、基础管理到位、应急救援到位,坚决遏制重特大安全事故的发生。各级领导部门要大力在全社会开展安全宣传教育,并与创建全国文明城市结合起来,推动安全教育进机关、进企业、进学校、进社区、进农村、进家庭和进公共场所等,广泛普及安全知识，强化公民安全意识，守好安全生产主阵地，筑牢安全生产每道防线，让安全生产真正成为全社会的自觉行动。只有人人讲安全，时时讲安全，处处讲安全，才能家家有安全、社会有安全，因而各级领导干部、企事业单位工作人员和全社会公民等应共同携起手来，从自我做起、从现在做起，积极投身到安全发展的各个领域、各个环节之中，守安于心、践安于行，努力争做安全生产的有心人和健康生命的守护者，不断扎实推进安全生产形势持续稳定好转，为经济发展和社会和谐稳定创造良好的安全生产环境。

二、提升防灾减灾救灾能力和水平

防灾减灾救灾工作是我国公共安全体系建设的主要内容之一，事关人民群众生命财产安全与社会和谐稳定，是衡量执政党领导力、检验政府执行力、评判国家动员力、彰显民族凝聚力的一个重要方面。多年来，在党和政府的坚强领导下，我国防灾减灾救灾工作取得了显著成就，并积累了应对重特大自然灾害的宝贵经验，综合应对灾害能力明显提升。但我国面临的自然灾害形势仍然严峻复杂，存在诸如防灾减灾救灾体制机制尚需完善，灾害信息共享和防灾减灾救灾资源统筹不足，重救灾轻减灾思想还比较普遍，社会力量和市场机制参与的作用还没有得到充分发挥，防灾减灾救灾宣传教育不够普及等问题。有鉴于此，党和政府应该把防灾减灾救灾工作摆在突出位置，广泛动员社会力量参与这项工作，全面提升全社会抵御自然灾害的综合防范能力。

各级党委和政府要加强防灾减灾救灾体系建设，大力推进防灾减灾救灾体制机制改革，应牢固树立消灭灾害风险管理和综合治理灾害理念，坚持以防为主、防抗救相结合，坚持常态减灾和非常态救灾相统一，努力实现从注重灾后救助向注重灾前预防转变，从应对单一灾种向综合减灾转变，从减少灾害损失向减轻灾害风险转变。要坚持以人为本、切实保障人民群众生命财产安全，坚持以防为主、防抗救相结合，坚持综合减灾、统筹抵御各种自然灾害，坚持分级负责、属地管理为主，坚持党委领导、政府主导、社会力量和市场机制广泛参与等行之有效的措施，确保推进防灾减灾救灾体制机制改革顺利进行。

各级党委和政府要加强各种自然灾害管理全过程的综合协调，强化各种资源统筹和相关部门工作协调，不断完善统筹协调和分工负责的自然灾害管理体制机制，充分发挥国家减灾委员会对防灾减灾救灾工作的统筹指导和综合协调作用，加强国家减灾委员相关部门在灾情信息管理、科普宣传教育、综合风险防范、群众生活救助和国际交流合作等方面的工作职能和能力建设，并且还要充分发挥中央有关部门和军队、武警部队等力量在监测预警、能力建设、应急保障、抢险救援、医疗防疫、恢复重建和社会动员等方面的职能作用，建立健全各级灾害管理部门，加强与军队、武警部队进行有效工作协调。各级党委政府和相关职能部门要牢固树立灾害风险管理意识，切实转变重救灾轻减灾思想，应把防灾减灾救灾问题纳入各级国民经济和社会发展的总体规划，作为国家公共安全体系建设的重要内容，还要大力提升灾害高风险地区内学校、医院、居民住房、基础设施及文物保护单位等部门的设防水平和可承灾能力，充分利用现有的公共服务设施，建设、改造和提升成应急避难场所，将防灾减灾救灾纳入国民教育计划范围，加强社区、街道和村社层面减灾资源和力量统筹，深入开展防灾减灾宣传教育活动，组织居民开展应急救护技能培训和逃生避险演练等活动，增强风险防范意识，切实提升公众应急避险和自救互救技能。

各级党委政府和相关职能部门应坚持分级负责和属地管理为主的原则，加快建立健全属地管理体制，诸如强化地方应急救灾主体责任、健全灾后恢复重建工作制度和完善军地协调联动制度等。中央对达到国家启动响应等级的自然灾害要发挥统筹指导和支持作用，地方党委和政府在灾害应对中发挥主体作用，切实承担主体责任，省、市、县级政府要建立健全统一的防灾减灾救灾领导机构，统筹防灾减灾救灾过程中的各项工作。地方党委和政府应根据自然灾害应急预案，统一指挥人员进行搜救、伤员救治、卫生防疫、基础设施抢修、房屋安全应急评估和群众转移安置等应急处置工作。中央对于特别重大自然灾害灾后的恢复重建工作，要坚持统筹指导、地方作为主体和灾区群众广泛参与的新体制机制，中央与地方要各负其责，大力协同推进灾后恢复重建，把灾害造成的损失减至最低。各级党委政府要建立地方党委和政府请求军队和武警部队参与抢险救灾的工作制度，不断健全军队和武警部队参与抢险救灾的应急协调机制，明确需求对接和兵力使用的程序方法，进一步完善军地联合保障机制，大力提升军地应急救援协同水平。

各级党委政府和相关职能部门要动员社会力量和利用市场运作方式进行防灾减灾救灾工作，建立健全社会力量参与和充分发挥市场作用的体制机制。党和政府应坚持鼓励支持、引导规范、效率优先和自愿自助原则，广泛动员社会力量参与防灾减灾救灾工作，大力搭建社会力量参与的协调服务平台和信息导向平台，不断完善政府与社会力量协同救灾联动机制。各级党委和政府应坚持政府推动和市场运作的原则，强化保险等市场机制在风险防范、损失补偿和恢复重建等方面的积极作用，不断扩大保险覆盖面，进一步完善应对灾害的金融支持体系，并鼓励各地根据灾害风险特点，探索巨灾风险有效保障模式和机制。

各级党委政府和相关职能部门要强化灾害风险防范、完善信息共享机制、提升救灾物资和装备统筹保障能力、提高科技支撑水平和深化减灾国际交流与合作等，全面提升综合减灾能力。诸如加快各种灾害地面监测站网和国家民用空间基础设施建设，完善分工合理和职责清晰的自然灾害监测预报预警体系，有效解决信息发布覆盖面问题；加快研究制定防灾减灾救灾信息互通与共享技术标准体系，加强跨部门和跨行业的业务协同和互联互通，建设覆盖主要涉及灾部门和军队、武警部队的自然灾害大数据和灾害管理综合信息平台，努力实现各种自然灾害风险隐患、预警、灾情以及救灾工作动态等信息共享，提高防灾减灾救灾舆情引导能力；健全救灾物资储备体系，扩大储备库覆盖范围，优化储备布局，完善储备类型，丰富物资储备种类，提高物资调配效率和资源统筹利用水平，积极探索建立重大救灾装备保障体制机制；统筹协调防灾减灾救灾科技资源和力量，充分发挥专家学者的决策支持作用，加强防灾减灾救灾专业人才培养，加强防灾减灾救灾高端智库建设，完善专家咨询制度，充分发挥科技支撑在防灾减灾救灾中的作用；配合国家外交工作大局，大力宣传我国在防灾减灾救灾领域的宝贵经验和有效做法，学习和借鉴国际先进的减灾理念和重大科技成果，创新深化国际交流与合作的工作思路和模式，推动我国高端防灾减灾救灾装备和产品走出去等。

三、加强社会治安立体防控体系建设

创新社会治安防控体系、健全相关体制机制，是维护社会公共安全和建设平安中国的基础性工程，是推进国家治理体系和治理能力现代化的重要举措。有鉴于此，各级党委政府和公检法机关要贯彻落实总体国家安全观要求和以人民为中心的发展思想，按照科学规划、突出重点、分步实施、整体推进的原则，加快社会治安防控体系建设，不断完善顶层设计，补齐短板弱项，推动提档升级，全力打造党委领导、政府主导、综治协调、各部门齐抓共管、社会力量广泛参与的社会治安防控体系建设工作新格局，建立健全社会治安防控运行有效机制，大力提升社会治安防控体系建设法治化、社会化和信息化水平，增强社会治安整体防控能力，依法严密防范和惩治各种影响公共安全的违法犯罪活动，切实维护人民群众的安全感和幸福感以及社会的和谐稳定。

各级党政机关和公检法部门要根据人口密度、治安状况和地理位置等综合因素，科学和合理地进行防控布局，建立健全指挥和保障机制，全面提升社会动态防控能力。采取切实有效的措施加强对公共交通站点诸如公交车站、地铁站、机场、火车站、码头、口岸和高铁沿线等重点部位的安全保卫工作，不断完善和落实安检制度，严防针对公共交通工具、个人以及群体的暴力恐怖袭击和极端恶性事件的发生。加强对重点场所诸如幼儿园、学校、金融机构、商业场所和医院及其周边的防控和综合治理，确保这些地方的安全有序。要加强对偏远农村、城乡结合部、城中村以及各种社会治安比较突出的重点地区和部位的排查整治力度，还要总结推广零命案地区的先进经验，

加强规律性研究,及时发现和果断处置可能引发命案和极端事件的苗头性、倾向性问题,切实预防和减少重特大案件事件特别是命案的发生。加强重点行业诸如旅馆业、公章刻制业、机动车改装业、废品收购业和娱乐服务业等的治安管理工作,切实落实法人责任,实行实名制登记制度,大力推进治安管理信息系统建设。加强邮件、快件寄递和物流运输等的安全管理工作,明确禁寄物品具体名录,建立健全安全管理机制,有效预防利用寄递、物流渠道实施违法犯罪行为,并持续开展治爆缉枪和管制刀具等整治行动,特别是对于易燃易爆物品应采取源头控制、定点销售、流向管控和实名登记等全过程管理措施,严防这些物品非法流散到社会。对于社区和村镇等区域的服刑人员、扬言报复社会人员、易肇事肇祸等严重精神障碍患者、刑满释放人员、吸毒人员和易感染艾滋病病毒危险行为人群等特殊人群要加强服务管理,建立健全政府、社会、家庭三位一体的关怀帮扶体系,还要加强相关专业社会组织和社会工作人才队伍等建设,贯彻落实教育、矫治、管理以及综合干预措施。基层社会治安是社会治安综合治理的重要组成部分,要以网格化管理和社会化服务为方向,加强乡镇、街道、社区和村治安防控网建设,建立健全基层综合服务管理平台,推动社会治安防控力量下沉,努力做到信息掌握到位、矛盾化解到位、治安防控到位和便民服务到位等。整合基层各种资源力量,逐步在乡镇或街道加强社会治安治理中心建设,建立健全实体化的运行机制,做到矛盾纠纷联调、社会治安联防、重点工作联动、治安突出问题联治、服务管理联抓和基层平安联创。按照预防为主、突出重点、单位负责和政府监管的原则,进一步加强机关和企事业单位内部安全防控网建设,严格落实单位主要负责人治安保卫责任制,完善巡逻检查、守卫防护、要害保卫、治安隐患和问题排查处理等各项治安保卫制度，加强供水、供电、供气和信息通信网络等关系到国计民生基础设施的安全防范工作，全面完善和落实各项安全保卫措施，确保社会安全稳定。

各级党委和政府要提高社会治安防控体系建设科技水平，加强信息资源互通共享和深度应用，加快公共安全视频监控系统建设等。加快平安建设信息化综合平台建设，强化信息资源深度整合应用，充分运用新一代互联网、大数据、云计算和智能传感、遥感、卫星定位、地理信息系统等技术，创新社会治安防控手段，提升公共安全管理数字化、网络化、智能化水平，增强主动预防和打击各种犯罪的能力。高起点、高标准、严要求和有重点有步骤地推进公共安全视频监控建设、联网和应用工作，提高公共区域视频监控系统覆盖密度和建设质量，逐步实现城乡视频监控一体化，争取做到公共安全全方位监管和不留死角，保证整个社会运行有序。

各级党委和政府以及公检法机关要不断完善社会治安防控运行体制机制，诸如健全社会治安形势分析研判机制、健全实战指挥机制、健全部门联动机制和健全区域协作机制等。政法综合治理部门要加强与政法机关和其他相关部门的组织协调，积极开展对社会治安形势的整体研判和动态监测，及时发现苗头性和倾向性问题，并适时提出督办建议，建立健全治安形势播报预警机制，增强群众自我防范意识，有效提升整个社会的应对能力。公安机关要按照人员权威、信息权威和职责权威的要求，切实加强实战型指挥中心建设，把群众报警、社会治安突发事件应急指挥处置和紧急警务活动统筹协调等有机结合起来，及时有效地调整警务力量和强度，确保紧急状态下警务畅通、就近调度、快速反应和及时妥善处置等。健全和完善社会治安形势分析研判联席会议制度、社会治安重点地区排查整治工作协调会议制度和定期上报制度等，进一步整合各部门的资源力量，强化有关工作联动，增强打击违法犯罪、加强社会治安防控工作的整体合力。诸如危害社会严重的坑蒙拐骗、黄赌毒、电信诈骗、非法获取公民个人信息、非法传销、非法集资、危害食品药品安全、环境污染和涉邪教活动等违法犯罪和突出治安问题，要大力加强部门之间的执法合作，开展专项打击整治活动，形成社会的整体合力。根据常态、共享、联动和共赢的原则，加强治安防控跨区域协作平台建设，共同应对跨区域治安突出问题，特别是在预警预防、维稳处突、矛盾化解和打击犯罪等方面相互支持、协调联动，增强整体防控实效，努力以区域平安保全国平安。

各级党委和政府以及公检法机关要充分运用法治思维和法治方式推进社会治安防控体系建设，诸如运用法律手段解决突出问题、加强基础性制度建设和严格落实社会治安综合治理领导责任制等。要紧紧围绕加强社会治安防控体系建设的总体要求，推动建立健全相关法律法规体系和有关政策的制定完善工作，充分发挥法治的引导、规范、保障和惩戒作用，切实做到依法化解社会矛盾、依法预防打击犯罪、依法规范社会秩序和依法维护社会稳定等，并加强和改进法治宣传教育工作，推动全社会牢固树立法治意识，增强全民法治观念，促进全民遵法和守法，积极引导干部群众把法律作为指导和规范自身行为的基本准则，努力在全社会形成办事依法、遇事找法、解决问题用法和化解矛盾靠法的良好法治环境。加强以公民身份号码为唯一代码、公民统一社会信用代码、法人和其他组织统一社会信用代码等为主要内容的统一共享的国家人口基础信息库和社会信用管理制度建设，并积极探索建立公民所有信息的一卡通制度，强化对守信者的鼓励、对失信者的惩戒和对犯罪者的打击等。落实重大决策社会稳定风险评估制度，落实矛盾纠纷排查调处工作协调会议纪要月报制度，推进体现社会主义核心价值观要求的行业规范、社会组织章程、村规民约和社区公约建设等，通过基础性的制度规范，使公民、法人和其他组织的行为符合社会共同行为准则，真正做到自律、他律和互律等。

各级党委和政府要严格落实社会综合治理领导责任制，把社会治安防控体系建设作为政绩考核评估的重要内容，并将考核评价结果作为领导干部提拔和晋升的重要依据，还要综合运用评估、督导、考核、激励和惩戒等措施，形成正确的激励导向，切实把社会治安防控体系建设工作落到实处。上级领导部门对于社会治安问题比较突出的地区和单位的责任人，应采取通报、约谈和挂牌督办等方式，正确引导其分析重特大案件事件频发多发的主要原因，研究提出有效解决问题的办法，限期整改；若发现有些地区或单位的责任人玩忽职守、屡教不改和社会治安防范措施落实不到位而导致违法犯罪现象严重、治安秩序严重混乱或者发生重特大案件事件的，要依法实行一票否决制度，并追究有关领导干部的责任，情节严重者移送司法机关处理。

四、强化社会应急体系建设

加强应急管理体系建设是推进国家治理体系和治理能力现代化的重要组成部分，因为它承载着防范化解重大安全风险、及时应对处置各类灾害事故的重要职责，担负着保护人民群众生命财产安全和维护社会稳定的重要使命。新中国成立后，特别是中共十一届三中全会以来，我们党和国家始终高度重视应急管理工作，创造了许多抢险救灾和应急管理的奇迹，并在创新应急管理体制机制过程中积累了诸多宝贵的经验，充分彰显了中国特色社会主义制度的优势。但我国是世界上自然灾害最为严重的国家之一，各类事故隐患和安全风险等交织叠加和易发多发，影响公共安全的因素日益增多，因而加强应急管理体系和能力建设，既是一项紧迫任务，又是一项长期任务。有鉴于此，各级党委和政府要充分发挥我国应急管理体系的特色和优势，并借鉴国外应急管理的有益做法，不断加强应急管理基础能力建设，诸如健全完善突发事件风险管控体系、加强城乡社区和基础设施抗灾能力、完善监测预警服务体系、强化城市和基层应急管理能力建设和提升应急管理基础能力和水平等，积极推进我国应急管理体系和能力现代化水平。

应建立健全突发事件风险评估标准体系，适时进行突发事件风险评估，着力搭建和完善重大风险隐患数据库，充分实现各种重大风险和隐患的识别、监控、预警、评估和处置等全过程动态管理。开展全国性的自然灾害综合风险调查研究，科学编制国家、省、市以及灾害频发多发地区县级行政单位自然灾害风险图和自然灾害综合区划图，还要不断加强安全生产风险管控和隐患排查治理体系、安全生产监管信息化和监察监管能力建设。努力构建全过程和多层次的环境风险防范和预警体系，实施环境风险全过程管理，有效防范有毒有害化学物质对大气和居民造成污染。进一步健全公共卫生、食品药品安全检验检测和风险防控体系，有效提高对突发急性重大动植物疫情、食品药品安全和农产品质量安全等突发事件的早期预防和及时发现能力，大力强化风险化解机制建设。健全全方位和多层次的立体化社会治安防控体系和国家网络安全保障体系，大力推进包括信息技术在内的基础综合服务管理平台建设，并健全利益协调机制、诉求表达机制和矛盾调处制度等，不断完善重大决策社会稳定风险评估体系。

根据安全性和经济性兼顾的原则，科学制定城乡综合防灾规划，加强关键基础设施灾害设防标准建设，综合推进交通、水利、通信、供水、供电、供气、供热和广播电视等基础设施的抗损毁和快速恢复保障能力建设。深入推进城市老旧小区改造和农村危房改造工程，加强隐患排除和房屋加固工作，切实提升居民住房的安全性能。按照国家防灾避难场所设计规范实施标准，并结合区域和城乡建设发展规划，还要根据灾害特点、人口分布和城乡布局等情况，大力推进各级各类应急避难场所建设。严格河湖水污染管理，加强引水调水和江河湖泊骨干治理工程建设，进一步推进中小河流整治、中小型水库和其他有关水利设施建设，切实提高防洪抗旱和水安全保障能力。加强铁路、公路、港口、航道和输变电线等重要基础设施防灾能力建设，加强森林草原防火应急道路和阻隔系统建设，加强农牧渔业防灾减灾体系建设，有效提高这些基础设施和行业应对各种自然灾害的能力。按照国务院有关规定严格落实企业生产设施规划、设计和建设安全标准，科学规划布局有可能发生危险的行业和区域选址，有计划地实施城镇人口密集区和环境敏感区的危险物品企业生产和仓储安全环保搬迁工程，依法整顿关闭安全保障条件差的有关企业等，切实从源头上消除安全隐患。

按照分类管理、分级预警、平台共享和规范发布的原则，不断完善突发事件监测预警服务体系和突发事件预警信息发布体系，进一步拓宽预警信息发布渠道，并强化针对特定区域和特定人群的精准发布能力，有效提升预警信息发布的覆盖面、精准度和时效性等。诸如加强重点区域气象和水文监测预报基础设施建设，以提高各种恶劣气候条件可能引发的地质灾害和洪涝灾害以及其他次生灾害的预测预警能力；进一步完善地震台网建设、跟踪和监视能力，大力实施国家地震烈度速报和预警工程，以有效防范、避免和最大限度减少突发事件给我国重要交通干线、骨干企业和核设施等造成的危害；充分利用和完善已有的卫星、飞机、船舶和台站等监视监测手段，努力健全海洋环境实时在线监控系统，大力提高海洋灾害、平台溢油以及海洋污染监测预警能力。加强农林灾害、有害生物监测和野生动物疫源疫病等监测网络站点以及预警系统建设，有效维护我国生物安全和防范外来生物入侵；加快推进森林草原火灾瞭望台和视频监测系统建设，建立健全国家环境安全动态监测预警体系，着力实施安全生产信息化建设工程，加强国家交通网站和通信卫星等交通安全信息监控能力建设，强化突发急性传染病预防预警检测体系建设，健全食品安全突发事件信息直报、舆情监测网络体系和建立健全金融风险动态监测预警体系等，并健全相关的体制机制，切实维护各方面各领域的安全。

  进行城市公共安全风险评估和鼓励编制城市公共安全风险规划，强化城市公共安全风险管理体系建设；依托地方优势救援力量和民兵等，继续推进基层应急队伍建设，加强通信等装备配备和物资储备，强化基层应急管理能力；加强核心应急救援能力建设，诸如强化公安消防、人民军队和武装警察等突击力量应急能力建设，特别是要支持重点行业领域的专业应急队伍建设，形成我国突发事件应对的核心力量，使其能够充分承担起急难险重抢险救援的历史使命；广泛动员和统筹利用社会资源，加快网络信息新技术应用，推进应急协同保障能力建设，进一步完善应急平台、应急通信、应急物资和紧急运输保障体系，切实提升综合应急保障能力；提高和加强公众自防自治、群防群治和自救互救能力，鼓励和支持引导社会力量规范有序参与应急救援行动，完善突发事件社会协同防范应对体系，健全相关的体制机制，大力加强社会协同应对能力建设；进一步完善应急管理体系，诸如完善应急管理法律法规和标准体系、构建应急管理标准体系、完善应急管理组织体系、完善应急管理工作机制、完善信息报告机制、健全应急联动机制、加强应急新闻工作机制、完善信息发布机制、建立应急评估机制、完善风险分担机制和加强应急管理智库建设等。

各级党委和政府要切实担负起促一方发展和保一方平安的政治责任，严格落实应急管理的各项责任制，建立健全重大自然灾害和安全事故调查评估制度，充分发挥好应急管理部门的综合优势和各相关部门的专业优势，根据职责分工承担各自责任，把预防和救援的责任链条有机衔接起来，形成强大的社会整体合力，为维护人民生命财产安全和社会长治久安提供更加有力保障。

第四节 加强社会心理服务体系建设

没有全民健康就没有全面小康，努力加强社会心理服务体系建设，是提高人民群众心理健康水平、促进整个社会心态和谐向上和增强公众幸福感的有效措施，是培养良好社会道德风尚和践行社会主义核心价值观的内在要求，也是实施健康中国和平安中国建设、推动经济社会发展以及保持国家长治久安的一项源头性和基础性工程。有鉴于此，习近平总书记指出，要"加强社会心理服务体系建设，培育自尊自信、理性平和、积极向上的社会心态"①。

一、建立健全心理健康服务体系

所谓心理健康，就是指人们在成长和发展过程中，认知合理、情绪稳定、行为适当、人际和谐和适应变化的一种良好状态。心理健康服务主要是运用心理学的理论和方法，预防或减少各类心理行为问题，促进心理健康、提高生活质量，其中包括心理健康宣传教育、心理咨询、心理疾病治疗和心理危机干预等。我们党和国家高度重视心理健康问题，明确提出要加大心理健康问题基础性研究，做好心理健康知识和心理疾病科普工作，规范发展心理治疗、心理咨询等心理健康服务等，从而为各级各类医疗卫生机构进一步开展心理健康服务的探索打下了一定的工作基础。但随着经济社会发展速度加快，我国民众心理行为异常和常见精神障碍人数逐年增多，心理健康服务需求加大，还因缺乏系统的政策支持和引导，现有心理健康服务体系尚不健全，服务能力有待提高，管理能力有所滞后和政策法规需要完善等，致使加强心理健康服务面临诸多挑战。鉴于心理健康服务涉及各个行业和部门，延伸到社会生活的各个方面，因而各级党政机关和相关部门要使之能够全方位地为各类人群提供优质服务，就必须根据整合利用各行各业社会资源、调动各类专业机构积极性的原则，按照建立健全各行各业服务网络、搭建基层平台、培育社会心理健康服务机构和加强医疗机构服务能力等要求，着力建立健全心理健康服务体系。

---

① 《十九大以来重要文献选编》(上)，中央文献出版社2019年版，第35页。

要为社会大众做好心理健康服务，尽快建立健全一张覆盖全社会各部门各行业的心理健康服务网络，就显得十分必要。各级领导机关、企事业单位和其他用人单位等应依托现有力量资源诸如本单位工会、共青团、妇联、人力资源保障部门和卫生室等，普遍建立心理健康咨询中心或辅导室，大力培养和提升心理健康服务干部队伍的素质，配备、配齐和配强专职或兼职心理健康辅导人员，广泛开展职业人群心理健康服务。教育行政机关应明文规定，要把进一步完善学生心理健康服务体系、提高心理健康教育和咨询服务的专业化水平作为教育教学的重要内容。诸如各级各类学校均应设立心理健康教育与咨询中心或咨询室，按师生比例配备从事心理辅导与咨询服务的专业教师或咨询人员的数量，促进学生的功课学业和身心健康等都能得到充分的发展。行政机关和公检法等部门要根据行业特点和优势普遍建立心理健康服务机构，配备足够的专业人员，还要成立危机干预专家组，以便对系统内人员和工作对象等开展心理健康教育、心理健康评估和心理训练等服务。

政府和财政部门要加大经费投入，努力搭建基层心理健康服务平台，促进社会整体服务体系更好地发展。城乡社区和街道是社会服务的基层单位，应将心理健康服务作为城乡社区服务的重要内容，依托城乡社区综合服务设施或基层综合治理中心建立心理咨询、辅导室或社会工作站室，加强心理健康辅导人员建设，对社区居民开展心理健康宣传教育和心理疏导，大力促进辖区居民心理健康。各级党委政府及有关部门要充分发挥社会组织和社会工作者在婚姻家庭、邻里关系、矫治帮扶、心理疏导等服务方面的优势，进一步完善社区、社会组织、社会工作者三社联动机制，采取切实有效的措施积极引导社会组织、社会工作者和志愿者等积极参与心理健康服务，特别是为贫困弱势群体和经历重大生活变故群体提供心理健康服务，确保社区心理健康服务工作有场地、有设施和有保障等。

鉴于公众庞大的心理健康服务需求，不少城市地区近年来自发形成了一批社会化的心理服务机构，成为除精神卫生专业机构之外的一支重要社会心理健康服务力量。因而各级行政机关和相关职能部门应鼓励建立社会化的心理健康服务机构，大力支持心理咨询专业人员创办社会心理健康服务机构，积极支持健全专业化、规范化的心理咨询和辅导机构，采取通过购买社会心理机构服务等方式，向各级各类机关、企事业单位、基层组织和社区群众等开展心理咨询服务，逐步扩大其社会服务的覆盖面，并为弱势群体提供公益性服务，同时还要加大服务技能和伦理道德的培训，充分提升服务能力和常见心理疾病的识别能力。

各级专门医疗卫生机构是规范开展心理健康服务的主导力量，虽然我国目前精神卫生专业机构的心理治疗师队伍有了一定程度的增长，但与发达国家相比还存在很大差距，并且精神科医师主要开展精神障碍诊疗服务，服务对象主要为精神障碍患者和心理行为问题人群，而面向普通人群和心理行为问题人群开展心理健康促进、心理咨询和治疗等工作较少。针对医疗机构心理健康服务人员少和服务能力有待提高等问题，各级行政机关和职能部门要加大经费的投入，加强医疗机构心理健康服务能力建设，把精神卫生专业机构、综合医院和基层医疗卫生机构等有机统一起来，进一步加强心理健康服务体系建设。

各级党委政府和卫生健康等部门要大力整合现有资源，鼓励和支持省、市、县三级精神卫生专业机构不断提升心理健康服务能力和水平，要积极引导综合医院开设精神或心理科室，并且城市社区和乡镇基层医疗卫生机构也应普遍配备专职或兼职精神卫生医护人员。各级各类精神健康医疗卫生机构在诊疗服务过程中要加强人文关怀，普及心理咨询和治疗技术等在临床诊疗中的应用。精神卫生专业医疗机构要充分发挥引领示范作用，对各类临床科室医护人员开展心理健康知识和技能培训，注重提高抑郁、焦虑、老年痴呆、孤独症等心理行为问题和常见精神障碍的筛查识别、处置能力水平。心理健康医疗服务医院或机构要建立多学科心理和躯体疾病联络会诊制度，与高等院校医学院系和社会心理服务机构建立相互协作体制机制，积极探索实现双向转诊。妇幼保健医院或机构要为妇女儿童广泛开展心理健康教育，适时提供心理健康咨询与指导以及心理疾病的筛查与转诊服务，充分保障妇女儿童的身心健康。各地各级医院和医疗机构在使用和借鉴西药诊疗精神健康疾病的同时，应坚持中西药并重的原则，充分发挥中医药在心理健康服务中的积极作用，加强中医院相关科室建设和人才培养力度，促进中医心理学发展。城市社区和乡镇基层医疗卫生机构和全科医师要大力开展心理健康宣传和服务工作，并应在专业机构和专业医师指导下，积极探索为社区和村镇居民提供心理评估服务和心理咨询服务，特别是要逐步将儿童常见心理行为问题干预纳入儿童保健服务范围。各级监管场所和强制隔离戒毒场所的医疗机构应当根据实际需要积极创造条件，对被监管人员、患有精神疾病人员和强制隔离戒毒人员等提供心理治疗、心理咨询和心理健康指导，争取使他们早日健康回归社会。

二、加强心理疏导与危机干预

随着现代社会生活节奏的加快,各行各业竞争的加剧,公民的思想观念和价值取向的多元化等,导致人们心里承受的压力也在不断增大甚至产生严重的心理疾病,其中有些来自自然领域,另一些来自社会领域,还有一些来自文化和人际关系领域等。以上问题如果不加以有效关注,就有可能造成严重公共安全问题,甚至对社会的长治久安带来严峻的挑战。有鉴于此,中共十八大以来,各级党委政府会同公检法机关、卫生健康委员会和民政部门等机构做了大量卓有成效的社会心理援助和化解工作,对于缓解人们的心理压力、疏通人们的不良情绪和增进人们的心理健康等,产生了重要作用。但仍然有相当一部分人由于受各种心理健康负面因素的影响,产生了种种极端行为,诸如自杀、报复社会,或者酿成重大公共安全事件等,给个人、家庭和社会等造成了严重的后果和恶劣的影响,也给政府的稳定工作带来沉重的压力和负担。因而要求各级党委政府和相关职能部门采取切实有效的措施,把人们的心理健康问题摆上重要议事日程,把建立健全心理疏导和危机干预机制,作为提高社会成员心理健康的重要途径。

所谓心理疏导和危机干预,就是采用心理测量、心理咨询和心理治疗等方式方法,以达到预防和消除由于心理因素而导致的人们的各种不良行为,同时促进人们心理健康的目的。各级党委和政府要从改革发展稳定的大局出发,坚持预防为主、突出重点、问题导向和注重实效的原则,把建立健全心理疏导和危机干预体制机制纳入当地经济社会发展的重要内容,并大力加强健康学校、健康企业、健康社区和健康家庭等健康平台建设，广泛进行心理健康宣传教育、心理咨询、心理疾病治疗和心理危机干预等行动，使社会因矛盾突出、生活失意、心态失衡和行为失常等导致的极端案件事件显著下降，切实提高人民群众的幸福安康感，促进社会和谐稳定。各级党委和政府要建立健全党委领导、政府负责、部门协同和社会力量广泛参与的齐抓共管、尽职尽责的工作体制，并把心理疏导和危机干预体制机制建设纳入工作目标和绩效考核的基本内容之一，将考核评估结果作为晋职晋级的重要依据，对因工作失职渎职而导致严重社会心理公共事故发生的责任人应依法依纪进行追责问责等处理。各级党校和行政学院要把心理疏导和危机干预问题作为学习和培训的重要内容，增强进行心理疏导和危机干预的本领，用自身的健康心态带动整个社会心态的平和稳定。鉴于加强心理健康服务、健全社会心理疏导和危机干预机制人人有责、人人尽责，各级党委和政府要根据实际制定相应的管理制度和监督办法，规范心理健康服务机构和从业人员的行为，切实提高服务质量和水平。

各级党委政府和相关职能部门要面对社会大众群体，全面和系统地开展心理健康教育与推广活动，大力发展各类心理健康服务。诸如采取丰富多样的形式和充分利用各种有效平台，广泛开展心理健康科学普及和宣传活动，特别是不断创作和展示心理健康宣传教育精品和公益广告；采取人民群众喜闻乐见的语言和形式，将心理健康知识融入群众文化生活，使其保持乐观向上的健康心态；运用普遍的门户网站和人们已有的微信、微博和手机客户端等平台，多方创新宣传方式，努力达到实践效果；各类媒体和宣传工具要牢固树立正确的舆论导向，积极传播引领社会发展的正能量，努力营造健康向上的社会心理氛围；大力倡导每个人是自己心理健康第一责任人的理念，引导公民用积极向上的心态主动排除不良情绪困扰和努力缓解自身心理压力。社会心理健康相关部门对于有心理行为问题困扰和患心理疾病的人群，要积极提供心理咨询和心理治疗服务。诸如通过从事心理健康专业人员对公民进行引导和支持，帮助他们疏通心理，缓解心理困扰，不断完善人格，特别是要竭力预防心理问题演变为严重心理疾病；要向人民群众宣传正确认识心理行为问题的重要性，科学分析心理疾病对健康产生的不良影响，积极引导心理异常人群主动寻求专业心理治疗；医疗机构或专业心理健康服务机构应为心理疾病患者提供规范的诊疗服务等。社会行政部门和心理健康有关职能部门要密切关注各类因突发事件而处于心理危机中的人群，随时做好心理危机干预和心理援助工作，就是当发生了影响公共安全的心理健康突发事件时，应开展有序而高效的个人危机干预或群体危机管理，并在事件的善后处理过程中，对高危人群持续开展心理健康援助服务。

各级党政机关、企事业单位和其他用人经济实体等要加强重点人群心理健康服务，面对普通职业员工工作压力大和容易疲倦等特点，要科学制定员工心理援助计划，广泛对他们进行健康宣传、心理评估、教育培训和咨询辅导等健康服务，特别是要为处于特定时期、岗位或经历过特殊事件的员工等，及时提供心理疏导使其尽快恢复到正常状态。儿童青少年时期的心理健康状况如何，将直接影响其未来人生发展道路，因而各级各类学校应根据不同学龄段儿童青少年的特点，全面加强心理健康教育。诸如学前教育机构、特殊教育学校、中小学和高等学校等都要采取积极有效的措施，建立健全心理健康咨询中心或咨询室等站点，适时对各年级学生进行精心心理辅导，注重培养学生自尊、自信、自强、自立的心理品质，让其牢固树立积极乐观和健康向上的心理状态，充分提高学生自我情绪调适能力，特别是要关心留守儿童和流动儿童心理健康，并为遭受欺凌和暴力伤害的儿童青少年提供及时的心理创伤干预等。心理健康有关部门多年来的调查数据显示，老年人、孕产期和遭受各种伤害的妇女、留守儿童、残疾人是心理健康服务的重点对象，因而各级政府及有关部门尤其是老龄办、妇联、残联和基层社区组织等，应着重关注老年人、妇女、儿童和残疾人等的心理健康问题。诸如充分利用各种资源和优势，大力培训专兼职社会工作者和心理健康工作者，积极引进社会力量等多种途径，努力为老年人、妇女、儿童和残疾人等重点人群提供心理咨询、情绪辅导、家庭关系调解和纠纷化解等多种形式的心理健康服务。流浪乞讨人员、刑满释放人员、强制隔离戒毒人员、社会吸毒人员、有过嫖赌黄历史以及患有严重精神障碍容易肇事者等特殊人群，因社会支持度差、不易融入社会，并且经常遭受排斥和歧视等，容易产生心理扭曲问题，因而各级政府及相关部门要重视这些特殊人群的心理健康问题，加快健全特殊人群帮扶体系，经常对他们进行人文关怀和心理疏导，努力帮助其尽快融入社会，密切关注其心理健康并加强心理危机干预，有效预防或减少极端案件的发生。各级党委政府和卫生健康、综合治理、公安、民政、人社、残联等部门要按照全国精神卫生工作规划的有关要求，着重加强对患有严重精神障碍者的服务管理，采取实际步骤开展患者日常发现、及时登记、随访查验、危险性评估和服药指导等形式多样的服务，提高患者的医疗保障水平，并做好医疗康复和社区康复的有效衔接等，最大限度地减少因心理健康问题导致的公共安全事故发生。

三、加强心理健康人才队伍建设

加强社会心理健康建设的关键在人,也就是既有心理疏导与危机干预比较系统的专业知识,又有丰富相关实践经验的人才队伍。有鉴于此,教育部门既要参考发达国家心理健康专业人才的培养模式,又要正视我国专业人才培养基础比较薄弱的现状,将人才队伍建设的远景规划和现实要求紧密结合起来,加大心理健康服务人才队伍培养的力度。诸如大力加强应用型心理健康专业人才培养,不断完善临床和咨询心理学、应用心理学等相关专业的学科建设,逐步形成学历教育、现有专业人员培训和继续教育相结合的心理健康专业人才培养模式,鼓励和支持条件具备的高等院校和医疗卫生有关的学术机构开设临床与咨询心理学相关专业,建设一批包括实体医院在内的更多实践教学基地,并建立健全实践督导体系,积极探索符合中国特色的人才培养模式和教学管理方法。其他相关专业例如医学、教育、康复和社会学院系等也应加强心理学知识教学和实践能力培养,大力提升学生心理健康方面的理论素养和实践能力,还要依托行政管理机关、具有资质和良好声誉的医疗机构、医疗管理部门、高等院校、科研院所和社会心理健康服务咨询机构等建立健全实践督导体制机制,确保所培养专业人才的质量和水平。

我国社会心理健康人才队伍建设是一个涵盖相关学科在内的系统工程,其目前主要由精神科医师、护士、心理治疗师、心理咨询师、职业康复师和医务社会工作者等组成。卫生健康部门和各级医疗机构为了促进心理健康人才规范和有序发展,应该坚持培养和引进相结合的原则,大力加强专业人才培养和使用的体制机制建设,特别是要加大心理健康专业人才队伍培养力度,鼓励和支持精神健康医疗机构根据需要引进临床与咨询心理以及社会工作等方面的专业人才,切实加强精神科医护人员、心理理疗师、心理咨询师、康复师和医务社会工作者等综合性的服务团队建设。鉴于医务社会工作者在医患沟通、心理疏导和社会支持等方面具有优势,应大力加强医务社会工作者队伍的培养,充分发挥其在强化医疗健康服务中的人文关怀作用。人力资源和社会保障部门应根据全国统一的心理咨询师国家职业标准,加强和完善对心理咨询师资格鉴定的规范管理,坚持理论知识和实践技能相结合的原则进行考评和鉴定,考核鉴定合格者颁发职业资格证书,并将其信息上网公布以备社会查询服务,切实加强监督管理。与此同时,各部门和各行业应制定本部门本行业心理健康服务标准和工作规范,明确岗位职责要求,加强对所属心理健康服务机构和人员培训、继续教育和规范管理等,并定期进行考评评估。

各有关部门为了增加心理健康服务岗位的感召力和吸引力,应在同等条件下设立优于其他岗位的工作条件和生活待遇,建立健全心理健康服务专业人才脱颖而出的激励体制机制,逐步将心理健康服务人才与其他专业岗位一样纳入专业技术岗位设置与管理体系之中,畅通和开拓该职业广泛的发展空间,吸纳更多的心理健康专门人才,鼓励和支持相关专业的人员根据发展实际加入心理健康服务者队伍,深化细化该行业的改革措施,还要依据本行业特点分类制定人才激励和保障政策,深化细化。医疗卫生改革是整个社会改革的重要组成部分,其中医疗健康服务价格改革既要体现服务大众的人文关怀精神,更要注重体现心理治疗服务的技术劳务价值,应在市场规律作用下充分实现其岗位酬劳,大力促进心理健康服务人员的从业积极性。政府财政部门、心理健康服务组织及相关机构要加大经费的投入，积极搭建健康服务平台建设，继续加大专业人才的培训和继续教育工作力度，促进专业人才理论知识和实践技能的自我提升，不断壮大心理健康服务团队规模。各级党委政府及有关职能部门要鼓励具有相关专业背景并热心大众心理健康服务的个人或团体，积极参加心理健康知识宣传普及和志愿服务，大力营造良好的社会氛围，充分实现整个社会关心心理健康服务的强大合力。

国际发展实践经验表明，进行心理健康服务有效管理既要进行法律法规约束，又要靠行业组织规范和引导。各级心理健康服务管理部门和相关机构应根据全国人大常委会颁布的精神卫生法律法规有关规定，有效规范心理健康服务人员的职责和范围界限。诸如若出现心理咨询人员从事心理治疗或者精神障碍的诊断和治疗的、从事心理治疗的人员在医疗机构以外开展心理治疗活动的、专门从事心理治疗的人员从事精神障碍的诊断的和专门从事心理治疗的人员为精神障碍患者开具处方或者提供外科治疗的等情形，由县级以上人民政府卫生行政部门和工商行政管理部门等依据各自职责责令其改正并给予警告，并处以一定数量的罚款，有违法所得的，则没收违法所得，如造成严重后果的则吊销其执业证书或者营业执照，触犯刑律的应移送司法机关处理。鉴于我国心理健康服务行业起步较晚，政府和卫生计生行政部门明确要求，应建立跨区域、跨部门和跨专业的国家心理健康服务专家组，充分发挥行业专家库在心理健康服务行业中的组织作用，努力为各部门各领域开展心理健康服务提供有效的技术指导和支持，还要依托专家组和行业组织的积极建议，科学制订心理健康服务机构和人员登记、考核、评估和信息公开等工作制度，搭建国家和区域心理健康服务机构和有关人员信息管理平台，将其相关信息输入国家和企业统一的信用信息公示系统和信息共享交换平台。有关部门要将各种心理健康机构服务的状况适时向社会公布，让人民群众对其优劣作出公正的评判，推动社会心理服务机构良性运行，并在这个基础上要建设一批心理健康服务示范和先进单位。政府部门和心理健康服务行业组织要相互协作，科学制定行之有效的行业技术标准和规范，建立健全行规行约和行业自律体制机制，积极向行业主管部门建言献策，诸如提出违规者惩戒和强制退出建议。政府和相关职能部门要对心理健康服务机构管理者和从业人员经常进行继续教育和培训工作，不断提高心理健康服务行业的整体服务水平和能力。心理健康相关协会和学会等社团组织也应发挥积极作用，诸如大力加强心理健康学术交流、专业培训和科学研究等方面的工作，切实促进心理健康服务行业规范化和程序化发展。

人类历史和现实一再证明，一个社会是否文明进步、健康和谐和安定有序，相当大程度上取决于公民的思想道德素质。因而从事心理健康的工作者不仅要有扎实的专业知识和实践技能，也要具备高尚的道德情操。有鉴于此，各级党委和政府及有关行政部门要对社会心理健康部门和机构的从业者大力开展社会主义核心价值观教育、中国特色社会主义和中国梦的宣传教育，将其贯穿于学习和工作的各个环节，不断增强他们的道路自信、理论自信、制度自信、文化自信，坚定全社会全面深化改革的意志和决心，把社会主义核心价值观学习教育纳入各级卫生健康部门党委中心组学习计划，加强社会思潮动态分析，强化社会热点难点问题的正面引导，在尊重差异中扩大社会认同，在包容多样中形成思想共识，不断地为心理健康部门的从业者提供强大的思想引领，并转化为做好本职工作的强大动力。

第五节　加强基层治理体系建设

城乡社区街道是国家行政机构最基层的管理机构，是党和政府联系广大人民群众的重要桥梁和纽带，是巩固党的执政基础的重要基石，是推进国家治理体系和治理能力现代化的重要组成部分。有鉴于此，习近平总书记指出，要"加强社区治理体系建设，推动社会治理重心向基层下移，发挥社会组织作用，实现政府治理和社会调节、居民自治良性互动"[①]。

一、建立和完善城乡社区治理体系

加强城乡社区治理体系建设，要坚持党的领导和固本强基、以人为本和服务居民、改革创新和依法治理、城乡统筹和协调发展以及因地制宜和突出特色等原则，充分发挥基层党组织的领导核心和战斗堡垒作用，并把不断加强基层党的建设、巩固党的执政基础作为贯穿社会治理和基层建设的主线，以改革创新精神积极探索加强基层党的建设引领社会治理的方式方法。要以提升城乡社区、乡镇或街道党委书记、工委书记的组织力为重点，加强和改进对社区街道各种组织和各项工作的领导，确保党的路线方针政策在城乡社区坚决贯彻落实，提高服务经济社会发展和服务人民群众的质量和水平。建立健全乡镇党委和社区街道工委领导下的基层政府议事规则和决策程序，完善乡镇、社区和街道重大决策请示报告制度和公

---

① 《十九大以来重要文献选编》（上），中央文献出版社 2019 年版，第 35 页。

示制度，广泛动员社会管理和服务力量下沉，积极引导基层党组织强化政治功能，聚焦主要问题，推动乡镇、社区和街道党委工委把工作重心转移到基层党组织建设上来，不断提高基层党组织的领导能力，切实做好公共管理、公共服务和公共安全等方面的工作，特别是为经济社会发展创造更为宽松有序的良好环境。服务型党组织建设是加强基层党组织建设的重要内容，应着力提升其服务能力和水平，充分发挥其服务改革、服务发展、服务民生、服务群众和服务党员的作用。随着进驻乡镇、社区和街道的个体企业、团体和社会组织等的增多，其党的建设问题也要及时提到议事日程上来，因而乡镇、社区和街道党委工委要与进驻的有关单位协调推进党的建设、实现优势互补，共同拓展区域化党建。城市新兴领域诸如商务楼宇、各类园区、租赁市场和网络媒体等也在不断发展，应推进这些领域党的建设的全覆盖，使其与所辖区域内党的建设有机统一起来。基层群众自治是推进国家治理体系和治理能力现代化的重要组成部分，应建立健全乡镇、社区和街道党组织领导基层群众开展自治工作的相关体制机制，诸如依法组织居民开展有序自治，及时帮助解决基层群众自治中存在的困难和问题等。乡镇、社区和街道党组织要按照党要管党和全面从严治党的原则，不断加强党风廉政建设，推进全面从严治党向各个领域扩展，下大力气切实解决群众身边的腐败问题，大力提升党组织的组织力、凝聚力和战斗力，引领基层各项工作不断迈上新的台阶。

各省、自治区、直辖市要按照条块结合和以块为主的原则，科学制定区县级职能部门、街道办事处和乡镇政府在社区治理方面的权责目录，有效发挥基层政府主导作用，充分提高其履职尽责的能力。依法治国是党领导人民治理国家的基本方略，法治是治国理政的基本方式，因而应依法界定街道办事处、乡镇政府和基层群众性自治组织权责界限，明确基层群众性自治组织承担社区工作所包括的范围以及协助政府的社区工作事项细目和责任，还可通过向基层群众性自治组织等购买服务方式对社区工作职责范围之外的其他事项提供帮助。街道办事处、乡镇政府和基层群众性自治组织要建立履职尽责双向评价机制及其他行之有效的评估办法，并要科学制定政务公开制度和监管督查办法，不断完善信息公开发布机制，健全街道和乡镇行政问责事项、范围和程序。街道办事处、乡镇政府应依法界定与居委会、村委会权责界限，促进行政管理和居民自治有机统一、良性互动，并要借助网络平台建立健全公民社会信用体系。街道办事处、乡镇政府、居委会和村委会等基层组织要切实履行城乡社区及自然村的治理主导职责，应根据实际采取灵活多样的措施，大力加强对城乡社区治理的政策支持、财力物力保障和能力建设指导等，积极引导和促进基层群众性自治组织建设趋稳向好、规范发展，不断提高依法依规科学指导城乡社区治理的能力和水平，为国家和社会安定有序提供有力的基层制度保障。

基层群众性自治组织，是我国依照法律有关规定在城市和农村按居民的居住地区建立起来的居民委员会或者村民委员会等，是城市居民或农村村民自我管理、自我教育和自我服务的组织，并集自治和服务功能于一体，是中国特色社会主义政治制度的又一特点和优势，因而应注重发挥基层群众性自治组织在国家治理体系和治理能力现代化过程中的基础作用。基层群众性自治组织是当前中国社会的最基层、与群众联系最密切的组织，是在充分自愿基础上由群众按照居住地区自己组织起来管理自己事务的组织，其主任、副主任和委员等由居民直接选举产生。该组织下设人民调解、治安保卫和公共卫生等机构，管理本居住地区的公共事务和公益事业，诸如调解民间纠纷和协助维护社会治安，以及向人民政府反映群众的意见、要求和提出建议等。各级党委和政府，特别是城市社区街道办事处和乡镇政府要不断加强基层群众性自治组织的规范化建设，进一步强化其公共服务和管理职能，并合理确定其管辖范围和规模，切实做到民事民议、民事民办和民事民管。上级党委和政府要加大经费投入，积极搭建网络信息化平台，促进基层群众自治与网格化服务管理有效结合起来，不断提高服务居民的质量和水平。随着工矿企业所在地、国有农场林场、城市新建住宅区和流动人口聚居地的地域不断扩大，居民的人数和繁杂程度也在增加，因而应加快新增地域居民委员会的组建工作，真正做到新增地域扩展到哪里，居民委员会就建到哪里，使服务居民的基层组织不遗漏一户居民。社区内部的自治关系要进一步理顺，着重建立健全社区相关制度，决策办事程序要规范，特别是形成新的既有活力又有秩序的组织体系。诸如依照国家有关法律法规进一步完善城乡社区居民民主选举制度，不断规范民主选举程序，通过选举逐步提高城市社区居民委员会成员中本社区居民比例，村民委员会如遇重大事件需要选举时应告知在外地务工的农民，充分保障外出务工农民的民主选举权利；广泛动员基层群众性自治组织开展遇事协商、矛盾化解和纠纷排查等行动，进一步增强其服务社区居民的能力；要通过多种途径拓宽基层群众性自治组织经费来源渠道，例如结合城区改造、征地拆迁、股权改革和易地搬迁等增强社区的经济实力，使居民委员会和村民委员会切实承担起基层群众守护人的责任；建立健全基层组织监督委员会，推进政务公开和加强民主管理；城乡基层组织应充分发挥自治章程、村规民约和居民公约等在城乡社区治理中的积极作用,大力弘扬社会主义核心价值观,提倡优良的公共秩序和社会风俗,促进法治、德治和自治的有机结合。

基层党委和政府要充分发挥个人、企业和团体等社会力量在社区治理中的重要作用,诸如积极引进人才、制定优惠政策、提供资金支持和落实降税措施等,鼓励和支持社会组织在城市社区和乡镇村社大力开展纠纷调处、矛盾化解、健康养老、教育培训、公益慈善、防灾减灾、文体娱乐、邻里互助、居民融入和生产技术服务等活动,不断促进城乡社区和村社的和谐与稳定。社区、社会组织、社会工作三者的联合协调行动在社区治理中发挥着不可替代的作用,应统筹推进它们建立健全满足居民需求、科学设计服务项目、承接各种业务支出和引导专业社会工作团队参与的工作体系。基层党委社区工委和政府要积极引导驻社区机关企事业单位、市场主体和其他社会力量积极参与社区治理工作,还要努力搭建各种服务平台,诸如老年协会、医疗站点和心理咨询室等,提升农村集体经济组织支持农村社区建设能力。

二、不断提升城乡社区治理水平

社区居民对所在社区事务参与程度深浅,直接关系到该社区的治理质量和水平,因而要不断增强社区居民参与能力建设,大力提高其协商议事的本领,凡是涉及城乡社区公共利益的重大决策事项、关乎居民群众切身利益的实际困难和矛盾纠纷等问题,原则上应由社区党组织和基层群众性自治组织牵头,组织居民群众民主协商解决。大力加强社区法制建设,要求居民群众学法懂法用法,支持和帮助他们在遵纪守法的基础上养成协商意识、掌握协商方法和提高协商能力等，推动形成既有民主又有集中、既尊重多数居民意愿又维护少数人合法权益的城乡社区协商体制机制。各级各类学校和培训机构等应普及社区治理知识，增强社会治理队伍力量，并积极探索把居民群众参与社区治理和维护公共利益情况纳入社会诚信体系建设。鉴于社区人口流动繁杂的情况，社区党组织和基层群众性自治组织应不断扩大流动人口有序参与居住地社区治理途径，切实关心流动人口的生活问题和其他方面的诉求，推动流动人口有机融入社区生活。

城乡社区服务的出发点和落脚点是服务居民和造福居民，因而社区党组织和基层领导部门要不断提高社区服务供给能力，紧紧依靠和组织居民积极参与社会治理，实现人人参与、人人尽责和人人共享。要有效提高社区服务供给能力，关键是要加快建立覆盖城乡的社区公共服务体系、健全城乡社区服务机构、科学规划城乡社区公共服务内容以及切实做好与城乡社区居民利益密切相关的事项。诸如劳动就业、社会保障、医疗卫生、教育事业、社会服务、住房保障、文化体育、公共安全、法律咨询和调解仲裁等。农村社区公共服务供给是基层社会治理的重要组成部分，应根据实际需要不断拓展服务内容，努力促进城乡社区服务项目和标准有机结合，并逐步实现享受服务机会均等化。政府应通过购买服务的方式为城乡社区服务提供指导性目录，特别是要完善政府购买服务的政策措施，健全相关的体制机制，关键是要选择好具体承接服务的主体单位。城乡社区公共服务供给方式应不断创新，诸如政府主导、市场主体、规范操作和严格监管等，切实做到服务的精准化和有效化。城乡社区的服务能力和水平需要进一步提升，服务体制机制也应相应健全，诸如科学规划社区文化、体育设施、商业物流、医疗卫生、生产互助、养老互助和救济互助等，并要广泛动员个人、企业、团体和社会组织等积极参与社区服务，积极支持供销合作社经营服务网点向城乡社区延伸，努力提高社区综合服务的整体合理性。

以马克思主义理论为指导，坚持中国特色社会主义文化发展方向，不断强化社区文化引领能力。鉴于社会主义核心价值观是当代中国精神的集中体现，凝结着全体人民共同的价值追求，因而要以培育和践行社会主义核心价值观为基础，大力弘扬中华民族的优秀传统文化，并将社会主义核心价值观贯穿于居民公约和村规民约之中，内化为居民群众的道德情操，外化为服务社会的自觉行动，打造居民喜闻乐见和雅俗共赏的城乡社区精神，切实增强居民群众的社区认同感、归属感、责任感和荣誉感。高尚的思想道德对于引领人们的实际行动具有重要推动作用，因而应大力加强城乡社区思想道德建设，不断提高社区居民思想觉悟、道德水准和文明素养，使城乡社区的文明程度有所提高。深入实施社区公民道德建设工程，加强社会公德、职业道德、家庭美德和个人品德建设，并建立健全社区道德评估机制，表彰和宣传社区道德模范和好人好事，用社区事教育社区人，激励社区居民向上向善、尊老爱幼和扶危济困。积极组织城乡社区居民群众开展个人文明和家庭文明创建活动，鼓励和支持社区志愿者服务，弘扬科学精神、普及科学知识，抵制腐朽落后思想的侵蚀，大力促进以邻为善、与邻为伴和守望相助的良好社区风气的形成。不断加强社区内民族团结教育，构建各民族相互融合的社会结构和社区环境，积极开展民族团结进步模范社区创建活动。坚持社会效益和经济效益相统一的原则，加强城乡社区公共文化服务体系建设，推动文化事业和文化产业发展，诸如实施文化惠民工程、因地制宜设置村史陈列和非物质文化遗产等特色文化展示，深入挖掘乡土特色和民族特色，推动旅游业发展。借助网络信息化服务平台，建立健全城乡一体的社区教育网络体系，大力推进城乡社区教育事业发展，不断加强学习型社区建设。

国家要不断完善和修订中华人民共和国城市居民委员会、村民委员会组织法，研究和制定社区治理有关行政法规，尽快建立健全城乡社区治理法治体系。街道办事处和乡镇等基层组织在社区治理过程中要依照国家有关法律行事，有立法权的地方应从当地实际出发，研究和出台城乡社区治理地方性法规和地方政府规章制度等，不断增强社区依法办事能力。城乡基层党组织和行政机关要深入开展社区法治宣传教育和法律进社区活动，大力推进法治社区建设，充分发挥警官、法官、检察官、律师、公证员和基层法律服务工作者等的积极作用，进一步推进覆盖城乡居民的公共法律服务体系建设，为基层社区有效治理提供坚强的法律保障。

党代会代表、人大代表、政协委员和党员干部等联系社区制度、直接联系群众制度要切实做到常态化和机制化，积极引导社区群众理性合法表达意愿和利益诉求，建立健全利益表达机制，大力提升社区矛盾预防化解能力和水平。基层党委和行政机关应依托社会工作服务机构诸如法律咨询站点、心理疏导室和矛盾纠纷调解所等专业性的社会组织，着重加强对城乡社区社会救助对象诸如建档立卡贫困人口、困境儿童、老年人群、精神障碍患者、社区服刑人员、刑满释放人员以及村社留守儿童、妇女、老人等特殊群体的人文关怀、精神慰藉和心理健康服务等，特别是要加强对老少边穷地区农村社区相关人员的重点关怀。鉴于随着城乡社区人员流动量增大和成员复杂化，影响社区和谐稳定的因素诸如物业纠纷、农村土地承包经营纠纷、家庭纠纷、邻里纠纷等突出显现出来,因而基层党委、行政机关和自治性组织等要建立健全矛盾纠纷调处化解机制,努力搭建城乡社区人员调解信息网络,充分发挥人民调解员、基层法律服务工作者、农村土地承包仲裁员、社会工作者和心理咨询师等专业队伍在解决社区诸多矛盾中的积极作用,确保社区的和谐稳定。基层党政行政组织应建立健全社区综合治理中心,充分借助网格信息化服务平台,不断充实社区警务力量和治安服务人员队伍,大力加强城乡社区治安防控体系建设,全面提升社区治安综合治理能力和水平,极力防范和严厉打击黑恶势力危害基层治理的行为,顺利推进平安社区建设。

各级党委和政府特别是基层党政组织要根据当地的经济社会发展水平,依照分级分类逐步推进新型智慧城市建设要求,不断加大财政资金的投入,大力加强城乡社区信息基础设施和技术装备水平建设,努力推进"互联网+政务服务"相关工程不断取得新进展,尽快建成城乡社区公共服务综合信息化平台,积极引导社区居民运用社区论坛、微博、微信和移动客户端等新型媒体,密切关注日常信息、参与公共事务管理、进行民主协商活动、开展邻里互助和发展社区电子商务等,不断探索网络化社区治理和服务的新模式。鉴于实现农业现代化离不开农村信息化,因而基层党委和政府要加强农村社区信息化建设,努力搭建农村社区信息化服务平台和综合服务中心,让电子商务走进农村千家万户,并积极探索"网络扶贫行动计划",大力开拓农产品销售等促进农民致富的服务项目和产品,使农民真正享受到农村社区治理体系和治理能力现代化建设给他们带来的实实在在的红利。

三、着力补齐城乡社区治理短板

城乡社区是人民群众安居乐业的美好家园，是党和国家诸多政策措施贯彻落实的最基层组织，因而其治理的效果如何直接关系到党的执政基础是否巩固。有鉴于此，中共十八大以来，以习近平同志为核心的党中央高度关注城乡社区治理问题，并对此作出了一系列新论述和新部署，从而推动了我国城乡社区治理取得了长足进展。诸如基层党组织领导核心作用充分发挥、基层群众自治深入发展、社会力量协同参与日益显现、社区服务质量和水平明显提升、居民群众福祉不断增进等。但同时我国城乡社区治理还面临着许多亟待解决的问题，诸如社区人居环境有待改善、综合服务设施建设需要加强、各种资源配置急需高效、减负增效必须落实和物业服务管理应得到提高等。因而各级党委、政府，特别是基层党政组织必须坚持问题导向、多措并举，坚决把中央决策部署切实落实到位，努力把城乡社区建设成为和谐有序、绿色文明、创新包容和共建共享的幸福家园。

开展社区人居环境整治，是一项顺民心和惠民生的良心工程、基础工程，事关广大居民群众根本福祉。各级党委和政府要加大经费投入和吸纳社会资金，不断加大城乡社区基础设施建设的力度，建立健全城乡社区基础设施和公用设施的投资、建设、运行、管护和综合利用等体制机制。城镇棚户区、城中村和危房改造问题近年来产生了不少社会矛盾和纠纷，党委和政府应该引起高度重视，并要依法依规和社区自治组织、调解机构和居民等充分协商，采取切实有效的措施妥善加以解决。街道办事处和乡镇政府等基层组织要广泛动员社区居民和驻社区机关企事业单位积极参与环保活动，加强城乡社区环境综合治理，诸如做好城市社区绿化美化净化、垃圾分类处理、噪声污染治理和水资源再生利用等工作，大力解决农村社区垃圾收集、污水排放、秸秆焚烧以及散埋乱葬等问题，着力推进资源节约型、环境友好型社区建设。结合国家健康中国战略的实施，健全城乡社区医疗服务站点和医护人员队伍，努力推动健康城市和健康村镇建设。城乡社区要广泛开展社区防灾减灾救灾以及消防安全科普知识宣传教育，建立健全社区风险防范预案管理体制机制，通过新建扩建改善等措施加强社区应急避难场所建设，还要做到社区有序组织开展应对突发事件应急演练机制化和常态化，切实提高社区居民应对自然灾害、事故灾难、公共卫生事件和社会安全事件的预防和处置能力，让平安社区建设真正落到实处。

城乡社区综合服务设施是社区组织开展工作和提供公共服务的物质基础，也是社区居民参与社区建设和活动的重要平台。因而基层党委和政府要加快社区综合服务设施建设，将其作为当地国民经济和社会发展规划以及土地利用规划的重要内容，应按照国家有关规定（诸如每百户居民拥有综合服务设施面积不低于30平方米的标准），并采取新建、扩建、改进、购买、完善相关公共服务设施配套和服务设施整合共享等行之有效的措施，逐步实现城乡社区综合服务设施、服务内容、服务队伍、服务网络和运行机制等方面的全覆盖。基层党委和政府要按照农村特点、地域特色、民族风格和便民生活等原则，广泛动员社会力量筹措资金，加快农村地区特别是贫困地区道路交通、农田水利、电力资源、产业市场、医疗健康、环境生态、文化娱乐、广播电视和网络信息等综合性服务设施建设，特别是要优先保障易地搬迁安置区综合服务设施建设的全覆盖。不动产登记工作也是城乡社区的一项重要工作，因而要建立健全不动产统一登记制度，特别是切实做好政府投资建设的城乡社区综合服务设施不动产登记服务工作，有效防止国家或集体资产的流失。城乡社区综合服务设施要为居民充分提供公共服务、志愿服务和专业社会工作服务，其他社会力量如符合国家法律法规有关规定的，也可提供同等程度的服务。街道工委、乡镇党委和政府要不断创新城乡社区综合服务设施运行体制机制，诸如通过居民群众协商管理、群众性自治组织集体管理和委托社会组织经办等有效方式，大力提高城乡社区综合服务设施的利用效率。各级党委政府特别是基层党委政府要根据经济社会发展水平，切实落实城乡社区综合服务设施项目价格优惠政策，诸如供暖、水电、燃气和物流等。

国家每隔五年就要制定国民经济和社会发展规划纲要，主要阐明国家的战略意图，明确经济社会发展宏伟目标、主要任务和重大举措纲要同时还是市场主体的行为导向，是政府履职尽责的重要依据，是全国各族人民的共同愿望。街道工委、乡镇党委和政府机构也可仿效上级党委政府的有效做法，根据社区发展实际召集熟悉社区各方面情况的人士，组织开展城乡社区各项事业发展规划编制试点工作，落实所在城市总体规划要求，制定社区各项任务发展规划和完成措施等，并要与乡镇和村社发展规划有机统一起来。广泛动员长期从事社区工作的专业人士、充分听取居民的意见，科学制定社区发展规划、主要任务、重点难点、自愿需求和具体举措等，确保社区各项工作有序发展。基层政府要建立健全统筹资源的体制机制，根据实际及时精准地向社区下拨物资，并充分扩大社区履行职责的自主权，灵活调配各种物资的使用，增强各种资源合理使用的整体效能。基层政府要建立健全社区资源配置公共政策决策和执行体制机制，充分动员社区自治组织和居民有序参与听证和开展民主评议，评议结果作为基层政府政绩考核的重要内容。机关企事业单位不仅要积极参与城乡社区服务、环境治理和社区治安综合治理等活动，还要面向城乡社区开放文化、教育、体育、卫生和娱乐健身等活动设施，并要建立健全机关企事业单位履行社区治理责任评价体系，其评价结果应作为年终政绩考核的重要组成部分。基层政府应注重运用市场机制的优势，广泛动员个人、企业和团体等参与社区资源配置，充分实现社区和社会力量在优化社区资源配置中的良性互动。

基层政府和群众性自治组织应分清职责界限，应该由基层政府履行的法定职责必须履职尽责，而不得要求甚至强制基层群众性自治组织承担，更不能把基层群众性自治组织作为行政执法、违章拆迁、环境整治、城市管理和招商引资等事项的责任主体。若依法依规需要基层群众性自治组织协助的工作事项，基层政府应充分考虑其行为能力，并为其提供适当的经费和必要的工作条件，尽力发挥群众性自治组织应有的作用。基层政府以及各职能部门在社区设立了多个工作机构和加挂了不少牌子，对于促进社区综合治理和推进平安社区建设等发挥了积极作用，但个别与社区部门重叠和不必要的牌子可相机取消，或有机并入其他服务部门，这有助于社区在减轻负担的同时提高效率。针对社区多个部门考核评估多的情况，基层政府要对社区的各项工作制定统一的综合考核评估标准，避免各职能部门再行组织重复叠加的评比活动，这可以减少社区工作者诸多不必要的应酬，让他们能够集中精力搞好社区的各项工作。

社区业主委员会和物业服务部门是社区管理的主要机构，其管理的质量和水平直接关系到社区的和谐与稳定，因而社区党组织和社区居民委员会要加强对业主委员会和物业服务部门的有效指导和监督，特别是要建立健全社区党组织、社区居民委员会、业主委员会和物业服务部门常态化议事协调机制，充分提高其服务的质量和水平以及化解矛盾纠纷的能力和本领。不少社区居民委员会下面设立了环境和物业管理部门，收到了比较好的效果，因而基层组织可以探索居委会下设有关专门的管理部门，并直接督促这些部门更好地履职尽责。基层居委会在依法保护业主合法权益的基础上，积极探索完善业主委员会的相关职能，并要进一步尝试符合条件的社区居民委员会成员通过法定程序兼任业主委员会成员的管理模式，还可在无物业管理的老旧小区委托社区居民委员会实行有效管理。乡镇政府在农村有条件的地方也应积极探索社区物业管理新模式，根据实际研究制定物业管理费的收费办法和程序，还应动员社会力量参与或承担农村物业工作，充分提供社区物业服务，还应相机建立诸如小型消防站、疾病救助站等应对各种灾害的救助部门。

第六章　有效维护国家安全

统筹经济社会发展和国家安全，增强全党、全军和全国各族人民的忧患意识，切实做到居安思危，是我们党治国理政必须坚持的一个重大原则。我们党要巩固执政地位，实现国家长治久安，团结带领全国人民坚持和发展中国特色社会主义，保证国家安全是头等大事。有鉴于此，习近平总书记指出："国家安全是安邦定国的重要基石，维护国家安全是全国人民根本利益所在。"[①]

第一节　完善国家安全战略和政策

当今的国际形势呈现出风云变幻的发展趋势，我国经济社会诸多方面也发生了深刻变化，改革开放进入攻坚期和深水区，社会矛盾处于多发、频发和叠加状态，各种可以预见和难以预测的安全风险挑战前所未有，因而我们必须始终把增强国家的安全作为做好一切工作的前提条件。有鉴于此，习近平总书记指出，要"完善国家安全战略和国家安全政策，坚决维护国家政治安全，统筹推进各项安全工作"[②]。

[①][②]《十九大以来重要文献选编》(上)，中央文献出版社2019年版，第35页。

一、国家安全是国家生存发展的前提条件

国家安全是人民实现幸福安康目标的基本要求，是安邦定国的重要前提条件，并且维护国家安全是全国各族人民的根本利益所在，也是实现国家长治久安的根本保证。因而我们党要不断地加强和巩固执政地位，带领全党、全军和全国各族人民坚持和发展中国特色社会主义，必须把保证国家安全作为头等大事来抓。这就迫切要求我们党应根据国内外安全形势发生的新变化新特点制定正确的安全政策策略，建立健全集中统一、高效权威的国家安全体制机制，特别是加强对国家安全工作的领导，不仅是推进国家治理体系和治理能力现代化、实现国家长治久安的迫切要求，而且是全面建成小康社会、实现"两个一百年"奋斗目标、实现中华民族伟大复兴中国梦的重要保障。

新中国成立以后，我们党的几代中央领导集体为了给我国的经济建设创造一个和平的国际环境和良好的周边环境，非常注重国家的安全建设，并提出了许多积极的主张。诸如始终不渝地奉行独立自主的和平外交政策，反对霸权主义和强权政治，在和平共处五项基本原则的基础上建立国际新秩序，和平与发展是当今时代的主题，提出以互信、互利、平等、协作为主要内容的新安全观、号召国际社会共同努力建设一个持久和平和普遍繁荣的和谐世界等。以上安全理论与实践思想是中国特色社会主义理论体系的重要组成部分，是新中国成立以后特别是中共十一届三中全会以来我国国家安全实践经验的理论总结，是当前乃至今后一个时期我国努力推动国家安全建设的科学指导思想。

第六章　有效维护国家安全

其中值得一提的是，中共十一届三中全会以来，我们党进行改革开放和社会主义现代化建设，并始终高度重视正确处理改革发展稳定关系，时刻把维护国家安全和社会稳定作为党和国家的一项基础性工作，从而创造了一个和平稳定的国际环境并保持了我国社会大局的稳定，为改革开放和社会主义现代化建设营造了良好的外部内部条件。虽然中国特色社会主义当前已进入了新时代，我国领导人与国际社会一道共同推动国际形势进一步趋向缓和，但我们应该清醒地意识到，我国国家安全和社会安定面临着复杂多变的发展环境，各种可以预见和难以预见的风险挑战因素增多，各种风险可能不断积累甚至集中显现出来，特别是各种威胁和挑战联动效应明显。以上事实表明，我国国家安全内涵和外延比历史上任何时候都要丰富，时空领域比历史上任何时候都要宽广，内外因素比历史上任何时候都要复杂，因而我们维护国家安全的任务就会更加繁重艰巨。有鉴于此，我们必须审时度势、与时俱进和精心谋划，不断创新国家安全理念、总揽国家安全全局，坚持总体国家安全观。总体国家安全观的提出，表明我们党对国家安全的认识提升到一个新的高度和发展境界，为我们进一步破解国家安全遇到的难题、推进新时代国家安全工作提供了科学指导思想。我们只有始终坚持和发展总体国家安全观，坚定不移地走中国特色的安全发展道路，才能有效防范、管理和处理国家安全风险，并着力应对、处置和化解社会安全挑战。

虽然我国目前所处的国内外环境表明，我们仍处于大有作为的战略机遇期，我国比历史上任何时期都更接近实现中华民族伟大复兴的目标，前景非常光明，但我们所面临的风险和挑战也是空前和严峻的。我们党带领全国人民正在推进具有许多新的历史特点的伟大斗争、党的建设新的伟大工程、中国特色社会主义伟大事业，并且时刻面对各种风险考验和重大挑战。以上这些情况既对我国国家安全工作提出了新的研究课题，也为进一步做好国家安全工作提供了新的机遇。虽然中共十八大以来，以习近平同志为核心的党中央高度重视国家安全工作，提出了总体国家安全观，推动国家安全工作取得了显著成效，但国家安全涵盖的领域非常广泛，在党和国家工作全局中的重要性和复杂性日益突出，并不是简单轻松就可以做好的。我们只有坚持国家总体安全观，才能够有力防范和化解不利安全因素，更好地维护我国发展的重要历史机遇，确保决胜全面建成小康社会、实现中华民族伟大复兴的中国梦能够顺利进行。

新中国成立以后特别是中共十一届三中全会以来，我们党团结带领全国各族人民牢牢抓住经济建设这个中心不动摇，坚持改革开放、坚持四项基本原则，经过长期的艰苦奋斗，取得了举世瞩目的巨大成就，人民生活总体上实现了小康水平，推动中国特色社会主义进入了新时代。人民在新时代对美好生活的向往日益广泛，不仅有物质方面的要求，而且有精神文化方面的要求。诸如希望国家更加强大、有力维护国家统一和民族团结，期盼有更好的教育、更稳定的工作、更满意的收入、更可靠的社会保障、更高水平的医疗卫生服务、更舒适的居住条件、更优美的环境、更有效地保护生命财产安全，还希望党和政府主动作为花大力气解决空气、水、土壤污染以及农产品、食品药品安全等突出问题。中共十八大以后，以习近平同志为核心的党中央对人民和历史作出的庄严承诺，人民对美好生活的向往，就是党和政府的奋斗目标。人民的美好生活理所当然地包括安全感在内，这是立足于社会主要矛盾发生了新变化并对历史、现实和未来的深刻理解，因为有了安全感，人民的获得感才有保障，幸福感才能持久。坚持总体国家安全观，回应了人民对国家安全的新期待，归根结底就是要保障人民利益，为群众安居乐业提供坚强保障。

世界当前正处在大发展大变革大调整时期，既给世界各国的发展提供了有利条件，也带来了必须认真对待的风险和挑战。和平与发展仍然是时代主题，要和平、求合作、促发展是国际社会的共同呼声。世界多极化、经济全球化、社会信息化、文化多样化深入发展，科技革命孕育着新突破，全球治理体系和国际秩序变革加速推进，各国相互联系和依存日益加深，全球合作向多层次和全方位方向发展，新兴市场国家和发展中国家整体实力增强，国际力量对比更趋平衡，在较长时间内不发生大规模的世界大战是有可能的，维护世界和平与稳定具备更多有利条件。与此同时，世界面临的不稳定性和不确定性因素突出，世界经济增长动能不足，全球发展不平衡加剧，贫富分化日益严重，霸权主义、强权政治和新干涉主义有所抬头，地区热点问题此起彼伏，恐怖主义、网络安全、重大传染性疾病和气候变化等非传统安全威胁持续蔓延，人类面临许多共同挑战。历史昭示我们，没有哪个国家能够独自应对人类面临的各种挑战，也没有哪个国家能够退回到自我封闭的状态，弱肉强食不是人类生存之道，穷兵黩武无法给世界带来和平和安宁。因而世界各国只有携起手来，坚持共同、综合、合作和可持续的新安全观，同心协力应对各种社会安全问题，才能真正实现共享正义尊严、共享发展成果、共享安全保障。坚持总体国家安全观，顺应世界发展变化的新趋势，符合中国人民的根本利益和世界人民的共同利益，才能有利于我们在风云变幻的国际形势下趋利避害和永远立于不败之地。

二、全面理解和把握总体国家安全观

中共十一届三中全会以后特别是中共十八大以来，以习近平同志为核心的党中央准确地把握国家安全形势面临的新特点新任务新要求，并集中全党的智慧创造性地提出了总体国家安全观思想，走出了一条具有中国特色的国家安全发展道路，从而进一步丰富和发展了我们党几代中央领导集体关于国家安全的理论与实践。总体国家安全观强调从总体上树立大安全理念、突出系统思维和方法，以一系列紧密联系和相互贯通的观点，科学回答了像中国这样的一个发展中的社会主义大国如何维护和巩固国家安全的诸多重大问题，标志着我们党对国家安全基本规律的认识达到了新的高度和水平。诸如坚持总体国家安全观，必须坚持以人民安全为宗旨，以政治安全为根本，以经济安全为基础，以军事、文化、社会安全为保障，以促进国际安全为依托等。

所谓以人民安全为宗旨，就是要以人为本和以民为本，坚持国家安全一切为了人民、一切依靠人民、安全成果由人民共享，确保人民安居乐业和幸福安康，这也是历史唯物主义关于人民群众是历史创造者这一基本原理在国家安全领域的重要体现。有鉴于此，党和政府要一如既往地集中力量发展经济、致力于提高人民物质文化生活水平，与此同时，还应加强民主建设，逐步扩大人民民主，不断完善民主制度，努力丰富民主形式，充分发挥人民的积极性、创造性和主动性，激发社会的活力和效能。坚持发展的全面性、协调性和可持续性等，努力在发展中保障和改善民生工作，不断满足人民日益增长的美好生活新期待，大力促进社会公平正义，着力打造有效的社会治理和良好的社会秩序，维护社会和谐稳定，使人民群众的获得感、幸福感和安全感更加充实、更有保障和更可持续。不断完善法律体系，深化司法体制改革，有效推进科学立法、严格执法、公正司法和全民守法，并依法保障人民的各种民主权利。加强对全体人民的国家安全教育，增强全党、全军和全国各族人民国家安全意识，推动全社会形成维护国家安全的强大合力，确保人民安居乐业、社会和谐稳定、国家长治久安和民族兴旺发达等。

所谓以政治安全为根本，就是要坚持和完善中国特色社会主义的基本政治制度，诸如坚持和完善人民代表大会制度，坚持和完善中国共产党领导的多党合作和政治协商制度，坚持和完善民族区域自治制度，坚持和完善基层群众自治制度。全党和全国人民要坚持中国特色社会主义的道路自信、理论自信、制度自信、文化自信。党要团结带领全国人民坚持和发展中国特色社会主义，进行具有许多新的历史特点的伟大斗争、伟大事业、伟大梦想，必须加强和巩固党的执政地位，坚持党要管党和全面从严治党，切实把党真正建设成为始终走在时代前列、人民衷心拥护、敢于自我革命、经得起各种风险考验、朝气蓬勃的马克思主义执政党。要始终不渝地奉行独立自主的和平外交政策，坚决维护国家的独立、主权和领土完整、国家的统一以及海洋权益和发展环境等，妥善处理与周边国家的领土领海等有争议的问题，继续保持我国周边环境的稳定。各级党委政府和相关职能部门要大力加强对全党和全国人民的国家安全意识教育，建立健全国家安全教育体制机制，努力造就一支高素质的国家安全教育专业队伍。

所谓以经济安全为基础，就是指经济实力发展壮大，是国家繁荣富强、人民幸福安康和社会和谐稳定的物质基础。有鉴于此，我们要牢固树立以经济建设为中心的思想不动摇，把发展作为党执政兴国的第一要务，坚持解放和发展社会生产力，坚持社会主义市场经济改革方向，同时筑牢防范各种经济风险的防线，推动国民经济持续快速健康发展。党和政府及各类经济实体要适应我国经济进入新常态的要求，切实贯彻创新、协调、绿色、开放、共享的新发展理念，坚持质量第一、效益优先，以供给侧结构性改革为主线，推动经济发展质量变革、效率变革、动力变革，不断增强我国经济的创造力和竞争力。我们要进一步扩大互利共赢的对外开放战略，与世界各国一道大力推进"一带一路"建设，进一步拓宽我国经济发展的国际空间，同时要努力营造有利于我国经济社会发展的国际安全环境，做到坚持发展不停步、维护安全不放松。

所谓以军事、文化、社会安全为保障，就是要坚持党对人民军队的绝对领导，牢固树立全心全意为人民服务的根本宗旨，大力加强军队的革命化、正规化、现代化建设，使军队能够真正承担起党和人民所赋予的新时代的历史使命。面对国际安全环境的深刻变化，面对强国强军的时代要求，并适应世界新军事革命发展趋势，要按照听党指挥、能打胜仗、作风优良的总体要求，全面贯彻新时代党的强军思想，贯彻新形势下军事战略方针，建设强大现代化的各军兵种，打造坚强高效的战区联合作战指挥机构，构建中国特色现代化作战体系，大力拓展和深化军事斗争准备，提高以打赢信息化条件下局部战争能力为核心的完成多样化军事任务的能力。鉴于文化是综合国力的重要组成部分，要坚持中国特色社会主义文化发展道路，激发全民族文化创新创造活力，繁荣社会主义先进文化，建设社会主义文化强国。发展中国特色社会主义文化，要以马克思主义为指导，继承中国优秀传统文化，批判借鉴国际先进文化，立足当代中国现实，结合当今时代条件，发展面向现代化、面向世界、面向未来的，民族的科学的大众的社会主义文化，推动社会主义物质文明和精神文明协调发展。意识形态关乎旗帜、关乎道路和关乎国家政治安全，要紧紧掌握意识形态工作的领导权，建设具有强大凝聚力和引领力的社会主义意识形态，旗帜鲜明地反对和抵制各种错误思潮。大力培育和践行社会主义核心价值观，将社会主义核心价值观融入社会生活的各个方面，切实转化为人们的情感认同和日常行为习惯。文化自信是更基本、更深沉和更持久的力量，应坚持文艺为人民服务的创作导向，极力推动社会主义文艺的大发展大繁荣大兴盛。推动文化事业和文化产业发展，必须提供丰富的精神食粮，满足人民过上美好生活的新期待。大力加强中外文化交流，以我为主和兼收并蓄，同时推进国际传播能力建设，讲好中国故事，展现真实、立体和全面的中国，提高国家文化软实力。加快社会治理体制机制建设，不断创新社会治理方式，加大公共安全服务体系建设的力度，加强以互联网为中心的社会信息管理，营造良好的网络安全空间，激发全社会的创造活力，确保社会安定有序。坚持在发展中保障和改善民生，把教育摆在优先发展的战略位置，充分扩大就业和提高人民收入水平，加强覆盖全社会的保障体系建设，坚决打赢精准扶贫和精准脱贫攻坚战，大力实施健康中国战略，努力打造共治共享的社会治理格局。要根据国内外形势的发展变化，不断完善国家安全战略和政策，综合推进各项安全工作，建立健全国家安全体系，提高防范和抵御安全风险挑战的能力。严密防范和坚决打击各种敌对势力颠覆渗透破坏活动、暴力恐怖活动、民族分裂活动和宗教极端活动等。

所谓以促进国际安全为依托，就是指国际社会应该充分认识到，世界各国的安全不是彼此孤立的，而是相互联系的安全有机统一整体，因而要彻底摒弃那种为了本国的狭隘安全而损害他国安全的冷战思维，积极倡导普遍安全、平等安全、包容安全和合作安全等理念，努力营造既维护自身安全又符合共同安全，并通过国际合作来实现自身安全的国际安全机制。国际交往要反对以大欺小、恃强凌弱和损人利己的行为，要携手努力构建人类命运共同体，推动各国朝着互利共赢和共同安全的方向发展。国际社会应共同努力营造长期稳定的国际和地区安全环境，建立国际或区域性的安全合作机构，并创新安全体制机制，走共建、共享和共赢的普遍安全之路。世界各国在相互交往中，要坚持正确的义利观，进一步扩大同其他国家的经贸、安全和资源等方面的合作，努力形成深度交融和彼此融洽的国际合作体系。国际社会应在不结盟、不对抗、不针对第三国的基础上，努力发展大国之间长期友好合作关系，在有效管控分歧的基础上加强同周边国家的关系，特别是要加强同发展中国家的团结和合作，充分发挥联合国在维护世界和平和促进共同发展中的核心作用。要积极参与多边外交活动，推动全球或地区治理体系向更加公正合理的方向改革，不断加大建设性地参与解决全球或区域性热点问题的力度，为决胜全面建成小康社会、实现社会主义现代化强国目标，创造一个良好的国际环境和周边环境，为人类和平与发展的崇高事业作出自己应有的贡献。

三、有效推进总体国家安全观

坚持总体国家安全观的关键就在于准确地理解"总体"这一概念，其所强调的是我们要掌握做好国家安全工作的系统思维和方法,突出的是"大安全"理念,也就是涵盖经济、政治、军事、文化、国土、社会、科技、网络、生态、资源、核安全、海外利益、太空、深海、极地和生物等诸多领域,而且随着国内外形势的发展变化而不断扩展。我们要有效贯彻总体国家安全观,必须准确把握我国国家安全形势变化的新特点和新趋势,坚持既重视发展问题又重视安全问题,既重视外部安全又重视内部安全、既重视国土安全又重视国民安全、既重视传统安全又重视非传统安全、既重视自身安全又重视共同安全等。我们要切实做好国家安全各项工作,必须建立健全国家安全制度体系,加强国家安全能力建设,特别是要坚决维护国家主权、安全和发展利益等。

安全和发展问题是我们党和国家全部工作中的重要内容,有效统筹发展和安全这两件大事,是我们党治国理政的一个重大政治原则,也是推进国家安全工作的必然要求。发展和安全就像鸟之两翼、车之双轮,发展是安全的基础和目的,安全是发展的条件和保障,发展和安全要同步推进,两者是有机联系、相辅相成的。人类社会的发展实践表明,就发展是安全的基础而言,建立在充分发展基础上的安全才是更可靠和更持续的安全,因而我们要从社会主义初级阶段的基本国情出发,一以贯之地坚持发展是解决中国一切问题的关键所在,考虑国内问题要以发展为中心,考虑国际问题也要以发展为中心,和平时期要以发展为中心,即使爆发大规模的世界大战,战争打完了仍然要以发展为中心。鉴于国内不稳定因素和世界局部冲突大都与发展有关,我们还要坚持在改革发展中促进国家安全,采取行之有效措施增强发展的全面性、协调性和可持续性,切实从源头上预防和减少安全问题的产生。就安全是发展的保障而言,一个国家选择什么样的国家安全战略,决定了这个国家的生存、发展和兴衰之路，诸如德意日挑起第二次世界大战、推行对外侵略扩张行为，既给本国人民造成了危害，也给世界人民带来了深重灾难，最后还是逃不脱被打败的命运。坚持发展和安全并重的国家安全战略，要求我们既要善于运用发展成果打牢国家安全的实力基础，又要善于创造有利于经济社会发展的安全环境，以发展促安全、以安全保发展，真正做到坚持发展不停步、维护安全不懈怠。

我们要坚持人民安全、政治安全和国家利益至上的有机统一，实现人民安居乐业、党的长期执政和国家长治久安。人民安全是国家安全的宗旨，政治安全是国家安全的根本，国家利益至上是国家安全的准则。以人民安全为宗旨，就是要坚持以人民为中心的发展理念，维护人民的根本利益，保障人民当家作主的各项民主权利，保障人民生命财产安全和其他合法权益，为人民创造良好的生产、生活和发展的有利环境。以政治安全为根本，就是要坚持党的领导和中国特色社会主义基本政治制度不动摇，将制度安全和政权安全置于首要位置，为国家安全提供根本政治保证。以国家利益至上为准则，就是要把国家利益作为制定国家安全战略的出发点和落脚点，牢固树立捍卫国家利益的意识和阻止损害国家利益的行为，把捍卫国家利益作为每一个公民应尽的义务，根据实际创新捍卫国家利益的方式方法，使全党、全军和全国人民切实履行好捍卫国家利益特别是核心利益的职责。

我们要立足于国际发展大局来认识安全问题，诸如从国际格局的大变化、防范风险的大前提以及我国发展的重要战略机遇期等方面来把握国家安全形势、谋划国家安全问题、制定国家安全战略策略等。世界多极化、经济全球化、文明多样化、社会信息化和国际关系民主化等发展大方向没有改变，国际和平发展潮流不可逆转，我们要与国际社会一道共同努力建立更加公正合理的国际新秩序，切实为维护我国发展的重要战略机遇期提供有力的保障。无论国际风云如何变幻，我们都要攻坚克难和牢固树立必胜的信心，善于站在全球思维的高度布局谋篇，坚持把发展和安全有机统一起来，坚持原则坚定性和策略灵活性相结合，把维护国家安全的战略主动权牢牢掌握在我们自己手中。

各级党委政府和相关职能部门要根据国内外形势发展的新特点新变化，努力构建社会整体安全防范体系，不断完善立体化社会安全和治安防控体制机制，提高社会整体治理水平和能力，既要治标更要治本，特别是要注意从源头上排查和化解安全问题，着重抓好政治安全、经济安全、文化安全、社会安全、国土安全和网络安全等方面的工作。我们要加强医药食品卫生等方面的监督管理工作，强化交通运输、消防和危险化学品等重点领域安全生产治理，遏制重大特大安全事故的发生。我们要加大网络信息化管理力度，大力提高网络安全保障水平，强化关键信息基础设施防护，加大核心技术研究开发力度和市场化引导，不断完善网络安全预警机制，确保重要数据安全，实现全天候全方位监测和有效防护等。我们要积极创造和平稳定的外部安全环境，加强与其他国家和国际组织在安全领域的合作，大力推动国际社会共同维护世界安全。我们要加大对维护国家安全所需要的物质、技术、装备、人才、法律和体制机制等保障方面的能力建设，更好地适应国家安全工作多方面的需要。

国际恐怖主义、宗教极端势力、民族分裂主义和各种颠覆破坏捣乱活动，是维护世界和平和安全的重大威胁，是国际社会的一大公害，是世界各国人民的共同敌人。打击以上三股势力和暴力恐怖活动，事关国家安全、人民群众切身利益和改革发展稳定事业，是一场维护社会安定、祖国统一和人民幸福安康的斗争。我们要充分认识到暴力恐怖势力的严重危害，建立健全反恐工作机构，完善反恐工作体系，加强反恐力量建设，严厉防范打击各种恐怖暴力分裂活动。党和政府及相关职能部门要坚持专业队伍建设和人民群众相结合的方针，深入开展各种形式的群防群治活动，筑起全民安全防线，使暴力恐怖分子暴露在光天化日之下无藏身之地。要加强新形势下反对分裂国家的斗争，高举各民族大团结的旗帜，坚持各民族共同团结奋斗和共同繁荣发展的主题，深入开展民族团结宣传教育，打牢民族团结的思想基础，最大限度地加强各民族群众的大团结。要充分发挥爱国宗教人士的积极作用，加强对信教群众的正面引导，既满足他们正常宗教需求，又有效抵御宗教极端思想的渗透。要加强基层组织和基层政权建设，多做深入细致的群众工作，并且正确把握党的民族和宗教政策，及时妥善解决影响民族团结的矛盾纠纷，坚决遏制和打击境内外敌对势力利用民族和宗教问题进行的分裂、渗透、破坏活动。要加强国际反恐合作，与联合国及区域性的国际组织一道，组成国际反恐统一战线，共同打击三股势力及各种暴力犯罪活动，维护地区及世界的和平与稳定。

党政军民学，东西南北中，党是领导一切的。因而坚持党对国家安全工作的绝对领导，是做好国家安全工作的根本原则，是维护国家安全和社会安定的根本保证。各级党委要建立健全党委统一领导的国家安全工作责任制，做到守土有责、守土尽责，并健全完善国家安全责任督查考核体制机制，强化督查考核评估力度。要牢固树立政治意识和全局意识，加强统筹协调和分工合作，努力排除各种干扰，形成工作整体合力。建立健全工作机制，不断增强驾驭风险和迎接挑战的能力和本领，促进国家安全工作规范高效运行。要切实加强和关心国家安全干部队伍建设，加大应对各种安全问题的投入，为他们更好地做好安全工作提供便利条件和政策保障。

第二节　健全国家安全体系

维护和巩固国家安全既要治标又要治本，必须坚持标本兼治，而治标之策就是打好防范和化解重大安全风险攻坚战，治本之策就在于建立健全国家安全体系，加强国家安全制度保障。因而健全国家安全体系是进一步完善和发展中国特色社会主义制度的必然要求，是提高国家安全能力和水平的重要保证，必须作为当前以及今后党和国家的重要工作抓细抓实。正是从这个意义上说，习近平总书记指出，要"健全国家安全体系，加强国家安全法治保障，提高防范和抵御安全风险能力"[1]。

一、要健全集中统一和高效权威的国家安全领导体制

坚定不移地维护国家的独立、主权、领土完整和安全，是我们党的一贯立场。中共十一届三中全会以后特别是中共十八大以来，以习近平同志为核心的党中央正确处理改革发展稳定的关系，始终把维护国家安全和社会安定作为党和国家的一项基础性工作，并成立中央国家安全委员会，提出总体国家安

---

[1]《十九大以来重要文献选编》（上），中央文献出版社2019年版，第35页。

观，明确国家安全战略方针和总体部署，推动国家安全工作取得了显著成效，从而保持了我国社会大局稳定，为改革开放和社会主义现代化建设营造了良好国际国内环境。与此同时，我们必须清醒地看到，新形势下我国国家安全和社会安定面临的威胁和挑战增多，特别是各种威胁和挑战联动效应明显。有鉴于此，我们必须始终坚持党对国家安全工作的绝对领导，才能保持清醒头脑和强化底线思维，有效防范、管理、处理国家安全风险，有力应对、处置和化解社会安定挑战，为维护国家安全和社会安定提供根本保障。

中国特色社会主义最本质的特征是中国共产党领导，中国特色社会主义制度的最大优势是中国共产党领导，因而只有加强党对国家安全工作的绝对领导，才能正确把握当前国家安全形势，全面贯彻落实总体国家安全观，努力开创新时代国家安全工作新局面，为实现"两个一百年"奋斗目标、实现中华民族伟大复兴的中国梦提供可靠的安全保障。只有坚持党对国家安全工作的绝对领导，才能确保国家安全工作始终沿着正确的方向前进，也才能增强防范和抵御风险的能力，牢牢掌握做好国家安全战略的主动权，切实把党对国家安全工作的绝对领导落到实处，凝聚起维护国家安全的整体合力，筑牢国家安全的坚固防线。人民立场是中国共产党的根本政治立场，是马克思主义政党区别于其他政党的显著标志，因而中国共产党除了最广大人民群众的利益，没有自己特殊的利益。国家安全工作归根结底是保障人民利益，要坚持国家安全一切为了人民、一切依靠人民，为群众安居乐业提供坚强保障。我们坚持总体国家安全观，采取多项行之有效的措施做好国家安全工作，就是为了让人民生活得更加幸福安康。中国共产党坚持以人民安全为宗旨，就是始终坚持以人民为中心的发展理念的具体体现和工作导向，始终坚持让人民群众来作新时代国家安全工作的评判者，以开创新时代国家安全工作新局面的实际行动赢得人民的支持和拥护。我们正在推进具有许多新的历史特点的伟大斗争、党的建设新的伟大工程、中国特色社会主义伟大事业，时刻面对各种风险考验和重大挑战。这既对国家安全工作提出了新课题，也为做好国家安全工作提供了新机遇。我们只有坚持党对国家安全工作的绝对领导，才能以更高的站位、全新的理念、全局的视角和整体的思路谋划新时代的国家安全工作，也才能为决胜全面建成小康社会、实现中华民族伟大复兴的中国梦提供坚强的政治保证。

中共十八届三中全会深刻分析了我国国家安全所面临的新形势新任务，一致决定成立国家安全委员会，努力建立健全集中统一和高效权威的国家安全体制机制。这既是推进国家治理体系和治理能力现代化、实现国家长治久安的迫切要求，也是全面建成小康社会，进而推进中国特色社会主义事业顺利前进的重要保障。中央国家安全委员会遵循集中统一、科学谋划、统分结合、协调行动和精干高效的原则，聚焦重点和抓纲带目，紧紧围绕国家安全工作的统一部署狠抓落实。国家安全委员会切实贯彻落实总体国家安全观的要求，既重视我国外部安全，又重视国内安全，对内主要是求发展、求变革、求稳定和建设平安中国等，对外则是求和平、求合作、求共赢和建设和谐世界，共同创建人类命运共同体目标。国家安全委员会既重视国土安全，又重视国民安全，坚持以民为本、以人为本，坚持国家安全一切为了人民、一切依靠人民，真正打牢国家安全的群众基础。国家安全委员会既重视传统安全，又重视非传统安全，集中构建政治安全、国土安全、军事安全、经济安全、文化安全、社会安全、科技安全、信息安全、生态安全、资源安全和核安全等于一体的国家安全体系。国家安全委员会既重视发展问题，又重视安全问题，并能够正确处理两者之间的辩证关系，强调发展是安全的基础，安全是发展的前提条件，富国才能强兵，强兵才能保国。国家安全委员会既重视自身安全，又关注共同安全，着力打造世界安全命运共同体，推动世界各国努力朝着互利互惠和共同安全的目标相向而行。

国家安全委员会成立以来，始终坚持党对全国安全工作的全面领导，按照总体国家安全观的要求，初步构建了国家安全体系的主体框架，创新了国家安全理论体系，制定了国家安全战略和策略，完善了国家安全工作协调机制，解决了许多长期想解决而没有解决的安全难题，办成了许多过去想办而没有办成的安全大事，从而促进国家安全工作得到全面加强，并牢牢掌握了维护国家安全全局的主动权，特别是使我们党和国家能够有效地应对任何自然或社会的风浪以及国际上的强权和霸权主义，为我国改革开放和社会主义现代化建设创造了更为宽松的国际环境和周边环境。

各级党委政府及相关职能部门要在中共中央的统一领导下高度重视国家安全问题，特别需要引起注意的是，各种风险挑战往往不是孤立出现的，有可能是由诸多因素引起和相互交织而形成的一个风险综合体。各级党委政府及相关职能部门的领导人建立健全党委统一领导的国家安全工作责任制，努力提高防范和化解各种风险挑战的能力和本领，大力加强本地区本部门本领域的安全工作，科学划分岗位职责，实施更为有力的综合统筹和协调，既增强各地区各部门各领域的整体合力，又明确各自的权责界限，有效承担相应的国家安全责任，切实做到守土有责、守土尽责。各级党委和政府及相关职能部门要增强责任感和自觉性，特别是要有效防控自身职责范围内的风险挑战，既不能把防范风险的责任推给上面，也不能把防范风险的责任留到其后处理，更不能因玩忽职守和精神懈怠而导致风险产生。各级各地各部门的相关责任人要加强对各种可能的风险源头的调查研究，提高动态监测、科学判断和适时预警能力，推进风险防控工作科学化、精细化和有效化，对于各种可能的风险及其原因都要做到心中有数、对症下药和综合施策，处理及时果断，力争把风险化解在源头，特别是不能让小风险演化成为大风险、不能让个别风险演化为综合风险、不能让局部风险演化为区域性或系统性风险、不能让经济风险演化为政治风险、不能让国际风险演化为国内风险，确保国家长治久安和人民安居乐业。

二、要健全国家安全法律制度体系

国家安全是国家生存和发展的前提条件和重要基石，没有国家安全，不仅新的建设无从谈起，而且以往的发展成果也不能得到有效保障。有鉴于此，世界各国都把维护本国国家安全作为国家的头等大事来抓，并且通过法律使维护国家安全制度化和法律化，从而成为各国维护国家安全的通行做法和国际惯例。中共十一届三中全会以来，我们党实行改革开放和社会主义现代化建设，并且制定了维护国家安全和发展环境的诸如反间谍法等法律法规，从而促进了中国特色社会主义事业的发展。但我们必须清醒地认识到，我国国家安全所面临的威胁和挑战日益增多，诸如既有传统安全威胁又有非传统安全威胁，并且各种威胁和挑战相互交织、联动效应明显，安全内涵和外延、时空领域以及内外因素等比历史上任何时候都要复杂，因而我们维护国家安全的任务更加艰巨繁重。

有鉴于此，中共十八大以来，以习近平同志为核心的党中央明确提出了总体国家安全观思想，成立了中央国家安全委员会，制定和实施国家安全战略纲要和若干重要领域国家安全政策，大力加强国家安全能力建设，强调统筹内部安全与外部安全、国土安全与国民安全、自身安全与共同安全、传统安全与非传统安全等，从而推动了我国国家安全工作与时俱进，全面迈上了一个新的台阶。其后以习近平同志为核心的党中央高度重视国家安全法制建设，制定和颁布了国家安全法，该法律主要强调坚持中国共产党的领导，建立集中统一和高效权威的国家安全领导体制，体现以人民安全为宗旨的理念，立足全局、统领国家安全各领域，并与其他部门法紧密结合等，其不仅把总体国家安全观作为国家安全工作的指导方向，而且还把总体国家安全观对国家安全工作的系列要求规范化和法律化，使得国家安全法成为规范国家安全工作和活动的基础性法律。中共十九届四中全会明确将国家安全体系纳入国家治理体系范围之中，强调健全国家安全体系是完善和发展中国特色社会主义制度的内在要求，是提高国家安全能力和水平的重要保证。这次中央全会还指出，加强国家安全法治建设是中国特色社会主义法治体系的重要组成部分，健全国家安全法律制度体系，把国家安全工作纳入法治化管理轨道，依法维护国家安全，是一项管长远和管根本的基础性工作。

国家安全法颁布以来的实践证明，全国各级党委和政府以及相关职能部门以总体国家安全观为指导，以国家安全法所规定诸多条款为根本指导，开展了卓有成效的维护国家安全的一系列工作，并在维护国家主权、安全和发展利益等方面取得了若干重大成果，国家安全相关领域的立法工作稳步推进，初步形成了以国家安全法为基础的国家安全法律制度体系。在我国安全方面的立法取得一系列成就的基础上,以习近平同志为核心的党中央继续高度重视国家安全法律制度建设,并进一步对构建我国国家安全法律制度体系提出了明确要求,即力争到2020年底基本形成一套立足我国国情、体现时代特点、适应我国所处战略安全环境、内容协调、程序严密、配套完备和运行有效的中国特色国家安全法律制度。国家已颁布的国家安全法在立足总体国家安全观的基础之上,相当大程度地拓展了我国国家安全工作的内涵和外延,并为建立健全各部门各领域的国家安全法律制度提供了指导思想和法律依据。其后我国政府大力推进各重要部门和领域的国家安全立法步伐,诸如反间谍法、国家情报法、境外非政府组织境内活动管理法、反恐怖主义法、核安全法、网络安全法和密码法等一系列涉及国家安全重要领域法律法规相继制订和出台,从而为我们在新形势下做好国家安全工作提供了法制保障,更是为国家安全机关和相关职能部门以及全社会成员履行国家安全责任提供了重要法律遵循。

其中特别值得一提的是,正值我国新冠肺炎暴发之时,习近平总书记于2020年2月14日在主持召开中央全面深化改革委员会第十二次会议上强调指出,要从保护人民健康、保障国家安全和维护国家长治久安的高度出发,把生物安全纳入国家安全体系,系统规划国家生物安全风险防控和治理体系建设,全面提高国家生物安全治理能力,并且要尽快推动出台生物安全法,加快构建国家生物安全法律法规体系、制度保障体系。我们党团结带领全国人民万众一心、众志成城有效控制这次疫情并取得阶段性重大胜利的实践充分证明,加强国家安全立法工作,不断完善国家安全法律制度体系,已成为时下我国继续提高疫情以及其他可能影响公共安全的防控能力、保障人民生命健康和维护国家安全的重要任务。因而各级党委和政府、相关职能部门、社会组织和公民个人等都必须认真履行国家安全法所规定的维护国家安全应尽的职责和义务，始终不渝地坚持总体国家安全观，切实为维护国家安全，保卫人民民主专政的政权和中国特色社会主义制度，保护人民的根本利益，保障改革开放和社会主义现代化建设的顺利进行，实现中华民族伟大复兴作出应有的贡献。

以习近平同志为核心的党中央根据实际制定并不断加以完善的国家安全制度体系，之所以能够取得如此显著的成就，就在于其立足于中国大地、展现出鲜明的中国特色和与其他国家相比具有比较优势。我国国家安全法律制度体系以习近平新时代中国特色社会主义思想为指导，以总体国家安全观为基础，始终坚持以人民安全为宗旨，是对西方国家和组织所宣扬的抽象的人的自由、平等和博爱为主要内容的安全价值体系的扬弃和超越。国家安全法明确规定以人民安全为宗旨，强调保护人民的根本利益是其核心内容等，从而实现了国家安全和人的安全的价值统一、个体与集体之间安全利益的统一。中国国家安全法律制度体系视野广阔、内容丰富，将中国人民的安全利益与世界人民的安全利益有机统一起来，以实现人类命运共同体为最终安全目标，使我国国内安全法律体系向公认的国际法领域延伸，突破了之前有关国家只关注自身安全的传统安全观以及国家安全法律法规的狭隘眼界，为努力创新全球安全治理体系变革提供了先进理念和实践经验。我国国家安全法律制度体系拓展了治理思维，把法律部门与其他相关部门有机统一起来，突破了传统安全观的局限性，有效地统筹了国家安全治理立法、司法和执法行为，使国家安全法律制度体系成为规范我国各级党政机关、企事业单位、社会团体和个人安全关系的普遍性法律，从而成为推动国家治理体系和治理能力现代化的重

第六章　有效维护国家安全

要保障。

我们生活的这个世界正处在大发展大变革大调整时期，和平与发展仍然是时代主题，世界多极化、经济全球化、社会信息化和文化多样化等深入发展，全球治理体系和国际秩序变革加速推进，各国相互联系和依存日益加深，国际力量对比更加趋于平衡，要和平、求合作、促发展是各国人民的共同呼声等，这给世界各国的发展提供了有利条件。但同时我们必须清醒地意识到，国际社会所面临的不确定性因素明显增加，诸如世界经济增长动力不足，贫富分化日益严重，地区冲突问题时起时伏，国际恐怖主义、宗教极端势力、民族分裂主义、网络安全、重大传染性疾病和气候变化等非传统安全威胁持续蔓延，人类仍然面临着许多共同的风险和挑战，因而世界各国只有携起手来，才能够有效应对。就我国自身而言，我们必须把握时代大势和历史方位，应坚持总体国家安全观，健全国家安全法律制度体系，充分弥补国家安全立法存在的不足和有关领域国家安全立法不平衡等问题，不断增强国家安全法制保障，特别是在诸如科技安全、文化安全、生态安全、生物安全、能源资源安全和网络安全等重点领域精准发力，加快补齐法律制度短板。各级党委和政府及相关职能部门要切实落实国家安全责任制，大力加强国家安全宣传教育，建立健全总体国家安全观教育体制机制，积极引导广大人民群众增强国家安全意识、坚决履行宪法和国家安全法律制度所规定的维护国家安全的责任和义务，凝聚共同维护国家安全的强大社会合力。国家安全机关要增强法治思维和意识，善于运用法治思维应对和处理重大安全问题，切实提高驾驭复杂国家安全形势的能力和解决国家安全工作重点难点问题的本领，推动国家安全工作不断取得新的进展，确保国内安全稳定和在风云变幻的国际形势下永远立于不败之地。

三、建立健全国家安全风险研判和协同防控机制

随着经济全球化和社会信息化等迅速发展，加深了世界各国相互联系和相互依赖，给包括中国在内的诸多国家的发展提供了机遇，但同时也给我们及有关国家带来了经济、政治、文化、社会和自然等方面的安全风险和挑战，若不对这种风险挑战进行科学研判、防空协同和有效化解等，就有可能对我国经济社会发展产生一定程度的负面影响。风险研判一般是由风险评估、风险预警、风险控制和风险反馈等诸多环节构成的有机整体，是风险防控和化解的重要前提条件，其研判的正确与否直接关系到风险防控和化解的成效，因而在风险防范、控制和化解中发挥着极为重要的作用。有鉴于此，我们党和政府及其相关职能部门必须大力加强安全风险的研判工作，建立健全风险研判机制，才能为其后的协同防控和有效化解提供比较系统而详细的信息，并采取行之有效的措施切实维护国家和社会的公共安全。

国家安全机关及相关职能部门要对安全风险进行有效的研判，就必须对风险信息进行及时、全面和系统的收集，因为如果不做好这项前提工作，风险研判就会因为没有充分依据而无法进行，即使勉强进行也达不到理想的效果。安全风险的来源是复杂多样的，这就要求安全相关职能部门对所掌握的信息进行科学分析和识别，力争全面地了解其来源，并对风险是否存在、风险的严重性和风险级别等性质进行评判，其后对隐藏在风险现象背后的原因进行深入研究和探讨，最后就是在前面一系列前期工作的基础上对风险可能的发展趋势和演变态势进

行预测，为其后的风险评估、预警、防控和化解等提供有力的依据。风险研判的各个环节并不是孤立存在的，而是相互联系和相互支撑的有机统一整体，其中风险信息收集是风险来源识别、性质判定、原因分析和趋势预测的前提条件，并且风险信息收集是否全面直接关系到其后各个环节的效果，而风险来源识别、性质判定、风险原因分析和风险趋势预测则都是建立在风险信息收集基础之上的，每一个环节都是对前一个环节的递进和进一步深化，其相互衔接的质量和效能直接关系到风险协同防控和化解目标的实现程度。

各级党委和政府及相关职能部门面对日益严重的国内外安全风险挑战，正在逐步建立健全风险研判体制机制，并且日益发挥出其积极作用，但仍然存在一些明显的问题和不足之处。诸如有些地方和部门对建立健全风险研判体制机制的紧迫性认识不清、风险研判机制的地位还不突出、风险研判机制的作用有待加强、风险研判内容不够全面甚至尚未建立风险研判体制机制等，一旦发生公共安全的重大事件，就难以进行有效协同防控和化解，甚至影响社会的和谐与稳定。各级党委和政府及相关职能部门要在思想和行动上高度重视风险研判机制对维护社会安全的积极作用，强化风险意识并加强对风险产生、演化和形成等规律进行系统的学习和总结，还要加强对风险防控典型案例的研究和探讨，特别是要总结成功的经验和失败的教训，牢牢掌握风险防控的主动权，切实做到防患于未然。加强风险源头的调查研究是不断完善风险研判机制的重要前提条件，因为各种风险挑战不是完全无踪迹可循，而是基本上都是隐藏于现象背后、存在于现实之中，我们只有深入社会各个方面的实际，加强各种风险源头调查研究，才能明确地了解各种可能的风险挑战，并进行及时、详细和全面的研判，为我们综合精准施策有效防范和化解风险挑战提供充分的依据。我们还应当把田间观察、问卷调查和实地访谈等一般方法与互联网、大数据和人工智能等新兴科技手段有机结合起来，及时、全面和准确地调查研究各种可能的风险挑战，努力为风险研判提供充实的实践材料。

建立健全风险研判机制的关键在人，在于掌握了比较系统的安全风险防范知识和具有有效应对风险挑战能力和本领的专业人才队伍，因而要加大风险安全防控人才队伍建设，为进一步完善风险研判机制提供有力的人才支持。风险研判具有较强的专业性，对专业素质和能力的要求也相对较高，因而我们加强专业人才队伍的培养应当把专业人才的引进和现有人才的培养有机结合起来，使其在实际工作中相得益彰。我国已实行了多年的公务员考试制度，考试内容对综合知识和实际能力要求比较高，而对风险研判和防范等方面的素质重视得不够，因此建议公务员考试应增加风险研判知识的比重，以便为建立健全风险研判机制提供丰富的人才支持。虽然风险安全培训能够在一定程度上提高相关职能部门人员研判风险的能力，但遇到复杂风险安全问题时并不是所有人都能够对其进行科学的研判，最终还是要充分发挥风险安全研判专家的作用，并且高等院校和科研机构等方面的专业人士也不可或缺。鉴于制度建设带有根本性，因而加强风险研判制度建设是建立健全风险研判体制机制的重要保障，诸如针对风险研判的构成环节建立健全相关制度、综合考虑一般性和差异性建立健全相关制度以及根据风险研判的流程和规范建立健全相关制度等。

国际国内处理公共安全事件的实践证明，我们党和政府在建立健全风险研判机制的同时，还应及时建立健全一个涵盖中央与地方、平时与战时、官方与民间、内部与涉外等为主要对象的风险协同防控机制,因为诸多风险挑战涉及经济、政治、文化、社会和生态等各个领域,而这些领域都是由不同的部门分管的,因而只有把这些部门有机地统一起来并使之相互积极配合,形成一个统一的风险防控协同整体,才能有效地防范和化解可能发生的影响社会公共安全的风险和挑战。鉴于国家安全涵盖的领域十分广泛,各级党委和政府要积极督促相关部门充分认识到组成风险协同防控机制的重要性,切实做到信息共享、责任分担和效能提高,大力筑牢风险协同防控机制的整体防线,确保国家长治久安和人民安居乐业。

党和政府要顺利地完成防范和化解重大风险挑战的战略任务,不仅应全面完善风险防控协同体制机制,而且必须着重提高风险防控协同机制的质量与能力。鉴于重大风险防控属于国家安全治理体系和治理能力的重要组成部分,我们必须始终坚持和加强党对国家安全工作的全面领导、明确政治责任,这是充分发挥风险防控协同化解工作积极作用的根本保障。如果是专门的或综合的风险防范机制,属于哪一级的应由该级的党委承担起确保其有效运作的政治责任,并且特别是其主要责任人应积极作为并充分担当起政治领导责任,以永不懈怠和昂扬奋进的精神克服各种艰难险阻,引导各参与部门大力协同,提高风险防控的整体合力。党和政府还要制定和完善各部门协商与决策制度,加大协同中协调行动支持的力度,提高协商效率和加快决策速度,及时而有效应对重大风险防控问题。建立健全风险协同防控机制,还需要建立和完善与协同相关的激励约束制度,各相关部门参与协同表现突出的就应当使用激励机制加以表彰,若发生不当行为的应使用约束机制加以制止,玩忽职守造成严重公共安全事故的应严厉追责问责。除此之外,由于国际国内安全形势不断地发生变化,因而要有效地进行风险协同防控工作,就要不断提高相关职能部门及参与人员的能力和素质,这就要求各级党委政府和相关职能部门要大力加强学习、培训和演练,深入了解中共中央关于防范化解重大风险挑战的精神实质和根本要求,熟练掌握相关的政策法律法规,并在学习培训过程中特别需要注重通过案例教学掌握间接经验,借助模拟演练积累直接经验,真正打造一支政治合格、业务过硬和纪律严明的风险防控协同队伍,并能够有效应对任何国际国内发生的自然的或社会的风险挑战。

第三节 严厉打击各种破坏国家安全的活动

中共十一届三中全会以后特别是中共十八大以来,以习近平同志为核心的党中央在国际上始终不渝地奉行独立自主的和平外交政策,在国内正确地处理改革发展稳定的关系,从而为决胜全面建成小康社会、实现社会主义现代化强国的目标创造了一个和平稳定的国际环境和周边环境,国内继续保持安定团结的政治局面。虽然世界各国相互联系和依存日益加深以及和平发展大势不可逆转等,但世界面临的不确定性因素更加突出,诸如地区热点问题时有发生,国际恐怖主义、宗教极端势力和民族分裂主义等非传统安全威胁持续蔓延,国际敌对势力加紧向我国进行渗透以及国内各种颠覆破坏活动时有发生,因而我们仍然面临着许多安全挑战。有鉴于此,习近平总书记指出,要"严密防范和坚决打击各种渗透颠覆破坏活动、暴力恐怖活动、民族分裂活动、宗教极端活动"[①]。

---

① 《十九大以来重要文献选编》(上),中央文献出版社2019年版,第35页。

第六章　有效维护国家安全

一、有效打击各种敌对势力对我国的渗透颠覆破坏行为

中共十一届三中全会以后特别是中共十八大以来，以习近平同志为核心的党中央面对国际复杂的环境和国内经济发展进入新常态等一系列深刻变化，始终抓住发展这个党执政兴国的第一要务，带领全国人民迎难而上、开拓进取，取得了改革开放和社会主义建设的历史性成就，诸如经济建设取得重大成就、全面深化改革取得重大突破、民主法制建设迈出重大步伐、思想文化建设取得重大进展、人民生活不断改善、生态文明建设成效显著、强军兴军开创新局面、港澳台工作取得新进展、全方位外交布局深入展开和全面从严治党成效显著等，其中特别是目前我国经济总量稳居世界第二位，综合国力获得大幅度提升，使我国迎来了从富起来到强起来的伟大飞跃，从而赢得了全国人民的欢欣鼓舞和世界上爱好和平和追求发展进步的国家的高度赞赏。特别值得一提的是，我国的国防现代化经过近70年的发展，以核力量为中心的诸多尖端武器的研制处于世界前列，足以让任何企图通过武力入侵我国的敌对势力望而却步，但国际敌对势力仍然抱着冷战思维不放，他们绝不愿意看到中华民族伟大复兴事业的顺利实现，必然会千方百计地在没有硝烟的战场综合运用经济、政治、文化、意识形态以及在台湾和香港等问题上对我国进行渗透颠覆破坏，企图使中国回到像旧中国那样一盘散沙、四分五裂和任人宰割的局面。其主要表现如下：

国际敌对势力在政治上以维护"民主""自由"和"人权"等为名，向社会主义的中国和第三世界国家发动新的冷战，企图把自己的社会制度、意识形态和价值观念强加于人，肆意干

涉别国内政，甚至谋求对别国进行政治控制。诸如美国一贯声称人权立国，以世界人权卫士自居，以自身对人权的狭隘理解为出发点，以称霸全球的核心利益为标准，每年根据捕风捉影、道听途说甚至捏造的材料拼凑出年度别国人权报告，对不符合其战略利益的中国等国家和地区的人权状况肆意歪曲贬低，却对自身持续性、系统化和大规模侵犯人权的斑斑劣迹置若罔闻、熟视无睹，并且极个别国家的领导人也别有用心地随声附和。国际敌对势力在经济上利用经济全球化的发展趋势，仰仗不公正和不合理的国际经济旧秩序的影响，凭借其经济、贸易、金融和科技等优势地位，违背世界经济贸易组织有关规定，在世界各地进行经济渗透，甚至动辄对中国等国家无端提高关税，威胁并进行经济制裁，力图主导世界经济秩序和建立经济霸权，谋求对别国进行经济控制。国际敌对势力在军事上建立军事同盟、扩大军事集团，以打击恐怖主义为名，大力推行新干涉主义之实，甚至绕过联合国、违背公认的国际关系准则，对某些主权国家实施军事打击并进行武装占领，并多次组织航母战斗群在中国的领海诸如台湾海峡和南海等海域进行军事演习，用武力恫吓中国人民，还挑唆我国周边国家对中国产生敌对行为，从而对我国的国家安全构成了严重威胁。国际敌对势力还企图加大对我国进行"西化"和"分化"的力度，诸如宣扬西方的以行政、立法、司法为主要内容的三权分立制度，妄图以此取代中国共产党领导的多党合作和政治协商制度、人民代表大会制度和人民民主专政制度；竭力宣扬资本主义经济私有制的所谓"优越性"，妄图以此取代社会主义经济公有制；出台防卫合作新指针及相关法案，启动战区导弹防御系统，引发新的世界及地区军备竞赛，扰乱良好的国际环境和我国的周边环境，严重威胁世界、地区和我国的安全与稳定；利用资本主义思想文化、意识形态、价值观念、宗教信仰等进行思想渗透，以取代我国的马克思列宁主义理论的指导地位，抹黑中国共产党的历史以及中共领袖人物和英雄人物的形象；插手我国的台湾、西藏和新疆等事务，大肆在我国搞分裂活动等。

国际敌对势力对我国进行渗透颠覆破坏活动不仅限于以上提到的主要内容，他们还会机关算尽、坏事做绝地采取更加掩蔽的行动，如在平时煽动动乱和破坏社会稳定，在战时进行扰乱民心和动摇军心。虽然当前穿着军装和拿着武器的敌人不敢贸然入侵我国，但西方有关国家及其他国际敌对势力派遣便衣势力进入我国的不在少数。诸如派遣大批间谍以经商、旅游、学术交流、非政府组织和基金会援助等名义持合法护照进入我国，企图渗透到我国党政军群等各个机关，用各种手段腐蚀拉拢收买各级领导干部和公务人员，培植间谍和代理人，还策动我国驻外使领馆人员和留学生等背叛祖国为他们提供情报，甚至有些国家直接派人或使用代理人潜伏到我国重要军事基地和设施附近拍照和测绘，我国安全部门近年来破获的多起类似案件都令人触目惊心。国际敌对势力在意识形态这个没有硝烟的战场上，一刻也没有放松利用一切机会向我们宣扬西方的"普世价值观"，并企图否定我们的马克思主义的指导地位和社会主义核心价值观，还通过抹黑中共领袖人物和英雄人物的形象，进而达到否定中国共产党领导的中国人民的解放事业以及改革开放和社会主义现代化建设事业，实现动摇中国共产党的坚强领导和摧毁中国人政治信仰的目的。中共十八大以来，以习近平同志为核心的党中央以雷霆万钧之力大力加强党风廉政建设，惩处了一大批腐败分子，赢得了全党全军全国各族人民的信赖，而国内外敌对势力却捏造事实和无事生非，刻意利用少数官员的腐败现象和某些社会问题，煽动仇视执政党、政府、军队和执法机关等情绪，干扰甚至冲击公检法机关，企图破坏安定团结的社会秩序。网络信息技术的迅速发展既为经济社会发展和人们相互交流提供了便捷的平台，也为国内外敌对势力破坏社会和谐稳定创造了机会，诸如他们利用各种社交网站、微博、微信和客户端等传播谣言和虚假信息，欺骗一些不明真相的群众，借以造成人们的思想混乱和社会动荡，达到破坏安定团结政治局面的目的。

综上所述，中国共产党和中国人民与国内外敌对势力的斗争是长期的、复杂的，有时甚至是很激烈的。有鉴于此，我们要牢记习近平总书记关于国家安全的系列重要讲话精神，坚持总体国家安全观，并根据国家安全形势的新变化新特点，走出一条中国特色的国家安全道路。我们在思想上要牢固树立国家安全意识，创新打击国内外敌对势力对我国进行渗透颠覆破坏活动的思路举措，统筹行之有效的战略战术精准发力，坚决维护国家的长治久安。我们要着重打好防御战，既努力构筑防范境外敌对势力对我国进行渗透颠覆破坏活动的坚固防线，又消除国内影响经济和社会发展的负面因素，一旦发现有可能引发国内局势动荡的苗头，就及时将其扼杀在萌芽状态，竭力阻止其滋生蔓延。各级党委政府和公检法部门要对各种破坏活动保持高压态势，做好打歼灭战的思想准备，建立健全严打整治常态化机制，重点针对国内外恐怖主义、宗教极端势力、民族分裂主义和邪教组织等罪恶行为，切实做到露头必打和除恶务尽，坚决铲除暴力犯罪活动滋生的土壤。阶段性、区域性和行业性等潜在安全风险也不可忽视，要做好打攻坚战的准备，深入推进扫黑除恶专项斗争，紧盯违法犯罪重点人、重点事，依法严打黑恶势力的保护伞，坚持保护合法权益和打击违法犯罪两手都要硬的原则，充分做好社会维稳工作，坚决遏制重特大安全事故发生，切实保障公共安全。鉴于国内外敌对势力破坏活动的长期性，要做好打持久战的思想准备，加强对敌斗争超前战略谋划，不断完善对敌斗争政策策略，着重在谋篇布局上下功夫，牢牢掌握对敌斗争的主动权。各级党委政府和相关职能部门要筑牢网络安全防线，大力提高网络安全保障水平，加强关键信息基础设施防护力度，着力核心技术的研发和注重市场化引导，建立健全网络安全预警监测机制，确保国家及各级部门大数据安全，切实做到全天候和全方位有效防护。党和国家要积极营造外部安全环境，加强国际安全领域合作，积极推动国际社会共同维护世界安全，并且还要加大对维护国家安全所需的物质、技术、装备、法律、人才和机制等保障方面的能力建设，充分适应国家安全工作的实际需要。

二、坚决打击一切形式的恐怖主义

恐怖主义是某些个人或集团，出于某种政治目的和动机，针对特定的公私机构、设施、交通工具或社会公民等，采取违背人类社会道德和正常社会秩序的暴力袭击和威胁，或者在无辜公民中造成恐怖气氛的行为。国际恐怖主义漠视基本人权、践踏人道正义、挑战人类文明底线和违背历史潮流，并以其血腥的暴力活动为显著标志，几乎在世界各国制造混乱，造成有关国家及国际社会的动荡不安，既不是民族问题，也不是宗教问题，而是世界各国人民的共同敌人，是国际社会的一大公害，已遭到世界各国人民的强烈谴责和反对。国际恐怖主义形成的原因主要有历史上帝国主义的殖民政策影响，社会处于变革时期的极端反映，国际经济政治旧秩序的负面影响，霸权主义和强权政治的存在并有新的表现等。目前其主要表现如下：

其一是国际恐怖主义数量多、范围广、有增无减和日趋严峻，并且破坏性更为严重，国内外新闻媒体几乎时有报道、日有所闻，动辄造成几十人、数百人甚至上千人伤亡，财产损失不计其数。其二是恐怖活动呈国际化发展趋势，因为随着经济全球化和社会信息化的深入发展，恐怖主义组织及其行动也越出国界，并利用发达的通信工具在资金、武器、情报和人员等方面进行相互协调，有时联合作案，有时同一时间在世界各地制造多起案件，造成生命财产的巨大损失和社会心理的极大恐慌等。其三是恐怖手段高技术化，诸如便捷的交通、通信手段和各种极具杀伤力的新式武器等经常为恐怖分子所利用，进而增加了其恐怖威慑力，甚至民众普遍担心的是，网络袭击、生化武器甚至小型核装置等手段可能成为21世纪的主要威胁。其四是恐怖活动难以预测性，虽然恐怖分子在采取行动之前会显现出某些征兆，但恐怖主义在现实生活中具有极其严密性，再加上其居无定所和作案的隐蔽性与突发性，往往使人防不胜防、难以预测，特别是大众传媒工具的快捷报道，往往扩大了恐怖主义的轰动效应。中国也是恐怖主义的受害者，诸如近年来我国西藏、新疆和云南等地爆发了多起针对无辜贫民的恐怖袭击活动，给人民的生命财产等造成了重大损失。特别值得一提的是，新疆"东突"恐怖势力受到国际恐怖组织的训练、武装和资助等，是国际恐怖主义的重要组成部分。他们曾先后在新疆等地的集市、商场、学校、饭店和公共汽车站等地方制造了多起针对无辜平民的爆炸案，并且他们为了破坏民族团结，不仅打击和杀害汉族干部和群众，也把维吾尔族干部、群众和爱国宗教人士等当作"异教徒"加以杀害，甚者还到处猖狂袭击警察机构和政府机关等。"东突"恐怖分子不仅在中国境内策划制造打、砸、烧、杀等恐怖活动,而且还在国外制造恐怖暴力事件,暗杀或袭击中国驻外使领馆的工程技术人员、文化和商业使者、政府驻外人员以及外国警察等。

综上所述,反对国际恐怖主义的斗争不仅关系到世界的和平与稳定,而且关系到我国的国家安全,关系到人民群众的切身利益,关系到改革发展稳定全局,是一场维护祖国统一、社会安定和人民幸福的斗争。有鉴于此,中国政府在国内外重大场合严正声明,我们党、政府和人民坚定不移地谴责和反对一切形式的恐怖主义,因为中国正面临着国际恐怖主义的现实威胁,也曾遭受过"东突"等民族分裂主义、宗教极端势力的恐怖危害。我们既反对针对个人或组织的恐怖主义、也反对攻击某个国家的国际恐怖主义,既反对针对美国等西方发达国家的恐怖主义、也反对针对其他社会主义国家或发展中国家的恐怖主义,既反对针对合法政府及其领导人的恐怖主义、也反对伤及无辜平民的恐怖主义,既反对针对军事和安全等目标的恐怖主义、也反对针对其他民用设施的恐怖主义等。中国还向国际社会提出积极倡议,无论恐怖主义发生在何时何地、针对何人和以何种方式出现,国际社会都应该共同努力,坚决予以谴责和打击。

恐怖主义作为当前危害全球公共安全的重要问题之一,所涉及的不是个别国家或地区的安全,而是国际社会的共同安全问题,再加上恐怖分子采取先进的信息化高科技手段进行破坏活动,从而进一步增强了其机动性、隐蔽性和不可预测性等,导致国际反恐斗争难度加大。国际反恐斗争的实践证明,只靠某一个国家的独自应对,不仅不可能有效地遏制恐怖主义,更谈不上彻底铲除恐怖主义。有鉴于此,中国政府认为,国际社会应加强反恐对话和磋商,加强双边、多边乃至全球的反恐对话、交流和通力合作，才能有效地打击国际恐怖主义，把其造成的危害降至最低限度。中国政府不仅强调了合作打击恐怖主义的原则立场，而且以实际行动作出了证明，例如在中国倡议下成立的上海合作组织，倡导互信、互利、平等、协作的新安全观，强调共同打击国际恐怖主义、宗教极端主义和民族分裂主义的原则立场，不仅有力地维护了中亚地区的稳定和中国西北边陲的安全，而且为国际社会合作应对共同安全问题树立了典范，并且其成员国不断扩大，越来越受到国际社会的普遍重视。

中国政府坚定地认为，打击国际恐怖主义要遵守《联合国宪章》的宗旨和原则及公认的国际法准则，充分发挥联合国和安理会的作用。《联合国宪章》的宗旨和原则及公认的国际法准则，高度概括了现今国际交往中必须遵循的基本原则，是对霸权主义和强权政治的彻底否定和批判，反映了国际关系发展进步的本质要求，符合世界上绝大多数成员国的普遍愿望和共同利益，是维护世界和平和安全的政治基础，已成为公认的国际关系准则。世界各国在国际反恐斗争中，只有遵守这些宗旨和原则，才能避免有些国家借反恐为名，谋求霸权和干涉别国内政之实的行为发生，也才能有效地打击国际恐怖主义和维护地区及世界的长期和平与稳定。战后国际关系的实践证明，联合国作为当今世界上最有代表性和权威性的主权国家间的国际组织，有力地维护了世界和平和促进了各国共同发展，进一步推动了公正合理的国际新秩序的建立，所发挥的作用是世界上任何其他国际组织都不可替代的，因而在当前国际社会反对恐怖主义的斗争中，联合国在大力协调各国共同行动、集中优势资源、分享情报以及经验交流等方面，同样承担着任何其他国家和组织都无法替代的主导作用。

中国政府还认为,国际社会在打击恐怖主义问题上不能采取双重标准,这既是世界上反恐实践经验的总结,也是我国政府反对国际恐怖主义的一贯立场。特别值得一提的是,某些西方国家或出于反恐谋霸的目的,或从自身狭隘战略利益出发,或是干涉他国内政需要,往往对恐怖主义采取双重标准。诸如某些国家出于牵制中国的目的,对我国打击"东突"恐怖分子的行动,迟迟不明确表明态度支持,反而认为我国打击恐怖主义是镇压少数民族的行为等,从而引起了我国政府和人民的强烈反对。因而当前国际恐怖主义猖獗和蔓延,除了其他原因之外,与有些国家在打击恐怖主义问题上采取双重标准不无关系。

除此之外,我们党和国家领导人还提出了打击恐怖主义应坚持标本兼治,防范和打击并重,特别是不能把恐怖主义与特定的民族和宗教混为一谈,努力消除产生恐怖主义的根源等思想,从而得到了国际社会的普遍赞赏。

我们党和国家正在带领全国人民努力为决胜全面建成小康社会、实现社会主义现代化强国而不懈奋斗,但我们应该保持清醒的头脑,国内外敌对势力亡我之心不死,必然会处心积虑地进行破坏捣乱活动,因而我们应该进行充分的思想和物质准备,对国内外一切敌对势力的渗透颠覆破坏活动和违法犯罪行为始终保持高压态势,并坚决采取果断措施把暴力恐怖分子的嚣张气焰打下去。与此同时,我们要建立健全反恐工作机制,不断完善反恐工作体系,加强反恐技术装备和人才队伍建设,并要坚持专群结合、依靠广大人民群众,深入开展各种形式的群防群治活动,筑起铜墙铁壁,使暴力恐怖分子永无藏身之地。我们要加大反恐宣传的力度,坚定不移地相信和依靠各族干部群众,团结他们一道维护民族团结和社会和谐稳定。

三、高度关注民族和宗教问题

民族问题和宗教问题表面上看来好像是两个相对独立的问题，但实际上这两个问题往往是紧密联系在一起的，是一个统一的有机整体。正是因为这样，我们党一贯重视民族和宗教问题，将其作为发展中国特色社会主义的一个重要组成部分，并在实践中不断完善民族政策和宗教政策，从而开辟了具有中国特色的民族和宗教发展道路。诸如颁布民族区域自治法，建立民族区域自治制度，强调坚持民族平等和民族团结，实现各民族的共同繁荣等；坚持宗教信仰自由政策，教育宗教界人士爱国爱教，并积极引导宗教和社会主义相适应等。

西方殖民主义者、帝国主义国家过去利用民族和宗教问题奴役殖民地、半殖民地国家，现在他们仍然利用这些手段在包括中国在内的广大发展中国家进行渗透、分裂和干涉活动。新中国成立以后，西方敌对势力就一直利用民族和宗教问题对我国进行政治渗透，将其作为在我国推行和平演变的一个重要手段。特别是冷战结束以来，霸权主义和强权政治有新的表现，其中突出的表现形式之一，就是利用民族和宗教问题干涉他国内政，破坏别国的国家统一和民族团结。尤其是像中国这样发展中的社会主义大国，国际敌对势力自然是更不会轻易放过，我们对此应保持清醒的头脑。

中国自从近代以来，民族分裂活动从来都是由外国敌对势力策动和民族分裂分子相互勾结进行的，诸如台湾岛内的分裂分子与境外敌对势力相互勾结妄图把台湾从中国分裂出去或制造"台独"、新疆境内的分裂分子与境外"泛伊斯兰主义"和"泛突厥主义"相互勾结进行所谓"新疆独立"以及西藏境内分裂分子与境外敌对势力相互勾结实现所谓"西藏独立"等。其中特别需要指出的是，西藏自古以来就是中国的固有领土，这是无可辩驳的历史事实。在中国共产党的领导下，西藏实现了和平解放并进行了民主改革，其后以藏族为主的各族人民在政治、经济和文化等方面享受到了真正平等的权利，昔日的百万农奴当家作了主人。国家不仅在经济上直接给予西藏大力帮助，还出台了许多优惠政策，并加强交通等基础设施建设，帮助西藏各族人民发展经济文化教育等事业，多年来所取得的巨大成就，是国内外不存偏见的人们所有目共睹的。但是西藏极少数民族分裂主义分子，无视历史和现实，一直没有停止过分裂祖国的活动，他们甚至勾结国际敌对势力，披着宗教外衣，打着"民主、自由、人权"和民族的旗号，不仅在国内利用恐怖手段制造动乱甚至暴乱，破坏西藏的和平稳定，而且在国外捏造种种谎言和不实之词，欺骗不明真相的人们和国际社会，炮制所谓"西藏问题"，并企图使之国际化。因而包括西藏人民在内的全国各族人民对于他们背叛民族和分裂祖国的言行，当然是决不答应并要坚决反对的。

　　国际敌对势力与国内一些民族分裂主义分子相互勾结，利用民族和宗教问题，不断地制造事端，就是企图在我国打开一些缺口，并进而实现其"西化"和"分化"中国的政治图谋，我们千万不能麻痹大意、掉以轻心，而更应该在党的坚强领导下，同国际敌对势力和国内极少数分裂主义分子进行坚决的斗争。我们要高举爱国主义的旗帜，团结台湾同胞、港澳同胞和海外侨胞，并紧紧依靠各族人民群众，坚决反对、揭露和打击极少数台独分子妄图把台湾从我国分裂出去的罪恶活动。我们要高举民族团结的旗帜，坚决贯彻执行党的民族政策和宗教政策，并对于出现的分裂主义罪恶行为，要坚决依法打击和处理，力争把问题消灭在萌芽状态。如果一旦疏忽导致这些分裂活动发生了，就会广泛蔓延开来，不仅会破坏安定团结的政治局面，而且也会增加我们处理问题的难度。我们考虑和处理民族、宗教工作问题，都必须坚持从有利于增强各民族大团结、维护祖国统一以及促进各民族共同发展和繁荣这个大局出发，并且这是一条大的政治原则，全党同志和全国各地领导干部都要严格遵守。特别值得注意的是，针对民族问题和宗教问题相互交织、国际敌对势力和国内分裂势力相互勾结造成的动乱，我们必须坚决依法打击国内外蓄意挑拨民族关系、破坏民族团结和搞民族分裂的犯罪分子，深入推进去极端化工作，竭力铲除宗教极端思想，严厉惩处以宗教为幌子散布极端主义和从事暴恐的行为。

中国历史发展表明：国家统一、民族团结，则政通人和、百业兴旺；国家分裂、民族纷争，则丧权辱国、人民遭殃。中国是这样，外国也是这样。有鉴于此，各级党委和政府必须坚定不移地全面贯彻执行党的基本路线，巩固和发展社会主义的民族关系，坚持和完善民族区域自治制度，为决胜全面建成小康社会、实现社会主义现代化强国目标继续创造一个安定团结的政治局面。因而全党和全国各族人民要加快少数民族和民族地区经济发展、使之逐步与全国的发展相适应，大力发展少数民族和民族地区的社会事业、促进各民族的全面进步，坚持改革开放、不断增强少数民族和民族地区的自我发展活力，坚持与完善民族区域自治制度、全面贯彻落实《民族区域自治法》，进一步加强各民族的大团结、坚决维护祖国的统一，进一步加强党对民族工作的领导、这是搞好民族工作的根本保证。不管国际风云如何变幻，只要全国各族人民在党的坚强领导下，同呼吸、共命运、心连心，团结奋斗、坚持不懈，共同致力于实现中华民族伟大复兴的中国梦，社会主义的中国一定会以更加磅礴的气势屹立于世界的东方，中华民族一定会以强健的雄姿跻身于世界先进民族之林。

宗教问题始终是我们党建设中国特色社会主义必须处理好的一个重大问题，宗教工作在党和国家工作全局中具有特殊重要地位，关系到改革开放和社会主义现代化事业发展，关系到党同人民群众的血肉联系，关系到社会和谐、民族团结，也关系国家安全和祖国统一。有鉴于此，我们要做好宗教工作，必须坚持党的宗教工作基本方针，要全面贯彻党的宗教信仰自由政策，依法管理宗教事务，坚持独立自主自办原则，积极引导宗教与社会主义社会相适应。虽然我们共产党人是无神论者，不信仰宗教，但我们坚持宗教信仰自由，并作为必须长期坚持的一项基本政策。实行宗教信仰自由政策，其出发点和落脚点就是把广大信教和不信教的群众团结起来，充分发挥他们的积极作用，使之成为社会主义现代化建设的一支积极力量。积极引导宗教与社会主义社会相适应，就是要引导信教群众热爱祖国、热爱人民，服从服务于国家的最高利益和民族的整体利益，要为祖国统一、民族团结和社会发展多作贡献。信教群众要拥护中国共产党领导、拥护社会主义制度，自觉践行社会主义核心价值观，弘扬中华文化并努力把宗教教义与中华文化相融合，遵守社会主义国家的法律、法规和方针政策，自觉接受国家依法管理，投身改革开放和社会主义现代化建设，为实现中华民族伟大复兴的中国梦贡献力量。

特别需要指出的是，共产党员要做坚定的马克思主义无神论者，严守党章规定，坚定理想信念，牢记党的宗旨，绝不能在宗教信仰中寻找自己的价值和理念，而是要全面贯彻执行党的宗教工作基本政策，更好地把握宗教自身发展规律，不断提高宗教工作法制化水平，增强做好宗教领域重点工作的针对性和有效性，团结引导宗教界人士和广大信教群众，坚决维护安定团结的政治局面，共同为实现社会主义现代化强国而努力奋斗。

四、加强全民国家安全教育

国家安全是国家的根本利益所在，维护国家安全利益是全党和全国人民义不容辞的共同责任，是党和国家对每个公民的基本要求。因而加强全民国家安全教育，不仅有助于全体公民比较系统地把握总体国家安全观及其相关安全法律法规的要求，而且对于增强全党全国人民的国家安全意识，自觉关心和维护国家安全，并进而推动全社会形成维护国家安全的强大合力，并自觉与一切损害国家安全的行为作斗争等，都是十分必要的。

中共十八大以来，以习近平同志为核心的党中央，总结中共十一届三中全会以来我们党维护国家安全和社会安定的实践，准确地把握我国国家安全形势变化的新特点新趋势，提出了总体国家安全观重大战略思想，为新形势下我们做好国家安全工作指明了正确方向。随后中共中央和全国人大出台了国家安全法等一系列安全法律法规，并确定了全民国家安全教育日这一重大安全举措，从而进一步明确了国家安全战略方针和总体部署，使全民国家安全教育活动在全国迅速开展起来。

加强全民国家安全教育，让人民群众充分认识到维护国家安全的极端重要性，大力增强他们维护国家安全意识，自觉履行维护安全的责任。虽然和平与发展仍然是当今时代的主题，维护和平和促进发展是国际社会的共识，和平发展总体趋势不可逆转，但霸权主义和强权政治依然存在，我国所面临的传统安全和非传统安全问题相互交织，再加上国际敌对势力不愿意看到我国的发展壮大，并一直在对我国实行"西化"和"分化"图谋，千方百计地进行渗透、颠覆、分裂和破坏活动，严重地危害我国国家安全和发展利益。中共十一届三中全会以来，我们党和政府为进行改革开放和社会主义现代化建设，努力开创了一个国际和平环境和良好的周边环境，并且对外开放不断扩大，对外交往日益加深，国家之间的相互联系更加紧密，国际敌对势力也充分利用这个机会对我国进行破坏和捣乱。但极少数单位、干部和群众国家安全意识不强，对于国家安全的严峻性、尖锐性和危害国家安全行为的严重性缺乏应有的警惕性，不同程度地存在着和平麻痹思想，特别是极个别人甚至直接或间接给国家安全造成危害，给国家利益造成损失。因而完善国家安全战略，健全国家安全体制，高度警惕和坚决防范各种分裂、渗透、颠覆活动，切实维护国家安全，就显得十分必要。有鉴于此，各级党委政府和相关职能部门要充分认识到加强国家安全观念教育的重要性，积极动员、组织和教育广大干部群众，不断增强国家安全利益至上的观念，要把国家安全当作事关国家安危和民族存亡，事关每个公民切身利益的大事，抓紧抓细抓实，还要教育引导全体公民切实履行维护国家安全的法律义务，依法同各种危害国家安全的行为作斗争，共同承担起维护国家安全和社会稳定的政治责任。

加强全民国家安全教育，让人民群众系统认识实行总体国家安全观的主旨、必要性、内涵和任务等，有利于民众全面了解国家安全政策，并把它化为维护国家安全利益的自觉行动。总体国家安全观以人民安全为宗旨，规定国家安全工作归根结底是保障人民利益，以安全为了人民、安全依靠人民为原则，以为群众安居乐业提供坚强安全保障为目标。无论是国家安全法的普法宣传，还是各级各类国家安全教育活动，应该充分体现其人民性，把国家安全与国民福祉有机联系起来，把社会总体安全与群众切身利益有效统一起来，用群众喜闻乐见的方式让他们更好地了解到，每个社会公民都是国家安全的维护者和受益人。鉴于我国国家安全内涵和外延比历史上任何时候都要丰富，时空领域比历史上任何时候都要宽广，内外因素比历史上任何时候都要复杂，党和政府必须坚持总体国家安全观，以人民安全为宗旨，以政治安全为根本，以经济安全为基础，以军事、文化、社会安全为保障，以促进国际安全为依托，维护各领域国家安全，构建国家安全体系，走出一条中国特色国家安全道路。贯彻落实总体国家安全观，必须将外部安全与内部安全结合起来，将国土安全与国民安全结合起来，将传统安全与非传统安全结合起来，将发展问题与安全问题结合起来，将自身安全与共同安全结合起来，建立一体化的国家安全体系。我们在当下更要突出抓好政治安全、经济安全、国土安全、社会安全、网络安全等几个方面的安全工作，聚焦重点和抓纲带目，紧紧围绕国家安全工作的统一部署落实。

加强全民国家安全教育，要创新教育方式方法，以增强公民教育效果的有效性和实效性，也就是要使广大干部群众深入了解捍卫国家主权和领土完整对维护国家安全的重要性，充分认识到维护国家安全是每个公民应尽的义务，自觉维护国家主权和领土安全、政治安全、经济安全以及科技安全、资源安全、文化安全、金融安全和信息安全等，牢固树立整体国家安全观，并进而坚定完成祖国统一大业的理想信念，自觉同一切分裂祖国的行为作斗争，为祖国统一大业作出不懈的努力。各级党委政府和相关职能部门要抓好国防法律法规的宣传教育，大力提高公民的守法思维，应使每个公民清醒地意识到要承担接受国防教育、保护国防设施、保守国防秘密、支持国防建设、协助军事活动和依法服兵役等六项国防义务，认识到国家安全关系到整个社会经济、政治、文化、社会和生态等各方面的发展，认识到没有一个和平稳定的国际国内环境，任何建设都无法顺利地进行，社会主义现代化强国建设梦想也不能实现。要结合改革开放40多来年来所取得的辉煌成就，进行爱国主义教育，让广大干部群众增强民族自信心和民族自豪感，牢固树立正确的世界观和人生观，强化担当责任意识，深刻认识到自己是国家的主人翁，维护国家的安全与稳定关系到整个民族的切身利益，并进而体会到维护国家安全既是公民的一项权利，同时也是公民所必须履行的一项义务，从而有效克服国家安全与己无关等错误认识。鉴于保密工作涉及党和国家的安全，关系到经济建设和社会发展的大局，因而应对广大公民加强保密教育，强化防范风险意识，以改变有些公民安全防范意识不强的现状，使人民群众在对外交往中能自觉遵守各项保密相关制度和规定，严格保守党和国家的秘密。

党和国家根据国家安全法规定设立了全民国家安全教育日，就是为了全面地向社会公众广泛传播国家安全方面的知识，以便在较短时间内起到良好的宣传效果，努力让更多的社会公众接触和了解到国家安全方面的法律知识，特别是懂得自己应该如何依法履行维护国家安全方面的职责和义务，因而各级党委和政府应提高思想认识，把开展全民国家安全教育日活动纳入重要议事日程，切实加强对全民国家安全教育日活动的组织领导，认真抓紧抓细抓实并抓出成效。结合抗疫斗争取得阶段性重大胜利，大力开展以爱国主义为核心的全民国家安全教育日宣传活动，诸如通过报纸杂志、宣传专栏、张贴标语以及展播影视剧、刊播公益广告、举办文艺演出和书画展览等形式，激发全国各族人民的爱国热情，增强依法履行国家安全义务的自觉性。各级各类国家安全教育机构要采取多种行之有效的措施，大力开展全民国家安全教育日活动，邀请专家作国家安全形势报告，组织熟悉国家安全方面的专业人士进机关、学校、企业、社区和农村等举办国家安全形势报告，向广大干部群众宣传党和国家的安全路线方针政策，传播安全理论、安全知识和安全法规等知识。各地应结合当地实际，组织广大干部职工和青少年学生等参观爱国主义教育基地、国家安全教育基地，开展主题鲜明和富有特色的国家安全教育活动。各级传媒机构要加强舆论引导，适时刊发国家安全教育稿件，播出国家安全教育节目，着力宣传报道各地开展全民国家安全教育日活动的先进典型。

  各级党委和政府就是要通过开展以上一系列活动，充分激发广大干部群众投身于国家安全的爱国热情，切实增强依法履行国家安全义务的自觉性，营造人人关心国家安全、人人维护国家安全、人人共享国家安全的社会环境，筑牢维护国家安全的思想防线和增强维护国家安全的整体合力，共同促进社会和谐与稳定，为实现社会主义现代化强国目标打造根本的安全保障。

参考文献

1.《习近平谈治国理政》第1卷，外文出版社有限责任公司2019年6月版；

2.《习近平谈治国理政》第2卷，外文出版社有限责任公司2017年12月版；

3.《习近平谈治国理政》第3卷，外文出版社有限责任公司2020年7月版；

4.《习近平关于社会主义社会建设论述摘编》，中央文献出版社2017年8月版；

5.《十六大以来重要文献选编》（上），中央文献出版社2005年2月版；

6.《十六大以来重要文献选编》（中），中央文献出版社2006年4月版；

7.《十六大以来重要文献选编》（下），中央文献出版社2008年5月版；

8.《十七大以来重要文献选编》（上），中央文献出版社2009年8月版；

9.《十七大以来重要文献选编》（中），中央文献出版社2011年11月版；

10.《十七大以来重要文献选编》（下），中央文献出版社2013年6月版；

11.《十八大以来重要文献选编》（上），中央文献出版社

2014年9月版；

12.《十八大以来重要文献选编》(中)，中央文献出版社2016年6月版；

13.《十八大以来重要文献选编》(下)，中央文献出版社2018年5月版；

14.《十九大以来重要文献选编》(上)，中央文献出版社2019年9月版；

15.《新中国五十五年统计资料汇（1949—2004）》，中国统计出版社2005年12月版；

16.《中国统计年鉴（2005）》，中国统计出版社2005年9月版；

17.《中国统计年鉴（2006）》，中国统计出版社2006年9月版；

18.《中国统计年鉴（2007）》，中国统计出版社2007年9月版；

19.《中国统计年鉴（2008）》，中国统计出版社2008年9月版；

20.《中国统计年鉴（2009）》，中国统计出版社2009年9月版；

21.《中国统计年鉴（2010）》，中国统计出版社2010年9月版；

22.《中国统计年鉴（2011）》，中国统计出版社2011年9月版；

23.《中国统计年鉴（2012）》，中国统计出版社2012年9月版；

24.《中国统计年鉴（2013）》，中国统计出版社2013年9月版；

25.《中国统计年鉴（2014）》，中国统计出版社 2014 年 9 月版；

26.《中国统计年鉴（2015）》，中国统计出版社 2015 年 10 月版；

27.《中国统计年鉴（2016）》，中国统计出版社 2016 年 9 月版；

28.《中国统计年鉴（2017）》，中国统计出版社 2017 年 9 月版；

29.《中国统计年鉴（2018）》，中国统计出版社 2018 年 9 月版；

30.《中国统计年鉴（2019）》，中国统计出版社 2019 年 9 月版；

31.《中国统计年鉴（2020）》，中国统计出版社 2020 年 9 月版。

图书在版编目（CIP）数据

新时代中国社会建设问题研究 / 饶壮著. —北京：
中央文献出版社, 2024.11
ISBN 978-7-5073-4995-5

Ⅰ.①新… Ⅱ.①饶… Ⅲ.①社会主义建设－研究－
中国 Ⅳ.①D61
中国国家版本馆CIP数据核字（2024）第031220号

新时代中国社会建设问题研究

著　　者：饶　壮
责任编辑：张明娟
责任印制：黄　冉

出版发行：	中央文献出版社
地　　址：	北京西四北大街前毛家湾1号
邮　　编：	100017
网　　址：	www.zywxpress.com
电子邮箱：	zywx5073@126.com
销售热线：	010-83072503 / 83072509 / 83089404 / 83089317 / 83072511
经　　销：	新华书店
排　　版：	北京华艺图文设计公司
印　　刷：	北京华联印刷有限公司

710mm×1000mm　16开　18.25印张　220千字
2024年11月第1版　2024年11月第1次印刷

ISBN 978-7-5073-4995-5　　定价：62.00元

本书如存在印装质量问题，请与本社联系调换。

版权所有　违者必究